空間と時間の中の方言

ことばの変化は方言地図にどう現れるか

大西拓一郎 編

大西拓一郎
日高水穂
小林隆
福嶋秩子
中井精一
舩木礼子
松田美香
小西いずみ
木川行央
太田有多子
大橋純一
岸江信介
半沢康貴
鑓水兼著

朝倉書店

まえがき

　方言で発生した言語変化は、どのような形で分布に現れるのでしょうか。定説とされている方言周圏論が想定する波紋のような動きが見られるのでしょうか。それとも別の結果が得られるのでしょうか。これを確かめるには、実際に時間を隔てた方言分布を比較することが、直接的な方法として考えられます。

　しかし、これまでそれを実行した上で、実証的に確認されることはありませんでした。その背景には「定説」の強力な存在もありますが、確かめるために避けることのできない分布調査には、かなりの時間と労力を要することが大きく働いていたことも事実です。

　日本の方言学は、後にあげる LAJ や GAJ を生み出すような大規模な全国調査を実施してきました。また、各地においても詳細な調査が行われてきました。そのことで3万枚近い言語地図（方言地図）が公表されており、その数は世界的に見てもトップを走っていることは間違いありません。同時に、いずれもきわめて手間がかかるものであったことは確かです。それがわかっているからこそ、対象地域の広狭を問わず、時間を隔てて、同じ地域を対象に調査することは、なかなか手を出しづらいものなのです。

　上に述べた言語地図が多く出されたのは、1970年代から1980年代でした。調査は多少さかのぼった時期に実施されています。それから30〜50年程度過ぎました。世代に置き換えると、1.5〜2世代くらいになります。以前なら親や祖父母が調査対象だった人々が、同じような年齢層になったわけです。その間に各地の方言で何が起こったのか（あるいは起こらなかったのか）経年的な比較を通して見てみようとするわけです。

　実際の時間間隔をおいて、方言分布を比較することは、変化を追うことにとどまるものではありません。方言がどのようにしてできたのか。このことを追究する研究は、方言形成論とも呼ばれるとともに、方言学の究極の目標でもあります。また、それにアプローチする最短のルートでもあるのです。

　このことを中心課題として、2010年前後から末尾に記した（1）と（2）を含め、複数の研究課題（プロジェクト）の中で共同研究を進めてきました。本書

は、その研究成果の一端をまとめたものです。

　(1) の共同研究では、全国規模で方言分布調査を実施しました。この全国方言分布調査は、プロジェクトの英文名 Field Research Project to Analyze the Formation Process of Japanese Dialects に基づき、FPJD と略称しています。FPJD はこの調査で得られたデータを指す場合もプロジェクトのことを指す場合もあります。調査は 2010 年から 2015 年にかけて全国 554 地点で行いました。調査において各地の方言情報を提供いただいた話者（インフォーマント）は原則として、各地点 1 名、年齢は調査時に 70 歳以上、それぞれの場所から長期にわたっての移動がない方です。

　FPJD の話者の条件は、比較対象となる、過去に実施した以下の全国調査と、基本的にそろえています。

国立国語研究所編『日本言語地図』（1957～1965 年調査）
　（Linguistic Atlas of Japan、略称：LAJ）
　全 6 巻、刊行 1966～1974 年、大蔵省印刷局
国立国語研究所編『方言文法全国地図』（1979～1982 年調査）
　（Grammar Atlas of Japanese Dialects、略称：GAJ）
　全 6 巻、刊行 1989～2006 年、大蔵省印刷局・財務省印刷局・国立印刷局

　(2) の共同研究では、静岡県大井川流域、長野県伊那諏訪地方（天竜川流域）など、ある程度限られた地域において詳細に地点を設定した調査を実施し、過去のデータとの比較を行っています。

　本書は 3 部で構成され、それぞれの中に各論文を 1 章ずつの扱いにして 3～9 章を収録しています。第 I 部「方言分布形成論」では、本書の核をなす議論を展開しています。第 II 部「方言分布の実時間比較」では、さまざまな地域や分野を対象にしながら、具体的なデータに基づく時間を隔てた方言ならびに方言分布の比較結果を実証的に示します。第 III 部「方言分布比較の方法と考え方」では、分布の経年比較のみならず、さらに踏み込む形で、世代差や標準語化、また、データの総合化など、多角的な方法とその分析結果を提示しています。

　いずれの論文も従来の方言分布研究、言語地理学の成果を踏まえながら、新たな方向を見出そうとしており、この研究分野のこれからの指針を与えるものとなっています。期待を持ってお読みいただけるものと信じています。

　全国方言分布調査（FPJD）の結果は、本書と同じ朝倉書店から『新日本言語地図』として刊行されています。両書は強い繋がりを持っています。あわせてご

覧いただければ幸いです。

2017 年 4 月

大西拓一郎

本書に掲載した研究論文は、以下の研究課題の成果を活用しています。なお、個別の研究課題については、別途各論文に付記している場合もあります。
(1) 国立国語研究所共同研究プロジェクト「方言の形成過程解明のための全国方言調査」(2010～2015 年度、研究代表者：大西拓一郎)
(2) 日本学術振興会科学研究費 基盤研究 A「方言分布変化の詳細解明―変動実態の把握と理論の検証・構築―」(課題番号 23242024、2011～2015 年度、研究代表者：大西拓一郎)

■ 編集者

　　大西拓一郎　　国立国語研究所

■ 執筆者（執筆順）

　　大西拓一郎　　国立国語研究所
　　日高水穂　　　関西大学文学部
　　小林　隆　　　東北大学大学院文学研究科
　　福嶋秩子　　　新潟県立大学国際地域学部
　　中井精一　　　富山大学人文学部
　　舩木礼子　　　神戸女子大学文学部
　　松田美香　　　別府大学文学部
　　小西いずみ　　広島大学大学院教育学研究科
　　木川行央　　　神田外語大学大学院言語科学研究科
　　太田有多子　　椙山女学園大学国際コミュニケーション学部
　　大橋純一　　　秋田大学教育文化学部
　　岸江信介　　　徳島大学大学院社会産業理工学研究部
　　半沢　康　　　福島大学人間発達文化学類
　　鑓水兼貴　　　前国立国語研究所

目 次

第Ⅰ部 方言分布形成論

1章 言語変化と方言分布—方言分布形成の理論と経年比較に基づく検証—
　………………………………………………………………………［大西拓一郎］… 1
　1. はじめに　1
　2. 言語変化と分布変化・分布形成の理論と仮説　1
　　言語変化の方言分布への投影　1／方言分布形成の理論とモデル　1
　3. 方言形成理論の検証　5
　　分布領域の非波状形成　5／分布領域の静穏性　16／分布領域の広さと形成時間　17
　4. むすび　17

2章 「接触」による方言分布形成 ………………………………［日高水穂］… 21
　1. はじめに　21
　2. 西日本における条件表現体系の動態　22
　　条件表現体系の地理的分布と歴史的変遷　22／近畿型条件表現体系の伝播と受容　25
　3. 東日本（東北・北関東地方）における可能表現体系の動態　30
　　可能表現体系の地理的分布　30／首都圏型可能表現体系の伝播と受容　32
　4. むすび　37

3章 言語的発想法と方言形成—オノマトペへの志向性をもとに—
　………………………………………………………………………［小林　隆］… 39
　1. 方言形成における地域特性の問題　39
　　地方の主体性という視点　39／個別的事象から言語的発想法へ　40
　2. 言語的発想法から見たFPJD　41
　　感情・感覚表現への志向性　41／感動詞の副詞的使用　42／オノマトペの副

詞的使用　*45*
3. オノマトペへの志向性　*48*
使用する資料—副詞関係の全国方言分布データ—　*48*／オノマトペと一般語の分類　*49*／オノマトペ使用の分布傾向　*53*／オノマトペ志向の背景—体感に基づく現象的理解—　*59*
4. オノマトペ志向がもたらしたもの　*63*
オノマトペによる単語家族の形成　*63*／一般語のオノマトペ化　*64*
5. まとめと今後の課題　*68*

第II部　方言分布の実時間比較

1章　準体助詞の分布と変化 ……………………………………［福嶋秩子］… *71*
1. はじめに　*71*
2. 共通語における準体助詞　*71*
3. 方言における準体助詞　*72*
準体助詞の代名詞的用法：FPJD「いるのは」・GAJ「あるのは」　*72*／準体助詞の機能語形成の用法：FPJD・GAJ「行くのだろう」　*75*／連体助詞＋準体助詞：FPJD「おれのだ」　*78*
4. 新潟方言における準体助詞の分布と変化　*81*
5. むすび　*83*

2章　日本語敬語の多様性とその変化 ………………………………［中井精一］… *85*
1. はじめに　*85*
2. 待遇表現形式の地域的多様性　*86*
3. 場面による待遇表現形式の出現と運用の多様性　*91*
4. 待遇表現形式の経年変化　*98*
5. むすび—待遇表現形式使用の地域差とその変化—　*101*

3章　推量表現形式の分布とその変化—地域共通形式への収斂と脱推量形式化—
………………………………………………………………［舩木礼子］… *106*
1. はじめに—推量表現形式の分布概況—　*106*
2. 静岡県における推量表現形式の分布　*110*

静岡県内の-ダラー類の増加　*110*／静岡県での推量表現形式の変化の段階
　　　112
　3.　-ロー類の衰退　*113*
　　　-ロー類の分布の変化　*113*／-ロー類が衰退した理由　*115*／-ロー類が維持
　　　されるもう一つの条件　*118*
　4.　否定疑問形式の広がり　*120*
　　　地域独自形式の固定　*121*／推量表現形式に代わる否定疑問形式　*124*
　5.　む　す　び　*125*

4章　九州地方の可能表現 ……………………………………［松田美香］… 128
　1.　は じ め に　*128*
　2.　先 行 研 究　*128*
　　　九州の可能表現　*128*／大分県の可能表現　*130*
　3.　九州地方の可能表現形式の比較方法　*131*
　4.　分布の経年比較と可能の意味の世代比較　*141*
　　　分布の経年比較　*141*／接触による体系変化の視点から　*151*／複雑な地域の
　　　実態—大分県の例—　*154*／大分県挾間町での意味拡張、単一形式化の過程
　　　155／可能の意味区分の連続性と形式の関係　*157*
　5.　文法の単純化傾向と九州地方の可能表現（まとめと課題）　*159*

5章　中国地方における一段動詞の五段動詞化—活用体系の平準化における
　　　停滞・阻害の事例として— ……………………………［小西いずみ］… 162
　1.　は じ め に　*162*
　2.　仮定形ととりたて否定形の平準化　*163*
　3.　ラ行五段化　*165*
　　　GAJとFPJDの分布概観　*165*／出雲地方でのラ行五段化　*169*／安芸島嶼部
　　　のラ行五段化　*174*

6章　大井川流域における言語変化—30年前の調査結果との比較から—
　　　………………………………………………………………［木川行央］… 176
　1.　は じ め に　*176*
　2.　調査地域概要　*176*

3. 調査について　*180*
　　4. 方言形の分布域の変化　*181*
　　　言語境界線としての大井川　*181*／井川地区に分布する語　*186*／本川根町以北に分布する語　*186*／伊久美川・相賀谷川以北に分布する語　*187*／伊久美川・相賀谷川以南に分布する語　*195*／分布域が拡大している語　*195*
　　5. むすび　*202*

7章　大井川流域の言語―経年調査から言葉の広がりをたどる―
　　　………………………………………………………………［太田有多子］… *205*
　　1. はじめに　*205*
　　2. 調査と調査地域　*205*
　　　調査地域　*205*／調査項目　*205*／話者の条件　*207*／調査方法　*209*
　　3. 大井川流域の交通　*209*
　　4. 方言分布の経年比較　*212*
　　　比較する資料　*212*／まむし（蝮）　*213*／みみず（蚯蚓）　*213*／かかと（踵）　*219*／とうもろこし（玉蜀黍）　*222*／ごきぶり（御器被り）　*223*
　　5. むすび　*228*

8章　新潟県北部に残存するガ行入り渡り鼻音の実相と分布―代表2地点の
　　　世代別調査による経年比較― ……………………………［大橋純一］… *232*
　　1. はじめに　*232*
　　2. 前調査結果の概要とその中の上記2地点の位置　*233*
　　3. 調査・分析　*235*
　　4. 音響分析による実相の検証　*236*
　　5. [ᵑg] および [g] の地点・世代別出現状況　*238*
　　　全体状況　*238*／[ᵑg] と [g] の揺れの実際　*240*／音環境別の傾向　*242*
　　6. 周辺地域の実態　*246*
　　7. むすび　*248*

9章　蛇の目と波紋―野草や小動物の方言を例に― …………［大西拓一郎］… *252*
　　1. はじめに　*252*
　　2. 「波紋」の均等化　*253*

「蝸牛」の変化　*253*／特殊事例としての「蝸牛」の全国均等化　*253*／「蝸牛」と波紋　*256*
  3. 言語変化の反復発信の希少性　*256*
   言語変化の現在　*256*／蛇の目型（a-b-a）発生の必然性　*257*／波紋型（…a-b-c-b-a…）発生の希少性　*258*
  4. スケールと代表性　*258*
  5. むすび　*258*

第III部　方言分布比較の方法と考え方

1章　方言分布の実時間比較と見かけ時間比較 ……………［岸江信介］… *260*
  1. はじめに　*260*
  2. コピュラ形式に見られる言語変化　*261*
   テンス現在　*261*／テンス過去　*266*
  3. 「いる」「おる」の対立と動向　*269*
  4. 否定形式に見られる言語変化の動向―「-ナイ」と「-ン」の対立―　*272*
  5. 「買った」の方言分布が意味するもの　*277*
  6. むすび　*281*

2章　グロットグラム調査データの実時間比較 ……………［半沢　康］… *283*
  1. 目的　*283*
  2. データ　*283*
   東北線沿線グロットグラム調査　*283*／常磐線沿線グロットグラム調査　*285*
  3. 調査結果　*285*
   不変化（地域差）　*285*／不変化（世代差）　*286*／新方言の拡張　*291*
  4. 分析　*293*
   共通語化の経年比較　*293*／方言形分布の経年比較　*296*／新語普及の経年比較　*299*
  5. むすび　*301*

3章　現代日本語の共通語化過程―『日本言語地図』「全国中学校言語使用調査」との比較―……………………………………………………［鑓水兼貴］… 304

1. はじめに　304
2. 使用データ　305
   『日本言語地図』　305／「方言の形成過程解明のための全国方言調査」　305／「全国中学校言語使用調査」　305／調査の比較　306
3. 集　計　306
   共通語形の処理　306／「方言回答優先」と「共通語回答優先」　308／平均使用率について　308
4. 結　果　309
   全体結果　309／語形別共通語化　310／地域別結果　313
5. ま と め　319
6. 今後の課題　320

4章　言語変化と中心性―経年比較に基づく中心性の検証―
　……………………………………………………［大西拓一郎］… 323

1. はじめに　323
2. 方言形成の理論と中心性　323
3. 中心性の検証　325
   中心性に関する理論的予測　325／方法　326／対象項目　327／対象地点　329／判定基準　331
4. 結　果　332
   都市性と言語変化率　332／言語変化率の地理的分布　335／標準語化　336／語彙と文法　338
5. む す び　340

索　引……………………………………………………………………… 342

第Ⅰ部　方言分布形成論

1

言語変化と方言分布
―方言分布形成の理論と経年比較に基づく検証―

大西拓一郎

1. は　じ　め　に

　昔と今を比べればことばに違いがあることから、時間の中でことばに変化があったことがわかる。一方、場所が異なれば、やはりことばの違い（方言）がある。方言周圏論は、時間の中でのことばの変化と空間上のことばの異なりには一定の関係があると考え（柳田 1930）、方言の形成もそれに基づき説明できるとする（小林 2014）。

　それに対し筆者は、時間と空間の相関を考慮する必要はなく、時間の中での変化がすべての場所で一律には発生しないために、空間での差異としての方言が生まれると考える。

　本章では、2節において言語変化と分布変化また分布形成に関する理論ならびにそこから導き出されるモデルと仮説を提示する。3節ではその仮説に対し、具体的な調査結果をもとに実時間上の経年比較を通した検証を行う。

2. 言語変化と分布変化・分布形成の理論と仮説

2.1　言語変化の方言分布への投影

　特定の場所で言語変化が発生すれば、それは分布にも投影され、分布の変化として把握されることになる（図 I.1.1）。

　方言分布形成の理論は、言語変化が引き起こす分布変化を前提とするものであり、実時間での言語変化と分布変化が把握できれば、理論を検証できるはずである。

2.2　方言分布形成の理論とモデル

　ここでは筆者の考える方言形成の理論とモデルを提示する。

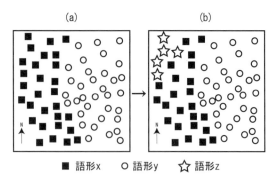

図 I.1.1　言語変化と分布変化（x → z の言語変化が分布の変化をもたらす）

（1）なぜ方言はあるのか

　人間は、ことばを使って意思疎通（コミュニケーション）を行う。ことばは意思疎通の道具である。一方、ことばは必ず変化する。変化を起こさない言語は知られていない。ただし、言語変化は一律には起こらない。隣接する二つの集落が同じことばを使っていたことを想定してみる。同じ言語変化が同時に両集落で発生するわけではないから、一方の集落は変化し、もう一方はもとのままということが起こる。このような言語変化の非一律性が集落どうしのことばの違い、すなわち方言を発生させる[1]。

（2）どのように方言はできるのか

　人間は集団を構成する（河合 2009）とともに、その生活は地理空間から自由にはなれない。制約された地理空間の範囲でことばを用いて意思疎通し、暮らしている。そのような現実世界で生きるにあたって構成する集団は共同体である。伝統的社会で集落と呼ばれてきたものは、その一つである。

　言語変化が発生すると、共同体内の意思疎通が阻害される。そこで、阻害を克服するために言語変化は共同体内に拡大する。共同体内での言語変化の拡大による新たなことばの共有化が完成したとき、隣接する共同体との言語の違いが明確になり、地理空間上の言語差としての方言が成立することになる。それを地図に描くと分布の異なりとして表される。

　ことばは、意思疎通の道具である以上、そこに変化が発生することは、実は望ましいことではない。したがって、変化が起こらない静止状態が通常の姿であ

る。それにもかかわらず、必ず変化を起こすという、相反する性質を負っている[2]。起こった言語変化が意思疎通を妨げないようにする解決策として、共同体内での拡大が行われ、その結果、共同体どうしのことばの違いとしての方言ができる。

(3) 広がり方の違い

周知のとおり、言語変化は、その要因が言語の中にある場合（言語内的変化、以下、内的変化）と言語の外にある場合（言語外的変化、以下、外的変化）に分類され、さらにそれらの中にいくつかのタイプが認められる。したがって、いわゆる接触伝播による言語変化も自律的変化による言語変化も両方が存在することを否定するものではない。ただし、この分類はあくまでも変化の要因によるものであり、実際の言語変化が共同体内に投じられた後は、そのような分類が共同体どうしの言語差を生み出すことに直接影響を及ぼすとは考えにくい。

むしろ、拡大の仕方にかかわるものであって、言語変化の対象が、ことばの本質であるシステム（体系）としての側面において、その根幹に近いかどうかが広がり方に関与することが予想される。根幹に近いほど変化は起こしづらいため、変化発生には時間がかかるが、いったん発生すると素早く、また地理空間的にも広い範囲に広がることが考えられる。

(4) 方言分布形成のモデルと仮説

以上の理論をモデル化したのが図 I. 1. 2 である。このモデル図の中の「共同体」が指す範囲は一定ではない。上記のとおり、伝統的な共同体として集落があるが、集落の集合体としての地区や学区や地域、さらには市区町村や都道府県といった行政範囲、いっそう広く地方（例：東北地方、中国地方など）、また、集落よりも狭いこともあるだろうし、それら既知の境界と一致しない外郭を持つものや、複合的なもの、場合によっては分離しているものなど、さまざまな空間的範囲が該当し得る。

突き詰めれば、共同体はネットワーク論が想定する人どうしのつながりである（クリスタキスほか 2010、ミルロイ 2000：pp. 162-170、安田 1997、ワッツ 2004、Milroy 2002）。ただし、それが地理空間とどのように結びついて具現するのかは、解明されておらず、ネットワークと地理空間の詳細な関係については課題とせざるを得ない[3]。

ここで提示した理論とモデルから以下の仮説を立て、方言分布の経年比較データをもとに検証を行う。

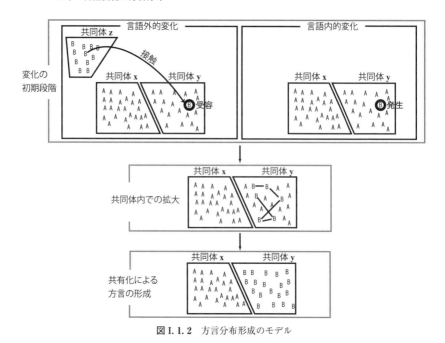

図 I.1.2 方言分布形成のモデル

【仮説1】言語変化は共同体の領域を埋めるように分布を形成する。
【仮説2】形成された分布は静穏状態を保つ。
【仮説3】体系の根幹により近い言語変化ほど発生に時間を要するが、発生すると広い範囲に素早く広がる。

　この仮説は、従来の考え方である方言周圏論（柳田 1930）や方言周圏論を近代的にモデル化した隣接分布の原則・周辺分布の原則（柴田 1969）と以下の点で異なっている。

　全体にかかわることとして、従来の考え方は言語変化をもたらす一定の場所、あるいは変化を起こしやすい場所としての「中心」を想定するが、本理論はそれをしない。従来の考え方では、新しい言語変化を生み出す場所——いわば新たな分布の素材供給源——を中心あるいは中央として想定してきた。本理論はそのような場所を設定しない。

　このことから、仮説1に関して、従来の考え方では言語変化は中心地から外に向かって波のように連続性を持って広がると考えられてきたが、本理論はそのような波状の連続性という視点は持たない。伝達道具としての機能を達成するため

に共同体領域内に広がるということのみを本理論は想定する。

　仮説2に関して、従来の考え方は中心地の言語変化が継続的に周辺部に伝わることを想定してきた。そのことから方言分布は常に変動しているイメージをもたらしてきた。本理論では、ことばにとって言語変化は望ましいものではなく、共同体領域内での言語変化の拡大が済めば、その後は静穏状態が保持されると考える。

　仮説3については、従来の考え方ではほとんど扱われることがなかった。あるいは、この仮説がおもに対象とする事項は、地理的周辺地で変化が発生しやすいという見解（楳垣 1953）に従い[4]、既知のこととして放置されてきたのかもしれない。

　なお、従来の考え方が重視し、本理論が設定を行わない「中心」ならびに「中心性」については、本書第III部4章「言語変化と中心性」において検討する。

3. 方言形成理論の検証

　ここでは、前節（2節）で示した仮説ごとに方言分布の経年比較に基づく検証を行う。比較と検証にあたっては、以下のデータを用いる。

① GAJ と FPJD（全国方言分布調査）

　全国レベルでの調査データとして『方言文法全国地図』（GAJ、調査：1979〜1982年）とその後約30年を経た全国方言分布調査（FPJD、調査：2010〜2015年）を用いる。

② 伊那諏訪地方方言分布調査データ

　長野県天竜川流域の伊那諏訪地方の方言分布として、馬瀬（1980、調査：1968〜1973年）とそれから40年を経て、信州大学人文学部澤木幹栄研究室と共同で2010〜2015年に実施した長野県伊那諏訪地方方言分布調査データ（大西 2016）を用いる。

3.1　分布領域の非波状形成

　前節で提示した仮説1「言語変化は共同体の領域を埋めるように分布を形成する。」を分布領域の非波状形成仮説と呼ぶことにする。

（1）動詞否定辞過去形ンカッタ

　近畿地方において、動詞否定辞の過去を表すのに伝統的なナンダ（例：行カナンダ）に代わってンカッタ（例：行カンカッタ、行カヘンカッタ）が増加してい

ることは真田（1992）により指摘されていた。ンカッタはナンダの非分節性（否定や過去を表している要素が切り出しにくい性質）やそれに関連する語源不明性（大西 1999）をきっかけにナンダに代わって導入された形式である。動詞は動作性を有するが、その否定形は状態性に意味特性が交替する。そこで動詞否定辞（非過去形）にン（ン、ヘン）を用いる地域において状態性を共有する形容詞過去形の語尾を導入することで成立したのがンカッタ（ンカッタ、ヘンカッタ）である。成立事情が共通していれば、異なる場所でも同じ形ができあがると考えられ、ンカッタは複数の場所で多元的に発生している。

　現在ではンカッタは、関西方言のように見なされているが、図I.1.3が示すように30年前（GAJ）の大阪府ではわずかに南端部に1地点見えるだけであった。30年後の現在（FPJD）は、大阪府全体に広がっている。

　愛知県もンカッタの多元的発生地の一つである。図I.1.4が示すように30年前（GAJ）に県の中央部での発生が確認されるが、この発生地はこの地方の中心地である名古屋市ではない。そして、現在（FPJD）は県全体に使用が広がっている。

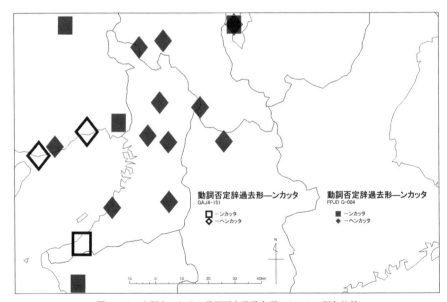

図I.1.3　大阪府における動詞否定辞過去形ンカッタの経年比較

3. 方言形成理論の検証

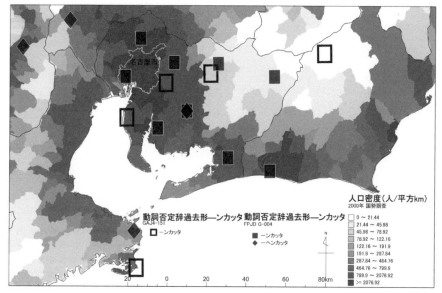

図 I.1.4 愛知県における動詞否定辞過去形ンカッタの経年比較

　ンカッタの大阪府や愛知県における分布からわかるように、分布が広がる空間領域は、都道府県という行政単位と結びついている。都道府県は、歴史的に新しく恣意的に定められたものという見方もあるかもしれないが、現実の生活は、公立高校の選択範囲は都道府県の範囲で制限されている、地方公務員としての教員（彼らの主要な道具は間違いなくことばである）の就労範囲は都道府県を越えることがない、など、都道府県と生活範囲は一定の関係があり、地理学では歴史的にも有意な領域であることが指摘されている（水津 1972：pp. 168-172）。

(2) 格助詞サ

　格助詞サは、東北方言を代表する言語形式である。「東京サ行く」のような方向、「東京サ着いた」のような帰着点、「ここサある」のような存在場所、「犬サ追いかけられた」のような受動態の動作主など、標準語の「に」と同様に格機能を広くカバーするが、格ごとに使用地域に異なりのあることが知られている（小林 2004：pp. 351-473）。

　方向と帰着点を表すのがサのもっとも基本的な用法であり、東北地方ではその全域に分布している。ただし、GAJ（1980年代）では東北地方南部の福島県で

はサだけではなく、方向の場合にはエと、帰着点の場合にはニと併用されていた。いずれも標準語形であるとともに、隣接する関東地方の形でもある。30年後の現在（FPJD）、図I.1.5（方向）、図I.1.6（帰着点）が示すように、福島県に広く見られたエやニとの併用はかなり減少し、東北地方はほぼすべてサだけでカバーされるようになった。言語的に見るなら、格体系の中に混ざり込んでいた標準語形式を追い出したことになる。分布の側面から見ると、サによる東北方言の等語線が明瞭化したことになる。

一方、サが「ここサある」のような存在場所を表す用法を持つかどうかには地域差があった。存在場所としてサが用いられるのは、30年前（GAJ）には東北地方の南側から日本海側にかけての地域に限られていた。30年後の現在（FPJD）は、図I.1.7が示すように、東北地方のほぼ全域に広がっている（図にはないが、北海道にも広がっている）。言語的には、サの格用法の拡大であるが、分布の観点では、サによる東北方言一体化、もしくは広い用法によるサの東北方言共通言語化と見ることができる。

30年前のGAJでは、サが「犬サ追いかけられた」のような受動態の動作主を表すところはほとんどなかった。ところが、図I.1.8のように現在（FPJD）では東北地方の北部に明らかな使用地域の形成が認められる。領域形成の様子は、青森県をカバーするような分布として現れており、「県」を単位とする点で、動詞否定辞過去形のンカッタの場合と共通している[5]。

(3) 格助詞カラ

受動態の動作主を表すにあたり、「犬カラ追いかけられた」のようにカラを用いる地域がある。九州と山形県である。GAJとFPJDを比べると、図I.1.8では扱っていないが、山形県の分布はほぼ同じ領域におさまっている。それに対し、九州では図I.1.9のように大きな変化が見られた[6]。

GAJでは、長崎県を中心に佐賀県、熊本県、鹿児島県に分布が及んでいた。それに対し、FPJDでは、分布の中心が福岡県に移り、佐賀県、大分県、宮崎県、熊本県に及んでいる。北西部から北東部に相補的に反転したかのような大規模な変動である。

GAJにおける九州のカラは多くの地点でニと併用されており、それらの地域のほとんどがFPJDではニの単用に変化している。したがって、この地域では、受動態の動作主を表す機能をカラからもっぱらニに移行させたものと見られる。一方、FPJDでカラが使われている地域は、その反対で、GAJではニが用いられ

3. 方言形成理論の検証　　9

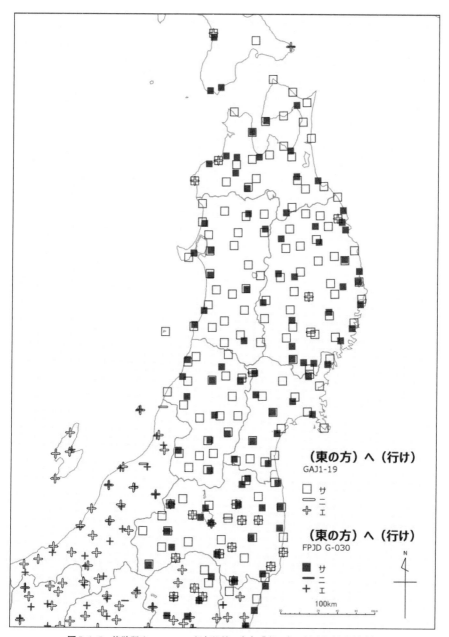

図 I.1.5　格助詞サ・ニ・エの経年比較：方向「東の方ヘ行け」（東北地方）

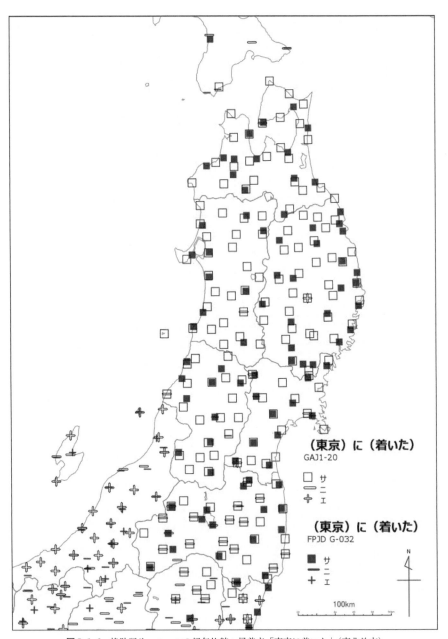

図 I.1.6　格助詞サ・ニ・エの経年比較：帰着点「東京に着いた」(東北地方)

3. 方言形成理論の検証　11

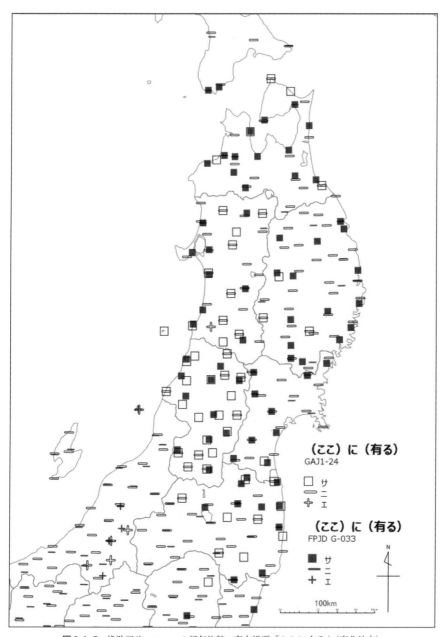

図 I. 1. 7　格助詞サ・ニ・エの経年比較：存在場所「ここに有る」（東北地方）

12　1章　言語変化と方言分布

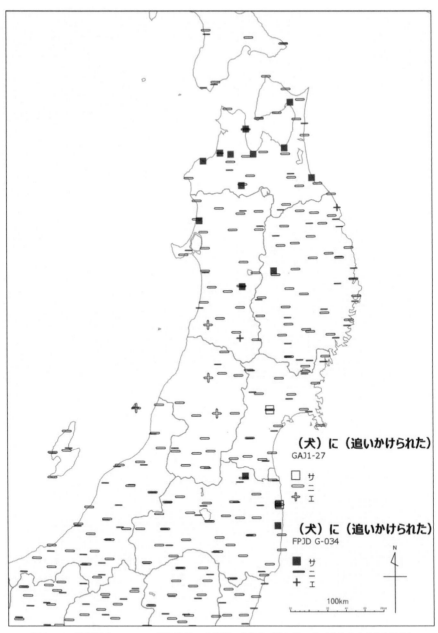

図 I.1.8　格助詞サ・ニ・エの経年比較：受動態の動作主「犬に追いかけられた」（東北地方）

3. 方言形成理論の検証　13

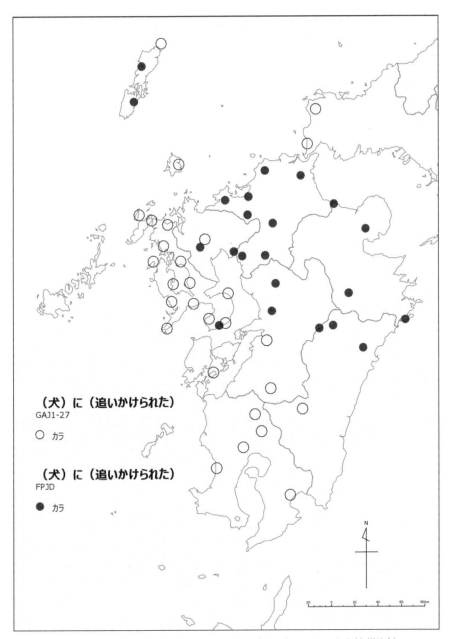

図 I. 1. 9　格助詞カラ経年比較：受動態の動作主「犬に追いかけられた」（九州地方）

ていたことから、ニからカラに格機能を移したことになる。ニの地域でのカラの発生にあたっては、カラを導入することで多義的なニから格機能を分化させたのは確かであるが、それが自律的なものなのか、隣接地域からカラを導入させたものなのか、判断に迷う。それにしても分布のみごとな対峙と分断を見ると後者の考えをとりたくなる。

分布から見ると、カラからニに変化したのはおもに長崎県であり、ニからカラに変化したのはおもに福岡県である。この点において、九州でも、やはり「県」が効いていると見ることができそうである。ただし、それぞれが、指摘した県外にも広く分布している点には留意が求められる。

(4) 桑の実

図 I.1.10 は、長野県伊那諏訪地方における「桑の実」を表すクワグミの変化を示す。この地方では、桑などの小型の果実をグミと言う（馬瀬編 2013）ことから、「桑＋小型の果実」に基づくクワグミが多元的発生したと考えられる。その様子は 40 年前の馬瀬（1980）ですでにとらえられており、上伊那の新中心部である伊那市、下伊那に近い駒ヶ根市の南端部、長谷村で別々に発生していた。40 年後の現在は、上伊那地方全体（20 km 圏程度）をカバーするような分布に変化している[7]。

(5) 分布領域と共同体

以上のように、方言分布は波のように連続的に拡散してできるのではなく、特定の領域を埋めるように広がって形成されることがわかる。そしてその領域は、都道府県であったり（図 I.1.3、I.1.4、I.1.8、I.1.9）、東北地方のような一定の地方であったり（図 I.1.5〜I.1.7）、上伊那のような一定のまとまりを持つ地域であったり（図 I.1.10）する。分布領域の非波状形成仮説（仮説 1）は成立すると見られる。

ただし、ここでは都道府県や特定の地方など、共同体との関係が比較的とらえやすい事例を取り上げたが、九州のカラが示すようにこれですべてが決定されるわけではない。2.2 節（4）にも述べたように領域が基盤とする共同体を支える人的ネットワーク（人のつながり）が、地理空間とどのように結びつくのかは解明すべきことが多く、大きな課題である。

3. 方言形成理論の検証　15

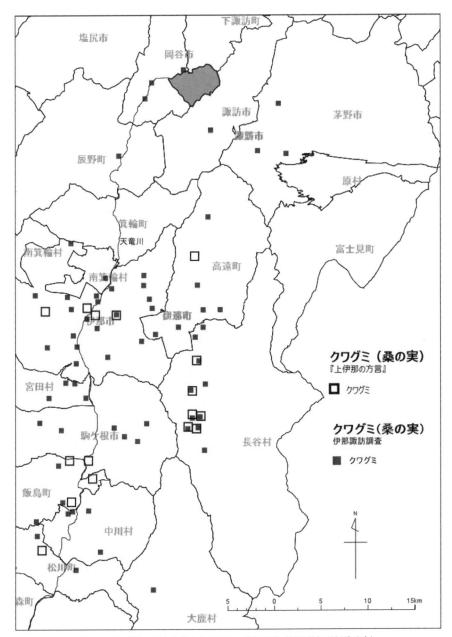

図 I. 1. 10　「桑の実」を表すクワグミの経年比較（長野県伊那諏訪地方）

3.2 分布領域の静穏性

ここでは仮説2「形成された分布は静穏状態を保つ。」について扱う。この仮説を分布領域の静穏状態保持仮説と呼ぶことにする。

3.1節（1）で扱った動詞否定辞過去形を表すンカッタは、日本海側の新潟県にもある。図 I.1.11 が示すように新潟県のンカッタは、30年前（GAJ）にすでに新潟県内に広がっており、その状態を現在（FPJD）も保持している。その領域は、北東部の下越を除く上越・中越である。明治時代の文部省に設置された国語調査委員会が編纂した『口語法分布図』（1906年）でもほぼ同じような分布が確認できる。ンカッタの発生は、全国でも新潟県がもっとも早く、20世紀の頭には分布領域が形成され、それが100年を経た現在も引き継がれている。

この例に限らず、方言分布の経年比較を行うとあまり大きな変化が見られない例は多い。変化があったほうがおもしろいこともあって、落胆させられがちであるが、変化がないこと、そしてそれが多く見られ、むしろ一般的であることに意味がある。繰り返しにはなるが、ことばにとっては変化がないことがコミュニケーションの道具として望ましいのである。方言分布の静穏状態保持仮説（仮説2）も成立すると見てよいであろう。

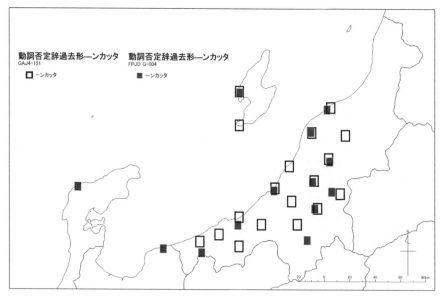

図 I.1.11　新潟県における動詞否定辞過去形ンカッタの経年比較

3.3 分布領域の広さと形成時間

　ここでは仮説3「体系の根幹により近い言語変化ほど発生に時間を要するが、発生すると広い範囲に素早く広がる。」を扱う。

　図 I. 1. 12 には中部地方で起こっているズラからダラへの変化を示している。ズラは標準語における「だろう」相当の助動詞であるが、ズラが用いられている地域に共通して用いられる断定辞のダの機能を含むにもかかわらず、ダではなくズという形を持つ[8]。そこで、この点を修正し、合理化を図るためにダラに変化する。GAJ と FPJD を比べると、この 30 年の間に愛知県内からズラがほぼ消失する（ほぼダラ専用となる）とともに、静岡県においてズラに代わってダラが東西に分岐状に広がった様子がとらえられている。静岡県においてズラはながらくその代表的な方言形式であった。しかし、ついにここに来てそれを捨て去ろうとしている。現時点ではまだ隣接する山梨県や長野県ではこの変化はとらえられていない。ただし、上條（1954：p. 17）にはすでに 50 年以上前から甲府地方の子どもたちの間で使われつつあることが記録されており、諏訪地方でも諏訪実業高校（1961：pp. 12-13）に記載が見られることから、あまり表に出ない形での使用があった（ある）ものと思われる。

　名詞述語推量辞という言語体系の根幹に近いところで、変化が顕在化するのに時間を要している。同時にいったん変化が進むと愛知県内でズラがほとんど姿を消しダラにとって代わられたこと、また、静岡県の東西でダラが新たに発生したことが示すように広範囲に素早く広がっている。したがって、仮説3は成り立つと見てよいだろう。

4. む　す　び

　本章では方言分布形成の理論とそのモデルを構築し、提示した。この理論は、ことばの伝達道具としての機能に加え、集団を構成しながら地理空間から自由になれない人間のあり方に根ざす。そこには従来想定されていた拡散における中心性や波状性は不要であり、含めない。

　そして、この理論・モデルをもとに3種の仮説を立て、方言分布の経年比較に基づく具体的な検証を行い、その結果、仮説が成立することを見た。本章に挙げた事例はいずれも方言周圏論に根ざした波状・連続性の見方では説明ができないはずだ。

　残された大きな課題は、分布領域は何によって決まるのかという問題である。

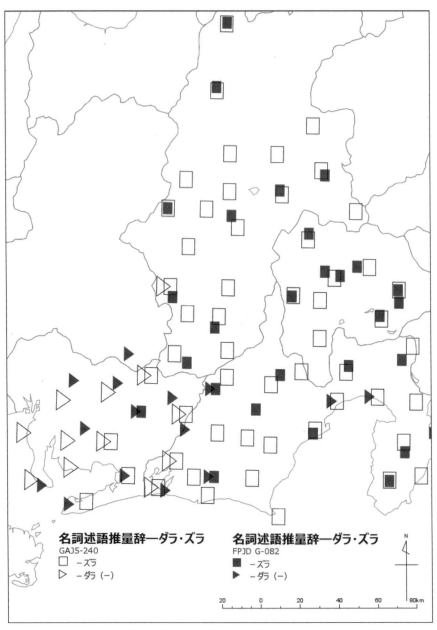

図 I.1.12 中部地方における名詞述語推量のズラとダラの経年比較

本理論に照らせば、人のネットワークとしての集団が地理空間にどのように拘束されているのかの解明が、この課題に直結するものと見通される。そのためには、研究分野の垣根を乗り越えることが求められることは確実である。

注

1　野元（1958）は「ある部落なら部落の生活圏がきまって、しかも、隣のそれと、はっきり区別ができると、そこに社会集団ができる。その社会集団を言語的に見たとき、「言語社会集団」ということができるが、その言語社会集団ごとに、いつも変化してやまない言語というものの、変化の方向・傾向が違っている場合は、長い時間を隔てるうちに、非常な違いが言語社会集団ごとに出てくるだろう。」と述べており、類似の考え方を示している。

2　ことばは意思疎通のための道具であり、それゆえにシステムとしての性格を強く有している。システムというものは、その一般的性質として、合理的あるいは経済的であることが望ましい。ことばは、そのようなシステムとしての「望ましさ」を達成するために変化を起こすことがあり、これが自律的変化である。音韻や文法における変化の多くは、この自律的変化に位置づけられる。語彙における多元的発生（長尾 1956）も同様な性質を持つ。しかし、同時にシステムの特定の箇所で経済性を求めて起こした変化は、ほかの箇所で不合理を発生させることがある。ここでは取り上げないが、形容詞活用の整合化はその典型的な例である（大西 1997）。母音連続 ai が e: に変化するのは、通言語的に認められる経済性を求めた音韻変化である。ところが、この変化が形容詞に及んだとき、タケー（「高い」の終止・連体形）、タカカッタ、タカクナイのように活用体系上、語幹の不統一を引き起こしてしまう。そこでタケカッタやタケクナイのような形を自律的変化として導入し、合理化を図る。完璧なシステムというものは、おそらく存在せず、システムの合理性・経済性を求めて、ある箇所を修正すると別の箇所で不具合が生ずることがしばしばある。ことばもそのような事態から逃れることはできず、システムの合理化に向けた修正が連綿となされ、終わりなき変化としての自律的変化が行われ続けるものと考えられる。

3　人文学において詳細な分布データをもっとも多く収集・所有しているのは方言学であり、その点からするとこの問題の解明に一番近い立場にあるのは、われわれ自身なのかもしれない。

4　本書第III部4章「言語変化と中心性」で明らかにするように、言語変化の「発生」に地域的偏りや言語分野的差異はないと筆者は考える。

5　FPJD では青森県は複数の研究者により、地点を手分けして調査が実施されており、本用法のサは調査者による偏りを伴わず回答が得られている。したがって、調査者によるバイアスといった懸念は不要と見られる。

6　カラと同系統と見られるカル・カリ・カッは図 I. 1. 9 には搭載していないが、分布を見る上での大きな支障はない。

7　『上伊那の方言』（馬瀬 1980）ではクワズミが広く見られる。クワグミの拡大はクワズミから類音牽引が働いた可能性もある。

8　山梨県の方言を参考にすると、ズラの祖型は断定辞のドーに基づく *ドーラであり、前接

する用言（動詞）の末尾音による順行同化によりヅラに変化し、四つ仮名の二つ仮名化によりズラになったものと考えられる。したがって、ズラのズは断定辞に該当する位置にあるにもかかわらず、その姿は実際の断定辞から乖離している。

文献

楳垣　実（1953）「方言孤立変遷論をめぐって」『言語生活』24

大西拓一郎（1997）「活用の整合化―方言における形容詞の「無活用化」、形容動詞のダナ活用の交替などをめぐる問題―」加藤正信編『日本語の歴史地理構造』明治書院

大西拓一郎（1999）「新しい方言と古い方言の全国分布―ナンダ・ナカッタなど打消過去の表現をめぐって―」『日本語学』13-18

大西拓一郎（2016）『長野県伊那諏訪地方言語地図』私家版

上條　馨（1954）『づら考―その成立の由来と、分布―』御崎神社社務所

河合香史編（2009）『集団―人類社会の進化―』京都大学出版会

クリスタキス、ニコラス・A・ファウラー、ジェームズ・H（2010）『つながり』講談社

国語調査委員会編（1906）『口語法分布図』国定教科書共同販売所

小林　隆（2004）『方言学的日本語史の方法』ひつじ書房

小林　隆（2014）「方言形成論の到達点と課題―方言周圏論を核にして―（改訂版）」小林　隆編『柳田方言学の現代的意義―あいさつ表現と方言形成論―』ひつじ書房

真田信治（1992）「関西方言の現在―変化の要因と過程―」『日本語学』7-11

柴田　武（1969）『言語地理学の方法』筑摩書房

水津一朗（1972）『地域の論理―世界と国家と地方―』古今書院

諏訪実業高校（1961）『諏訪方言集』諏訪実業高校

長尾　勇（1956）「俚言に関する多元的発生の仮説」『国語学』27

野元菊雄（1958）「自然の境界とことばの境界」『言語生活』83

馬瀬良雄（1980）『上伊那の方言』上伊那誌刊行会

馬瀬良雄編（2013）『長野県方言辞典［特別版］』信濃毎日新聞社

ミルロイ、レズリー（2000）『生きたことばをつかまえる―言語変化の観察と分析―』松柏社

安田　雪（1997）『ネットワーク分析』新曜社

柳田国男（1930）『蝸牛考』刀江書院

ワッツ、ダンカン（2004）『スモールワールド・ネットワーク』阪急コミュニケーションズ

MILROY, Lesley (2002) Social Networks, J. K. Chambers, Peter Trudgill and Natalie Schilling-Esres edited, *The Handbook of Language Variation and Change*, Blackwell, pp. 549-572.

2
「接触」による方言分布形成

日 高 水 穂

1. は じ め に

　文法のような緊密な体系性の上に成り立つ言語項目では、隣接方言との接触による外来の要素の受容は、在来方言の体系に質的な変容を生じる場合がある。そのため、文法項目においては、いったん形成された方言境界が維持される傾向が強い。その一方で、文法項目においても、隣接方言との接触による方言変容が生じている事例もある。

　接触による方言変容を考えるにあたり、方言 X の文法項目 x と方言 Y の文法項目 y の関係として、次のようなパターンを想定してみる。

(1)「方言 X と方言 Y の優劣に差がない」かつ
　(a)「文法項目 x と文法項目 y の複雑さに差がない」
　(b)「文法項目 x のほうが文法項目 y よりも単純」
(2)「方言 X のほうが方言 Y よりも優勢」かつ
　(a)「文法項目 x と文法項目 y の複雑さに差がない」
　(b)「文法項目 x のほうが文法項目 y よりも単純」
　(c)「文法項目 x のほうが文法項目 y よりも複雑」

　二つの方言間における「優劣」とは、一方の方言がもう一方の方言に対して社会的な威信を持つかどうかを指す。方言周圏論（柳田 1927）に代表される伝播論による方言分布解釈では、社会的に優勢な方言が劣勢な方言に影響を与え、優勢な方言の要素が劣勢な方言に受容されると考える。これに従えば、(1) の方言間には一方の言語項目を他方が受容する社会的な動機づけがないのに対し、(2) の方言間には方言 X の言語項目を方言 Y が受容する社会的動機づけがある。

　一方、一般的な言語変化では、複雑な項目が単純な項目に置き換わるということが起きやすい。したがって、言語的な動機づけという観点では、(a) では文法項目 x と文法項目 y の間に一方が他方に置き換わる言語的な動機づけがないの

に対し、(b) では文法項目 y が文法項目 x に置き換わり、(c) ではその逆の変化が起きやすいと予想される。

以上のことから、上記の組み合わせでは、(1a) は方言 X・Y の文法項目 x・y に接触による変化は生じにくいと予想され、(1b)、(2a)、(2b) は方言 Y が方言 X の文法項目 x を受容し文法項目 y に変化が生じる可能性がある。(2c) については、社会的動機づけが有意に働けば (1b)、(2a)、(2b) と同様の変化が生じ、言語的動機づけが有意に働いた場合にはその逆の変化が生じると予想される。このように考えると、社会的動機づけと言語的動機づけの変化の方向性が一致している (2b) が、接触による変化がもっとも促進されるパターンであるということになろう。

本章では、文法項目の方言分布の経年比較をすることにより、方言間の優劣関係と文法項目の体系差によって生じる、方言接触の諸現象について論じる。

なお、本章で想定する「社会的に優勢な方言」とは、全国レベルで長期にわたり影響力を持ち続けている近畿中央部方言および首都圏方言である。上記の (2) は、近畿中央部あるいは首都圏に広がる文法項目 x が、「中央部」のことばであるが故に威信のある表現として「周辺部」で受容される場合を想定している。一方 (1) は、双方にとって一方の方言が威信を感じるものではない、「周辺部」の隣接方言どうしの接触を想定している。

以下では、次の言語項目を取り上げ、現象の整理をしていきたい。
- 西日本における条件表現体系（2節）
- 東日本（東北・北関東地方）における可能表現体系（3節）

これらはいずれも「中央部」の言語項目が単純、「周辺部」の言語項目が複雑な (2b) タイプである。ただし、「周辺部」において個々に隣接する方言間には、(1b) の関係にあるものもあると想定して考察を進めることにする。

2. 西日本における条件表現体系の動態

2.1 条件表現体系の地理的分布と歴史的変遷

条件表現は、近畿中央部方言が、より単純な表現体系を発達させてきている言語項目の一つである。国立国語研究所編『方言文法全国地図』（以下、GAJ）および全国方言分布調査プロジェクト（以下、FPJD）の下記の調査結果をもとに、条件表現の基本形式の地理的分布を整理すると、表I.2.1のようになる。

- GAJ 128 図「きのう手紙を書けば良かった」（反事実的条件文）

2. 西日本における条件表現体系の動態

表 I.2.1 条件表現の基本形式の地理的分布

		(I) 中国・四国南西部・九州	(II) 近畿・四国北東部	(III) 東北南部・関東・中部	(IV) 東北北部
反事実的条件文		バ類	タラ類	バ類	バ類
予測的条件文	主文推量文				
	主文命令文	タラ類		タラ類	タラ類
事実的条件文					タバ類

- GAJ 167 図「あした雨が降れば船は出ないだろう」（予測的条件文：主文が推量文）
- FPJD G-049「そこに行ったら電話しろ」（予測的条件文：主文が命令文）
- GAJ 170 図「そこに行ったらもう会は終わっていた」（事実的条件文）

近畿地方から四国北東部（地域 II）にかけて、タラ類を条件表現の専用形式とし、バ類を用いない方言が分布している。この地域を取り囲む形で、中国・四国南西部・九州（地域 I）と東北南部・関東・中部（地域 III）では、バ類とタラ類が用法上の区別があるものとして使い分けられている。東北北部（地域 IV）では、事実的条件文専用の形式としてタバ類（タバ、タッキャ、タッケ等）が使用されているが、それ以外は地域 I・III と共通する条件表現体系を持っている。この地理的分布は典型的な周圏分布であり、ここから予測されるのは、地域 II においても、かつては地域 III・IV のような表現体系が行われていたということである。

ところで、地域 III の方言を基盤にして成立した共通語では、反事実的条件文と予測的条件文で主文が推量文の用法で、バ類とタラ類の両方が使用可能である。

- きのう手紙を ｛書けば／書いたら｝ 良かった。
- あした雨が ｛降れば／降ったら｝ 船は出ないだろう。

一方、予測的条件文の主文が命令文の用法と事実的条件文では、バ類を使用することができない。

- そこに ｛×行けば／行ったら｝ 電話しろ。
- そこに ｛×行けば／行ったら｝ もう会は終わっていた。

すなわち、共通語においては、バ類の用法はバ類の専用ではなく、タラ類を併用する表現体系となっているのであるが、こうした表現体系への移行は、地域

Ⅰ・Ⅲの方言においても生じ得ると考えられる。バ類を併用せずタラ類のみを用いる地域Ⅱの表現体系は、この単純化に向かう変化の「終着点」であると言えよう。

　ここで条件形式の歴史的変遷を整理すると、表 I.2.2 のようになる。反事実的条件文、予測的条件文で使用されるシタラと事実的条件文で使用されるシタラは由来が異なり、前者はシタラバ（タリの未然形＋バ）のバが脱落して生じたものであるが、後者はシタレバ（タリの已然形＋バ）がシタリャ＞シタラと音変化して生じたものとされる（小林 1967）。表 I.2.1 の東北北部方言のタバ類は、後者のシタレバの用法を引き継ぎ、事実的条件文専用の形式となったものだということになろう（日高 1999）。

　現代共通語のスレバ形は、かつて「已然形＋バ」で表されていた順接確定条件の一用法である一般・恒常条件文の表現が、反事実的条件文、予測的条件文に用法を拡大させたものであるため、一般・恒常条件文の特徴である多回的な事態の意味を帯びやすい。また、主文に命令文など、働きかけの強い文がくると使用しにくいというモダリティ制限がある（前田 2008・2010）。スレバ形を用いにくい一回的事態を表す場合や主文が命令文等の場合には、（シタラバ由来の）シタラ形を用いる。

　これに対して現代近畿方言では、シタラ形の用法を一般・恒常条件文にまで拡張し、制限の多いスレバ形の用法をすべてカバーするものとした結果、スレバ形が使用されなくなっている。さらにシタラ形は、形態上は事実的条件文を表す形式とも同形となっているため、表 I.2.2 に示したように、現代近畿方言の条件表現体系は、日本語の歴史的変遷から見ても、もっとも単純化が進んだ段階にあると言える。

表 I.2.2　条件形式の歴史的変遷

条件文の種類		古代語	現代共通語	現代近畿方言
順接仮定条件	反事実的条件文	セバ（未然形＋バ）	シタラ（シタラバ由来）	シタラ
	予測的条件文		スレバ（仮定形＋バ）	
順接確定条件	一般・恒常条件文	スレバ（已然形＋バ）	スレバ（仮定形＋バ）	
	事実的条件文		シタラ（シタレバ由来）	
	原因・理由文		{スル／シタ}ノデ・カラ	{スル／シタ}サカイ

2.2 近畿型条件表現体系の伝播と受容

近畿型の条件表現体系が、周辺方言にどのように受容されているかを見るために、GAJ 128 図と FPJD G-047 の反事実的条件文の分布図を比較してみる（作図にあたっては日高 2003、三井 2009・2010 参照）。それぞれの質問文は、以下のとおりである。

- GAJ 128 図「きのう手紙を<u>書けば</u>良かった」と言うときの「書けば」はどうですか。
- FPJD G-047「きのう手紙を<u>書けば</u>間に合ったのに」と言うときの「書けば」はどうですか。

表 I.2.1 によれば、予測的条件文の主文命令文の用法と事実的条件文では、周辺方言もタラ類を専用していることが確認できるため、近畿型の条件表現体系の受容は、一般・恒常条件文、反事実的条件文、もしくは予測的条件文で主文のモダリティ制限が生じないもの（以上を「バ類条件用法」と呼ぶことにする）にタラ類が使用され、バ類が使用されなくなることによって成立すると考えられる。

図 I.2.1 は、中部地方西部から九州地方（琉球諸島除く）にかけての両図の略図である。近畿地方にタラ類が見られ、それを取り囲むようにバ類が分布している。左図（GAJ 128 図）と右図（FPJD G-047）では、一見するとほとんど分布に差がないように見える。バ類条件用法でタラ類を使用するという近畿型の条件表現体系の周辺方言への伝播・受容は、さほど進んでいないようである。

ここで、近畿型の条件表現体系の周辺方言への伝播・受容の様相を、二つの表現体系が接触する地域に焦点をあてて見ていこう。

図 I.2.2 は、GAJ 128 図においてタラ類が回答されている地点を囲む形で境界線を引き、その同じ境界線を FPJD G-047 に重ねた上で、その境界線の内側の地点のうち、バ類の回答が見られる地点に○を付したものである。また、図 I.2.3 は、同じ境界線の外側の地点のうち、タラ類の回答が見られる地点に○を付したものである。

図 I.2.2 によれば、GAJ ではタラ類とバ類を併用している近畿周辺部（兵庫県北部、奈良県、和歌山県、三重県）と四国地方において、FPJD ではバ類の使用地点が減少し、タラ類の専用に変わりつつあることがわかる。この地域では、近畿型条件表現体系の受容は、バ類条件用法でのタラ類とバ類の併用という段階を経て、最終段階のタラ類専用に至っていると見なせる。近畿周辺部と四国地方は、近畿中央部の威信の及ぶ言語文化圏にあり、「中央部」で発生した単純な表

26　2章 「接触」による方言分布形成

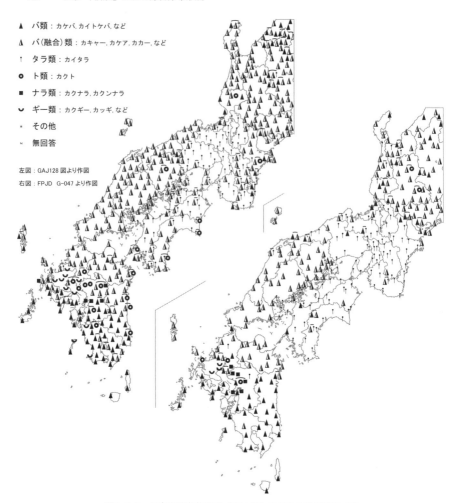

図 I. 2. 1　反事実的条件形式「書けば」の分布の経年比較 (1)

現体系を受容することは、言語的動機づけにおいても社会的動機づけにおいても、促進され得るものと考えられる。

　一方、図 I. 2. 3 を見ると、FPJD のタラ類の使用地点は GAJ のタラ類使用地域よりも「外側」に広がっていることがわかる。つまり、GAJ 調査時点から FPJD 調査時点までに、タラ類は周辺方言に伝播・受容されつつあるということになるのであるが、この伝播・受容が近畿中央部方言の「威信」のもとに生じて

2. 西日本における条件表現体系の動態　27

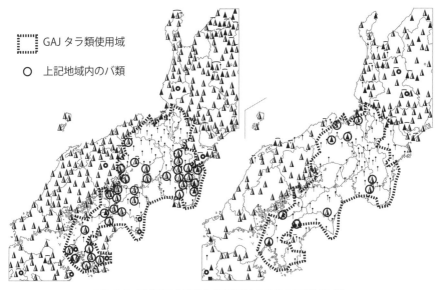

図I.2.2　反事実的条件形式「書けば」の分布の経年比較（2）

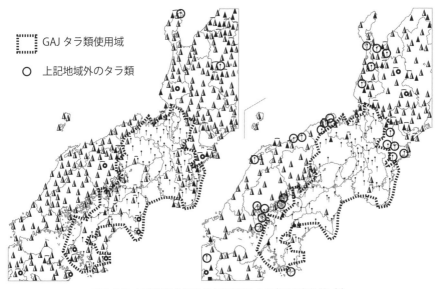

図I.2.3　反事実的条件形式「書けば」の分布の経年比較（3）

いるのかどうかについては、一考の余地がある。

図 I.2.3 で○を付した地点が集中するのは、下記の地域である。
(a) 北陸地方（福井県・石川県・富山県）
(b) 三重県東部
(c) 京都府北部、兵庫県北部、山陰地方（鳥取県・島根県）
(d) 瀬戸内海島嶼部

(a)、(b)、(c) の地域の方言は確かに、近畿方言の影響を受けやすい周辺方言だと言えるだろう。ただし、これらの地域は、京都・大阪・神戸といった近畿中央部の直接的な影響下にある地域であるとは言いがたい。さらに、(d) の地域で伝播・受容が生じているのは、近畿方言の直接的な影響というより、隣接する四国方言の影響が及んだものと思われる。(a)～(d) の地域は、隣接するタラ類使用域に連続する共通の言語文化圏の範囲内にあり、必ずしもタラ類使用域の方言に威信を感じているからではなく、複雑な表現体系を単純化させるという言語的動機づけにより、隣接方言のより単純な表現体系を受容しているものと思われる。すなわち、(1b) の関係にある方言間の、接触による言語変容であると見なせるのである。

それに対して、近畿中央部から東日本に向かう直接的なルートである滋賀県・岐阜県の境界域では、タラ類の東進は認められない。同様に、近畿中央部から西日本に向かう直接的なルートである兵庫県・岡山県の境界域においても、タラ類の西進は認められない。方言周圏論に従えば、「中央部」から発した言語現象は、時間とともに均等に周辺部に広がっていくように想定されるが、現在の近畿方言と東海方言、山陽方言の境界はそのような「平坦な」ものではないことになる。

ここでは、東海地方、山陽地方と隣接している近畿周辺部の一帯が共通の言語文化圏の範囲内になく、したがってそのことばに威信を感じることもなく、たとえ隣接方言の言語特徴が表現体系の単純化に向かうものであっても、それを積極的に受容する動機づけが生じないと考えておく。

ここから、以下の傾向が指摘できるだろう。

(3) 「方言 X と方言 Y の優劣に差がない」かつ「文法項目 x のほうが文法項目 y よりも単純」な場合、方言 X と方言 Y が共通の言語文化圏の範囲内にあれば、単純な文法項目 x が複雑な文法項目 y を持つ方言 Y に受容されることがある。

(4) 「方言 X のほうが方言 Y よりも優勢」かつ「文法項目 x のほうが文法項

目 y よりも単純」な場合、方言 X と方言 Y が共通の言語文化圏の範囲内にあれば、優勢な方言 X の単純な文法項目 x が複雑な文法項目 y を持つ劣勢な方言 Y に受容されることがある。

(5)「方言 X のほうが方言 Y よりも優勢」かつ「文法項目 x のほうが文法項目 y よりも単純」な場合、方言 X と方言 Y が共通の言語文化圏の範囲内になければ、優勢な方言 X の単純な文法項目 x であっても複雑な文法項目 y を持つ劣勢な方言 Y に受容されることは起きにくい。

(3)〜(5) から言えることは、方言間の優劣にかかわらず、方言 X と方言 Y が共通の言語文化圏の範囲内にあることが、接触による伝播・受容を促進する条件になるということである。その上で、言語変化は、複雑な体系が単純化する方向で進む。その変化の過程では、以下の現象が認められる。

(6) 単純な文法項目 x が複雑な文法項目 y を持つ方言 Y に受容される変化の過程では、文法項目 x・y が併用されたのち、x の単用に移行するという段階を経る場合がある。

共通の言語文化圏の範囲内にない隣接方言 Z を加えて、以上の現象を図示すると、図 I.2.4 のようになる。

	共通の言語文化圏		隣接方言
隣接方言	方言 X	方言 Y	方言 Z
表現体系	単純	複雑	複雑
用法1	x	y	y
用法2	x	x	x

↓

隣接方言	方言 X	方言 Y	方言 Z
表現体系	単純	混交	複雑
用法1	x	x・y	y
用法2	x	x	x

↓

隣接方言	方言 X	方言 Y	方言 Z
表現体系	単純	単純	複雑
用法1	x	x	y
用法2	x	x	x

図 I.2.4　接触による方言変容現象 (1)

3. 東日本（東北・北関東地方）における可能表現体系の動態

3.1 可能表現体系の地理的分布

　日本語諸方言の可能表現体系には、能力可能（主体の持つ能力が当該の動作を行うことを可能にしているもの）と状況可能（主体を取り巻く状況が当該の動作を行うことを可能にしているもの）を言語形式の上で区別するものとしないものがあることが知られている（渋谷 1993、竹田 2007）。

　GAJ の下記の分布図をもとに、可能表現の基本形式の地理的分布を整理すると、表 I.2.3 のようになる。

- GAJ 173 図「うちの孫は字をおぼえたのでもう本を読むことができる」（能力可能・肯定）
- GAJ 174 図「電燈が明るいので新聞を読むことができる」（状況可能・肯定）
- GAJ 182 図「うちの孫はまだ小さくて字を知らないので本を読むことができない」（能力可能・否定）
- GAJ 183 図「電燈が暗いので新聞を読むことができない」（状況可能・否定）

　九州南部を除き、可能動詞形と可能助動詞形は全国的に分布している。この形式しか持たない関東・東北南部（福島）方言では可能の意味区別は行われていない。東北北部（青森・岩手・秋田）では、肯定の場合に状況可能を表す特殊形（スルニイイ形）が存在することから、能力可能を可能動詞形が表し、状況可能の否定には可能助動詞形が使用されるという表現体系を生じている。中部地方で

表 I.2.3　五段動詞「読む」の可能表現の基本形式の地理的分布

		九州南部	九州北部	近畿中国四国	中部	関東	東北南部	東北中部	東北北部
肯定	能力可能	C5	C4	A・C3	C2	A	B	C1	A
	状況可能	C5	B	A	A	A	B	C1	C1
否定	能力可能	C5	C4	A・C3	C2	A	B	B	A
	状況可能	C5	B	A・B	A	A	B	B	B

A（可能動詞形）：ヨメル・ヨメナイ
B（可能助動詞形）：ヨマレル・ヨマレナイ
C1（特殊形1）：ヨムニイー・ヨムイ
C2（特殊形2）：ヨメール・ヨメーナイ
C3（特殊形3）：ヨーヨム・ヨーヨマン
C4（特殊形4）：ヨミキル・ヨミキラン
C5（特殊形5）：ヨミガナル・ヨミガナラン

は、特殊形（シエール形）が能力可能を表すのに応じて、可能動詞形が状況可能を表すようになっている。近畿・中国・四国地方には、能力可能を表す特殊形（ヨースル形）が存在し、状況可能は可能動詞形、可能助動詞形によって表されるが、これらは能力可能でも使用される。九州北部では、特殊形（シキル形）が能力可能を表すのに応じて、可能助動詞形が状況可能を表すようになっている。以上のことから、可能動詞形、可能助動詞形自体には、可能の意味区別を表す積極的な機能はなく、各地域に存在する特殊形との意味分担によって、空隙を生じる意味領域を担うものとなっていることがわかる。

特殊形を持たない関東・東北南部方言の可能表現体系（首都圏型可能表現体系）は、可能動詞形もしくは可能助動詞形を、可能の意味区別なく用いるという単純なものである。この方言と地理的に接する東北中部（宮城・山形）方言では、東北北部方言においては状況可能に使用されるスルニイイ形が、可能の意味区別なく用いられるという表現体系を持つに至っているが、これは、表I.2.4で示す地域Ⅰの方言と地域Ⅲの方言が接触することによって生じた混交体系であると考えられる（日高 2008）。

この場合、東北南部方言には、首都圏を含む関東方言の威信が背後に控えており、さらにその可能表現体系がより単純なものであることが、東北中部方言における首都圏型可能表現体系の受容の動機づけになったと予想される。ただしその受容は、可能の表現形式として東北北部で使用される特殊形（スルニイイ形）を体系に組み込むものである。このことは、東北内部の地域間の関係が、首都圏とその周辺部の関係のように「平坦な」ものではないことをうかがわせる。

以下では、東北から北関東にかけての可能動詞形、可能助動詞形、スルニイイ

表I.2.4 可能の意味区別と地理的分布（東北・関東地方）（日高 2008 一部改変）

	能力可能		状況可能	
	肯定	否定	肯定	否定
(Ⅰ) 東北北部（青森・岩手・秋田）方言	A		C	B
(Ⅱ) 東北中部（宮城・山形）方言	C	B	C	B
(Ⅲ) 東北南部（福島）方言	B			
(Ⅳ) 関東方言	A（五段活用動詞の可能形）			
	B（一段活用動詞の可能形）			

A：可能動詞形
B：可能助動詞形
C：スルニイイ形

形の表現体系の経年変化を見ていく。

3.2 首都圏型可能表現体系の伝播と受容

　首都圏型の可能表現体系が、周辺方言にどのように受容されているかを見るために、GAJ 173/174 図と FPJD G-074/076 の分布図を比較してみる。それぞれの質問文は、以下のとおりである。

- GAJ 173 図／FPJD G-074「うちの孫は字をおぼえたのでもう本を<u>読むことができる</u>」と言うとき、「読むことができる」のところをどのように言いますか。
- GAJ 174 図／FPJD G-076「電灯が明るいので新聞を<u>読むことができる</u>」と言うとき、「読むことができる」のところをどのように言いますか。

　図 I.2.5 では、能力可能と状況可能の両方で回答されている形式を白抜きの記号で示し、いずれかの用法のみで回答されている形式を半黒塗りの記号で示している（ヨメル類、ヨマレル類、ヨムニイイ類のみを記号化し、これらの語形とヨムコトガデキル等のその他の語形が併用されている場合、併用語形は記号化していない。その他／無回答のみの回答地点は「＊」の記号を付した）。

　以下では、図 I.2.5 の左図（GAJ 173/174 図）について、表 I.2.4 の I～IV に相当する地域を以下の基準で区切り、その同じ境界線を右図（FPJD G-074/076）に重ね、それぞれの地域の可能表現体系の動態を見ていく。

　　I：ヨムニイイ類が状況可能のみを表す地域
　　II：ヨムニイイ類が可能の意味区別なく用いられる地域
　　III：ヨマレル類が用いられる地域
　　IV：ヨムニイイ類、ヨマレル類が用いられない地域

　まず、図 I.2.6 は能力可能を表すヨメル類と状況可能を表すヨムニイイ類が併用されている地点に○を付したものである。図 I.2.7 は可能の意味区別のないヨメル類と状況可能を表すヨムニイイ類が併用されている地点に○を付している。図 I.2.8 はヨメル類とヨムニイイ類が併用され、いずれも可能の意味区別がない用法である地点に○を付している。

　北関東（地域 IV）の可能の意味区別のないヨメル類は、首都圏から連続して分布しているもので、東北南部（地域 III）ではヨマレル類がこれに対応している。FPJD では福島に半黒塗りの記号が増えているように見えるが、その組み合わせには規則性がなく、地点ごとに異なっているため、可能動詞形（ヨメル類）

3. 東日本（東北・北関東地方）における可能表現体系の動態　　33

	能力可能	状況可能
◻	ヨメル類	ヨメル類
◧	ヨメル類	×
◨	×	ヨメル類
◐	ヨマレル類	ヨマレル類
◑	ヨマレル類	×
◒	×	ヨマレル類
○	ヨムニイイ類	ヨムニイイ類
◐	ヨムニイイ類	×
◑	×	ヨムニイイ類
*	その他/無回答	その他/無回答

ヨメル類：ヨメル,ヨメール.など
ヨマレル類：ヨマレル,ヨマエル,ヨマッル.など
ヨムニイイ類：ヨムニイー,ヨムニエー,
　　　　　　ヨムニエ,ヨムイ,ヨムエー.など

左図：GAJ 173/174 図より作図
右図：FPJD G-074/076 より作図

図 I. 2. 5　可能表現形式の分布の経年比較 (1)

	能力可能	状況可能
◻	ヨメル類	ヨメル類
⊡	ヨメル類	×
◨	×	ヨメル類
◐	ヨマレル類	ヨマレル類
◑	ヨマレル類	×
◒	×	ヨマレル類
○	ヨムニイイ類	ヨムニイイ類
◐	ヨムニイイ類	×
⊚	×	ヨムニイイ類
*	その他/無回答	その他/無回答

ヨメル類：ヨメル,ヨメール.など
ヨマレル類：ヨマレル,ヨマエル,ヨマッル.など
ヨムニイイ類：ヨムニイー,ヨムニエー,
　　　　　　ヨムニエ,ヨムイ,ヨムエー.など

左図：GAJ 173/174 図より作図
右図：FPJD G-074/076 より作図

図 I. 2. 6　可能表現形式の分布の経年比較 (2)

34　2章 「接触」による方言分布形成

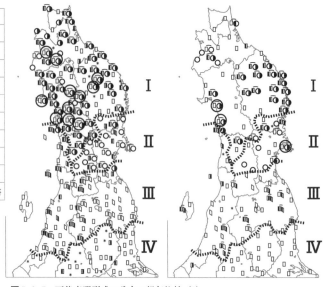

図 I. 2. 7　可能表現形式の分布の経年比較 (3)

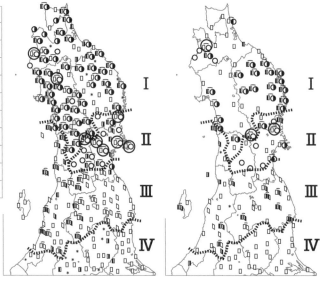

図 I. 2. 8　可能表現形式の分布の経年比較 (4)

と可能助動詞形（ヨマレル類）に可能の意味区別が生じていると見る必要はなかろう。

図 I.2.6 に示したように、東北北部（地域 I）の様相はこれとは異なり、ヨムニイイ類は状況可能に用いられ、ヨメル類が能力可能のみを表すという可能の意味区別が生じている。ただし、東北北部でも、ヨムニイイ類が回答されていない地点では、ヨメル類が可能の意味区別なく用いられていることから、可能動詞形（ヨメル類）自体には、可能の意味区別にかかわる積極的な機能がないことが確認できる。

東北中部（地域 II）の方言では、先に述べたように、本来可能の意味区別のない可能動詞形を受容することによって、スルニイイ形を可能の意味区別なく用いる表現体系を生じている。図 I.2.8 によると、可能の意味区別のないヨメル類とヨムニイイ類を併用する地点が、青森、秋田、岩手、山形に各1地点、宮城に4地点見られることから、特に宮城・山形においては、可能の意味区別のない可能動詞形の用法に合わせて、スルニイイ形の用法を変化させることが地域一帯に起きたと見られる。この変化が宮城・山形で起きたのは、まさに、隣接する関東・東北南部方言の影響を直接的に受ける地理的な位置にあるためと考えられる。

宮城・山形を関東・東北南部方言の影響下にある（共通の言語文化圏の範囲内にある）と見なすには、東北の中核都市である仙台を擁する宮城の周辺地域への影響力を考慮する必要もあるが、方言区画上、宮城・山形（内陸部）・福島方言は南奥羽方言域としての一体性を持つこと、現在の福島は首都圏への志向性が強いことから、宮城・山形は福島を介して首都圏の言語文化圏に属していると見ておきたい。一方で、この地域には、東北北部と共通する言語形式の使用も色濃く見られることから、関東方言と東北方言のせめぎ合う「広域の方言接触地域」となっているとも言える。

東北中部方言に見られる「スルニイイ形が可能の意味区別を失う」という現象は、東北北部に広がる可能性はあるだろうか。今回の FPJD の調査結果を見ると、この現象が東北北部に広がっているとは言えない。むしろ、「スルニイイ形が使用されている地点では、可能動詞形が能力可能のみを表し、スルニイイ形が使用されていない地点では、可能動詞形が可能の意味区別なく使用される」という傾向が、より鮮明になったように見える。図 I.2.7 に示したように、特に、青森、秋田内陸部を見ると、ヨムニイイ類は可能の意味区別のないヨメル類との併用を経た後用いられなくなりつつあり、結果として、可能の意味区別のないヨメ

ル類が専用されるようになってきている。これには、共通語化という首都圏方言からの間接的な影響を考慮する必要はあるが、少なくとも、地理的に隣接する東北中部方言の影響による変化とは言えない。ここで起きていることは、複雑な表現体系をなす特殊な方言形式が衰退し、単純な表現体系に移行するという現象である。言語接触による方言変容という観点からは、東北北部域という共通の言語文化圏の範囲内にある一部の方言で生じた表現体系の単純化に向かう現象が、複雑な表現体系を維持していた隣接方言に広がりつつあるものと見ることができる。

なお、スルニイイ形の衰退は、かつて宮城・山形方言と福島方言の接触地域でも起きていたことが、竹田（2007）によって指摘されている。1939年に行われた小林好日氏の通信調査資料によれば、GAJではスルニイイ形の使用の見られない山形沿岸部（庄内地方）や山形内陸南部・宮城南部から福島北部にかけてスルニイイ形が使用されていたことが確認できるというのである。この場合は、東北南部方言と東北中部方言との接触地域に変容が生じていることから、優勢な方言（東北南部方言）が劣勢な方言（東北中部方言）の特殊な方言形を衰退させた

共通の言語文化圏		
隣接方言	方言X	方言Y	方言Z
表現体系	単純	複雑	複雑
用法1	x	y	y
用法2	x	x	x

↓

隣接方言	方言X	方言Y	方言Z
表現体系	単純	混交	複雑
用法1	x	x・y	y
用法2	x	x・y	x

↓

隣接方言	方言X	方言Y	方言Z
表現体系	単純	単純	複雑
用法1	x	x	y
用法2	x	x	x

図 I. 2. 9 接触による方言変容現象（2）

例と見ることができる。

　以上のことから、2節で指摘した（3）〜（5）は、ここでも同様にあてはまると言える。さらに、ここでは、方言接触によって生じる、単純化に向かう言語変化の過程に見られる現象として、以下を指摘することができる。

（7）単純な文法項目 x が複雑な文法項目 y を持つ方言 Y に受容される変化の過程では、文法項目 x の表現体系を取り入れながら、文法項目 y の表現形式が維持される段階を経て、やがて y の表現形式が衰退し、表現体系・表現形式とも x に置き換わるという経緯をたどる場合がある。

　この（7）を図示すると、図I.2.9のようになる。

4. むすび

　本章では、接触による文法項目の方言変容を考えるにあたり、以下の二つの条件の組み合わせで、方言接触のパターンを考えた。

（a）二つの方言間における「優劣」：一方の方言がもう一方の方言に対して社会的な威信を持つかどうか。

（b）二つの文法的表現体系の単純さ：一方の表現体系がもう一方の表現体系に対して単純な体系であるかどうか。

　（a）については、優勢な方言の影響を受けて劣勢な方言に変容が生じると予想したが、本章で分析対象とした、西日本における条件表現体系および東日本（東北・北関東地方）における可能表現体系の経年比較からは、まずは、当該の2方言が共通の言語文化圏の範囲内にあることが、接触による言語変容が促進される前提条件となるという結論を得た。ここでの共通の言語文化圏とは、方言区画に反映するような多くの共通の言語特徴をもともと持っている、ということを意味しているが、その共通の言語文化圏の内部に、社会的な威信を持つ「中央部」とその影響下にある「周辺部」という地域構造を有する場合には、「周辺部」における「中央部」のことばの受容という、接触による方言変容が動機づけられると言える。

　一方、（b）については、複雑な表現体系が単純な表現体系を受容する方向で変化が進むことを想定していたが、そうした変化が生じるのも、当該の隣接する方言どうしが共通の言語文化圏の範囲内にあることが前提条件となる。

　複雑な表現体系が単純な表現体系を受容する、という変化の方向性は、ときに方言間の「優劣」の条件と対立する場合もある。本章では取り上げなかったが、

「中央部」の表現体系のほうが「周辺部」の表現体系よりも複雑である（2c）のパターンの場合、「周辺部」の表現体系が「中央部」に押し寄せ、それを「中央部」では規範意識が働くことによって押し返す、という「寄せては返す「波」の伝播」（日高 2014）が生じる場合もある。あるいは、「中央部」で生じた複雑な表現体系と「周辺部」の単純な表現体系とが混交し、両者の接触地域に新たな表現体系の分布が生じる場合もある（日高 2016）。こうした接触パターン別の現象の整理を重ねることによって、方言分布形成に通底する原理を導き出すことが、今後の課題となるだろう。

文献

国立国語研究所編（1993）『方言文法全国地図 3』大蔵省印刷局

国立国語研究所編（1999）『方言文法全国地図 4』大蔵省印刷局

小林賢次（1967）「条件表現形式としての「なら」「たら」の由来」『国文学言語と文芸』54（小林賢次（1996）『日本語条件表現史の研究』（ひつじ書房）所収）

渋谷勝己（1993）「日本語可能表現の諸相と発展」『大阪大学文学部紀要』33 第 1 分冊

竹田晃子（2007）「可能表現形式の使い分けと分布―能力可能・状況可能、肯定文・否定文―」『日本語学』26-11

日高水穂（1999）「秋田方言の仮定表現をめぐって―バ・タラ・タバ・タッキャの意味記述と地域的標準語の実態―」『秋田大学教育文化学部紀要』54

日高水穂（2003）「条件表現「すれば」「したら」「すると」」野田春美・日高水穂編『現代日本語の文法的バリエーションに関する基礎的研究』（科学研究費報告書）

日高水穂（2008）「方言形成における「伝播」と「接触」」山口幸洋博士の古希をお祝いする会編『山口幸洋博士古希記念論文集 方言研究の前衛』桂書房

日高水穂（2014）「近畿地方の方言形成のダイナミズム 寄せては返す「波」の伝播」小林 隆編『柳田方言学の現代的意義 あいさつ表現と方言形成論』ひつじ書房

日高水穂（2016）「方言接触による授与動詞体系の変容― FPJD 調査より―」『国立国語研究所論集』11

前田直子（2008）「「もっと時間があったら、時間さえあれば…」―条件の「たら」と「ば」―」『言語』37-10

前田直子（2010）「条件表現共通調査項目解説」方言文法研究会編『全国方言文法辞典』のための条件表現・逆接表現調査ガイドブック』（科学研究費報告書）

三井はるみ（2009）「条件表現の地理的変異―方言文法の体系と多様性をめぐって―」『日本語科学』25

三井はるみ（2010）「条件表現の全国分布概観」方言文法研究会編『全国方言文法辞典』のための条件表現・逆接表現調査ガイドブック』（科学研究費報告書）

柳田国男（1927）「蝸牛考」『人類学雑誌』42-4・5・6・7（柳田国男（1979）『定本柳田國男集 18』（筑摩書房）所収）

3
言語的発想法と方言形成
― オノマトペへの志向性をもとに ―

小 林　　隆

1. 方言形成における地域特性の問題

1.1　地方の主体性という視点

　方言形成に関する議論は、今後どのような方向に進むべきだろうか。この点について、小林（2014）では現段階における研究の到達点を整理し、方言形成論がこれから取り組むべき課題を指摘した。そこで取り上げたことのひとつに、地方の主体性の問題がある。

　日本語の方言形成は、中央からの言葉の伝播によってなされる面が大きい。それを簡潔に示した理論が方言周圏論である。この考え方自体は認めてよかろう。ただし、見過ごしてならないのは、方言周圏論は中央の側に立つ発想であり、地方の側に視点をおいたものではないということである。すなわち、この理論では、中央を発した新たな言葉が順次周囲へと運ばれるのであり、地方は中央語の受け手としての位置しか与えられていない。

　しかし、現実の事例を通して見ると、ことはそう単純ではない。地方は中央からの言葉の伝播を受容するものの、それを生まれ変わらせ、地域独自の新たな言葉を作り上げている。その結果、周圏分布の東西バランスに乱れが生じる。小林（2004・2008）で論じた「アンバランスな周圏分布」や「中央語の再生」といった問題がそれである。また、中央語の伝播は、地方の言語体系との関係や社会構造の影響によって、受容が拒否される場合すらある。髙橋（2008）が「受信者側の抵抗」と言い、澤村（2011）が「地方独自の論理」と呼んだ現象がこれに該当する。

　方言周圏論の考え方では、各地域の方言状態は連続的な変化の一段階を示すものであり、それ以上に深い意味を持つものではない。今はAの状態にあっても、次の時代には新たな中央語を受容してBになり、さらに同様にしてCに移り変わるものである。一方、地方に視点をおく見方では、各地の方言状態は中央語の

変遷を写し出す一コマというわけではない。ある地域がAの状態を示すことには、その地域独自の必然性があると考える。BやCに移行するかどうかも、そうした移行が当該地域にとって有意味か否かに左右されると見なす。そこに地方の主体性を認めようというのである。

以上のような地方の主体性という見方は、今後の方言形成論にとって重要な視点となるに違いない。

1.2 個別的事象から言語的発想法へ

ところで、そうした地方の主体性は、個々の言語現象ごとにしか認められないものであろうか。もちろん、ひとつひとつの事例を通して、各地域の主体的な働きは具体的に観察されるはずである。しかし、複数の事例を集めてみると、地域ごとにそれらの言語現象に共通する特徴が見えてくるかもしれない。方言形成において、この地域はこのような動きをしばしば見せるという、ある一定の傾向が抽出できる可能性がある。これは、方言形成における地域特性の問題として扱うことができる。

たとえば、小林（2004）では、中央語の受容と再生における東西差を指摘した。西日本では比較的単純に中央語の伝播を受容するのに対して、東日本ではそれを積極的に再生し、新たな形式や用法を生み出そうとする傾向が強いというものである。ただし、九州方言は、中央語の保存傾向と再生傾向とが共存し、西日本にあっては特異な位置を占める方言であるとも言えそうである。東北地方の中では、太平洋側より日本海側で再生が活発であるという日高（2005・2006）の指摘や、九州地方においては、東側より西側の地域で再生が進みやすいという小林（2008）の観察などは、東西差といった大括りな把握でなく、もう少し細かなレベルで地域特性の問題に言及したものである。

ところで、こうした「地方の主体性」や「地域特性の問題」といったものを論ずるとき、もう一歩踏み込むと、観察可能な言語現象を越えて、その背後にひそむある種の発想法のようなものを抽出することができそうである。個々の現象の集積からその地域に特有な言語的傾向が導き出せたとして、その傾向の背後に、さらにそれを生み出す思考レベルの特徴が隠されていると予測するのである。地方の主体性や地域特性の問題を、言語使用者の言葉に対する態度や好みのレベルにまで深めて追及すると言ってもよい。

たとえば、小林（2007・2010a）では、言語構造面の観察から、東日本方言に、

複雑な言葉のしくみを嫌い単純な体系を志向する傾向があるのではないかと指摘した。また、同地域では、論理的な表現が未発達で心情的な表現を好む傾向や、事態の概念化が不得意で現場重視の表現をとろうとする傾向が強いといったことも主張した。さらに、そうした見方を言語運用面にも拡大することにより、小林・澤村（2014）では「発言性」「定型性」「分析性」「加工性」「客観性」「配慮性」「演出性」という七つの言語的発想法を抽出し、これらが近畿を中心とした西日本、および関東地方では活発であるのに対して、九州と東日本、とりわけ東北地方では不活発であると論じた。

このような地域独自の言語的発想法が存在するとして、それは方言形成の研究にもヒントを与えるものと言える。すなわち、そうした地域ごとの発想法の違いが、方言の形成を左右する重要な要因となっているのではないかと考えるのである。たとえば、中央語の伝播を想定してみよう。中央語が地方へと伝播を起こす場合、中央語と同じ言語的発想法を持つ地域には、互いの発想法が共鳴し合うことで容易に受容がなされるであろう。しかし、中央語と異なる発想法を持つ地域には、互いの発想法が衝突を起こし、なかなか受け入れてもらえなかったり、拒絶されたりすることが起こり得る。中央語と地方語の言語的発想法の同質性・異質性が、中央語受容の呼び水になったり高い壁になったりするということである。あるいは、中央語の受容がいったん達成された場合であっても、その後、次第に受容地域の発想法の影響を蒙ることで、当該地域の好みに沿った姿に作り替えられることも起きてこよう。地域ごとの言語的発想法の違いが、再生の方向性や強弱に影響を及ぼす可能性があり得るのである。

今後、こうした言語的発想法に注目することが、地方に主眼をおく方言形成論には重要になってくるはずである。地域ごとの言語的発想法の特徴やタイプを見いだすことができれば、方言の形成にかかわる具体的な現象をより高い次元で説明することが可能になるだろう。地域特性に基づく方言形成論は、言語的発想法のレベルで一般化される必要があると言える。

2. 言語的発想法から見たFPJD

2.1 感情・感覚表現への志向性

国立国語研究所の共同研究プロジェクト「方言の形成過程解明のための全国方言調査」は、方言分布の経年比較を主要な目的とするものであるが、そのデータ集FPJDには、前節で述べた言語的発想法という視点からも興味深い結果が見

えている。ここでは、東日本方言、特に東北方言における感情・感覚表現への志向性という点を取り上げてみよう。

上でも触れたように、日本語方言は加工性や客観性といった発想法において、明らかに地域的な違いが認められる。東西で比較した場合、加工性・客観性への志向は西高東低の傾向を示す。すなわち、東日本方言（特に東北方言）は西日本方言に比べて、事態を概念化させ論理的・客観的な言語表現に置換して表出するような操作を好まない。その結果、現場や現象に密着した直接的な表現をとろうとする傾向が強い。その現れのひとつが、感情・感覚表現への志向性である。

以下では、感動詞やオノマトペが、いわば副詞的に使用される現象を通して、この感情・感覚表現への志向性を具体的に検討していく。なお、ここで言う副詞的な使用とは、共通語ならば一般語による副詞の使用が期待される表現においてそれが現れず、代わりに感動詞やオノマトペが出現するという現象を指す。

2.2 感動詞の副詞的使用

まず、感動詞について取り上げよう。FPJDを眺めると、副詞の地域差を見ようとした調査項目において、はからずも感動詞的な形式が回答されたケースが見られる。G-063「もう（食べたの？）」とL-67「とても（面白い）」の項目がそれである。

前者の項目から見ていくと、岩手県北上市（地点番号141130-39291）で、「アラ　モー　タベタノ」という回答が得られている。この場合、調査項目のねらいに沿った時間の副詞「モー」が回答されているが、その前に「アラ」という感動詞が位置している。この感動詞の存在が、この項目にとって必然的、あるいは有意味なものであるかどうかはこれだけではわからない。しかし、同じく岩手県の安代町（141002-40050）を見ると、第2回答の「ハー」（時間の副詞にあたる）とともに、第1回答として感動詞の「アヤ」が報告されている。FPJDは、調査のねらい部分の形式のみを掲載するのが原則であり、上記の北上市のように文全体の姿がわかるケースはまれである。安代町の場合、どのような文として実現されたものかは不明であるが、調査者が「アヤ」と「ハー」を二つの回答として別個に報告しているところからすると、それぞれ独立的に「アヤ　食べたのか」「ハー　食べたのか」のような文であったことが推測される。もちろんそれは推測に過ぎないが、二つの地点の回答は、岩手地方には時間の副詞「もう」と一体化して、あるいは、「もう」の代役として感動詞が用いられる傾向があることを

示唆する。両地点の調査担当者は異なるにもかかわらず、ともに類似の現象をとらえているのは偶然とは言えない。

　ところで、この項目の調査で、筆者の担当した山形県の3地点の調査票を確認すると、次のように記録されている。

　　山形県朝日村（139831-38588）　ハエチャナ。クッタカ。
　　山形県最上町（140490-38730）　ハヤイゴト。クッタナガワ。／クッタナガワ。ハヤイゴト。
　　山形県戸沢村（140142-38738）　コンゲハヤグ　クッタナガハー。

　朝日村の「ハエチャナ」、最上町の「ハヤイゴト」は、いずれも「早い」の感動表現である。また、戸沢村の「コンゲハヤグ」もある種の驚きの気持ちが込められている。しかも、同地点の話者は、そうした言い方よりも、「全体をハヤイゴドーと言うほうが普通である」と説明しており、こうなると、調査者が提示した「もう食べたの？」という質問文の形式が、感嘆文に置き換えられてしまっていることになる。「もう」にあたる言い方を尋ねた本項目の趣旨からすれば、以上の結果は調査ミスとも言えなくはない。しかし、上で見た岩手の感動詞による回答を併せて考えると、山形にも「もう」にあたる意味を感動形式を使って表現しようとする傾向があることがうかがえる。

　もっとも、注意しておかなければいけないのは、この調査項目には、「お皿が空になっているのを見て驚いて」という状況設定がなされている点である。驚くわけだから感動表現が得られるのは当然とも言える。しかし、それはあくまでも「もう」にあたる副詞を導き出すための調査法上の手がかりとして設定された状況であり、感動詞や感動形式を得ようとしたものではない。実際、ほとんどの地域からは「もう」に対応する副詞が採取されている。その点で、上記のような感動的な表現が前面に押し出されてくる岩手や山形の回答はやはり異質と言える。

　次に、L-67「とても（面白い）」の項目について見てみよう。まず、岩手県沢内村（140774-39460）で「アヤー」という感動詞が回答されているのが注目される。「とても」に該当する程度の副詞の回答が期待されたところに、感動詞が答えられているのである。この地点は、上の「もう」の項目で「アヤ」が回答された地点とは異なり、調査者も別である。しかも、同地点では同じく感動詞的な「マーンズ」も併せて報告されているところからすれば、これらの回答は誤りではなく、「とても」を感動形式に置き換えて表現しようとする傾向の現れではないかと思われる。調査者の注記には、「アヤー」も「マーンズ」も話者は「悩み

ながら回答」したとあり、このことは、当該地域では感情を交えずに「とても」にあたる概念を表現することが非常に困難であることを物語るものかもしれない。

この「マーンズ」の類は沢内村のほか、北上市や前沢町（141129-39051）でも回答されている。さらに、岩手では同じく感動詞的な形式である「ナント」の使用も安代町および川崎村（141269-38899）で報告されている。これらは語源的には「先ず」「何と」であり、本来、時間的、状態的な副詞であったものが程度性を帯びつつ感動詞的に使用されるに至ったものではないかと思われる。そうした変化の過程も興味深いテーマであるが、ここでは、そのような感動的な表現が「とても」の代わりに使用される点に注目しておきたい。もっとも、こうした「ナント」は山口県錦町（131958-34264）でも報告されている。そのほか、感動詞の「イヤ」が茨城県土浦市（140176-36039）で回答されていることにも触れておかなければいけない。このように、感動的な表現の使用は各地に見られはする。しかし、相対的に見て、岩手や山形といった東北地方からの回答が顕著であることは確かなのである。

こうした現象は小林（2007・2010a）で指摘し、小林（2015a）において「擬似的文法表現」と名づけたものの一環としてとらえることができる。東日本方言、中でも東北方言には、とりたてや将然、意志といったまったく異なる範疇の文法的意味を、それを表出する際の心的類似性を契機に「ゾ」というある種の強調や訴えかけの終助詞で代用する現象が見られる。意志については、それを表明する際の心の揺らぎをとらえて、「カ」という疑問の終助詞を代わりに用いたりもする。さらに、完了という文法的意味を、ものごとを当然のこと、当たり前のこととして言い放つ「ッチャ」や「ハ」といった終助詞に肩代わりさせることもある。このように、当該の文法的意味にふさわしい形式を用意するのではなく、終助詞という心理的な要素でその文法的意味をそれらしく代用しようとするのが「擬似的文法表現」である。

ここで問題にしているのは「もう」や「とても」といった副詞的表現であり、そこに感動的な形式が使用されるという話である。しかし、この場合も時間性・程度性といったある種の文法的意味の表出を、感動詞といった心理的な要素で肩代わりしようという点に終助詞の使用との共通性が認められる。食事の完了に至る極端な時間の短さ、面白さの非常に卓越した様子、共通語ならばそれらに対して「もう」「とても」という副詞を用意するところに、方言ではそうした事態へ

の驚嘆の表現である感動詞をあてているのである。「擬似的文法表現」は、終助詞のほか感動詞（あるいはより広く感動表現）などによっても実現されていると言える。

おそらく、こうした現象の背景には、東日本方言、とりわけ東北方言が論理的・客観的な表現よりも感情的・主観的な表現を好む土壌を持つことがあるのではないかと思われる。"理屈"の表現が未発達で、それを"気持ち"の表現がカバーしていると言い換えてもよいだろう。

2.3 オノマトペの副詞的使用

次に、オノマトペについて見ていこう。そもそもオノマトペは、文の成分としては連用修飾に用いられるのが普通であり、いわゆる副詞とは連続的な性質を持つ。したがって、前節（2.2節）の感動詞とは異なり、「オノマトペの副詞的使用」という言い方は適切ではないかもしれない。ここでの本意は、共通語ならば副詞として一般的な語が用意されているところに、方言ではオノマトペが使用される場合があるといった意味である。たとえば、「全然（面白くない）」といった表現に対して、「サッパリ（面白くない）」といった表現があるとする。この場合、「全然」といった一般語ではなく、「サッパリ」というオノマトペを使用している点をとらえて「オノマトペの副詞的使用」と呼ぶのである。

さて、この「全然（面白くない）」は、FPJDのL-69の項目としてデータが示されている。それを見ると、実際、「サッパリ」の類を回答している地点がある。語形ごとに地点名を掲げる。

サッパリ　青森県むつ市（141212-41286）、岩手県田老町（141967-39737）、同遠野市（141586-39363）、宮城県鳴子町（140668-38805）、同小野田町（140681-38604）、同涌谷町（141132-38538）、同大和町（140885-38441）、同石巻市（141371-38418）、同仙台市（140940-38244）、山形県最上町（140490-38730）、同西川町（140173-38416）、同山形市（140331-38243）、同白鷹町（140117-38184）、福島県保原町（140581-37828）、同小高町（140971-37562）、新潟県粟島浦村（139252-38464）、静岡県水窪町（137876-35156）、京都府丹波町（135399-35178）、兵庫県赤穂市（134433-34777）、広島県福山市（133293-34463）、徳島県木頭村（134196-33774）、愛媛県今治市（133040-34017）

サッパ　岩手県前沢町（141129-39051）、同千厩町（141393-38892）

ハッパリ 岩手県川崎村（141269-38899）、宮城県東和町（141328-38769）、同川崎町（140641-38176）

ハッパ 岩手県一関市（141118-38934）

ハッパド 岩手県雫石町（140967-39726）

ハパド 岩手県盛岡市（141166-39696）

これを見ると、「サッパリ」の類は西日本にも見られるものの、その多くが東北地方で回答されている。他の地域が、「全然」「何も」「一つも」「まったく」などの一般語を使用するのとは異なる。

「サッパリ」以外のオノマトペの報告を確認すると、「チットモ」「チョットモ」の類が挙げられる。それらの回答地点は、関東から中国・四国に至る地域に見られるが、やや東日本に多い様子がうかがえる。ただし、「チットモ」「チョットモ」は、語源的にはオノマトペであったとしても、現在そのようには意識されづらく、また、「も」と結合していることからすれば、すでにオノマトペらしさを失ったものと言える。「サッパリ」とはその点が異なるのである。

L-69 の項目と対をなす L-67「とても（面白い）」についても見てみよう。この項目には、オノマトペ形式として「ウント」「ウーント」が現れている（ウントにはント・ンットを、ウーントにはンートを含めた）。それらの回答地点は以下のとおりである。

ウント 岩手県久慈市〈宇部町〉（141803-40125）、宮城県大和町（140885-38441）、同仙台市（140940-38244）、同涌谷町（141132-38538）、同石巻市（141371-38418）、秋田県秋田市（140114-39716）、山形県米沢市（140119-37903）、同最上町（140490-38730）、福島県保原町（140581-37828）、同福島市（140512-37773）、同二本松市（140468-37587）、同相馬市（140947-37783）、同小高町（140971-37562）、同猪苗代町（140068-37554）、同白河市（140208-37127）、栃木県塩原町（139787-36981）、群馬県前橋市（139082-36389）、同館林市（139518-36239）、同南牧村（138642-36178）、同桐生市（139335-36402）、東京都大島町（139392-34787）、山梨県大泉村（138394-35858）、同山梨市（138669-35713）、同双葉町（138486-35689）、同早川町（138302-35576）、同都留市（138910-35554）、同富士吉田市（138801-35494）、長野県上田市（138251-36398）、同松本市（137921-36225）、同箕輪町（137953-35932）、同飯田市（137867-35431）、同売木村（137711-35271）、同南木曽町（137623-35563）、同坂城町（138194-36440）、

静岡県富士宮市（138624-35269）、同天城湯ヶ島町（138947-34885）、同松崎町（138859-34756）、高知県物部村（133840-33661）、同高知市（133508-33544）、同奈半利町（134027-33437）、同須崎市（133253-33368）

ウーント　山形県最上町（140490-38730）、栃木県今市市（139688-36717）、同粟野町（139611-36554）、群馬県桐生市（139335-36402）、同川場村（139109-36689）、静岡県御殿場市（138928-35298）

　回答地点は東北から関東・中部にかけての東日本であり、西日本では高知が挙がるのみである。他の地域では、「えらく」「すごく」「どえらい」「とっても」など一般語の回答が多い。
　ただし、新潟県巻町（138884-37764）で「ガット」が、京都府久美浜町（134901-35645）・峰山町（135071-35625）・宮津市（135192-35527）で「ガッサイ」「ガサェ」が、鹿児島県伊集院町（130426-31607）・屋久町（130505-30235）で「ガッツイ」が回答されており、こうしたものはオノマトペである可能性がある。ただし、それらは全体としてきわめて少数であり、上記の「ウント」のような一定の勢力を持つものではない。
　以上、副詞相当の「サッパリ」「ウント」といったオノマトペの使用状況からは、東日本方言、中でも東北方言にそれらを志向する傾向が強いのではないかと考えられる。オノマトペ的表現を好む地域と、そうでない地域との違いである。
　実は、小林（2010b）において「大声で泣く様子」を表す表現を取り上げた際、類似の地域的傾向がとらえられていた。すなわち、「ワンワン泣く」「オイオイ泣く」のようなオノマトペを使った表現と、「ひどく泣く」「泣きわめく」のような副詞による表現や動詞一語の表現とを区別した場合、前者のオノマトペ表現は東日本、とりわけ東北地方に多く回答され、後者の非オノマトペ表現は西日本に多く回答されるという傾向が現れた。今回の「サッパリ」「ウント」の現れ方は、このときの傾向と軌を一にするものと解される。このほか、齋藤（2007）は記述的調査によって、三井・井上（2007）は談話資料の検討によって、東北地方のオノマトペの種類の豊富さや使用頻度の高さを指摘している[1]。
　そもそも、オノマトペは一般の語とどう違うのだろうか。これについては、小林・澤村（2014）や小林（2015a）で述べたように、言語化のシステム自体に違いが認められそうである。すなわち、一般の語（上で言えば「全然」「とても」あるいは「ひどく（泣く）」「泣きわめく」など）が、認知した現象を頭の中で概念化し言語回路をくぐらせて表現するのに対して、オノマトペはそれらの現象を

そのまま体の感覚でとらえ描写するものである。受信者も発信者と同様、体の感覚に頼ってそれを理解しようとする。いわば「身体化された言語」であるところにオノマトペの特徴がある。そうした意味では、感動詞もまたオノマトペと共通性が見いだせる。ある事態に触れて湧き起こる感情が頭の言語回路を通らずに、体から反射的・生理的に放出される。その身体性の高さはオノマトペとよく似ている。

感動詞は感情的表出を、オノマトペは感覚的描写を得意とする。それらは十分言語化された表現ではなく、身体と不可分な直感的表現である。そうした表現を志向する傾向が東日本、特に東北方言に強いとすれば、それらの方言は身体に依存した表現機構を持ち、感情面・感覚面を積極的に稼働させようとする言語的発想法を持つと言えるであろう。

3. オノマトペへの志向性

3.1 使用する資料—副詞関係の全国方言分布データ—

以上のような見通しを確かなものとするために、ここではオノマトペへの志向性に焦点を絞り、さらに考えてみたい。仮説の前提である「東日本方言（特に東北方言）は西日本方言よりもオノマトペへの志向性が強い」という点について、FPJD 以外のデータによって検討していく。

ただし、現在のところ、さまざまな種類のオノマトペを全国的に調査した地理的データは管見の限り整っていないようである。そこで、手持ちの資料の中で、副詞関係の調査項目に現れたオノマトペについて取り上げる。項目の性質上、川越（2015）が述べるような「具体的描写性」の弱いオノマトペが多くならざるを得ないが、いずれオノマトペらしいオノマトペ（オノマトペ性の強いオノマトペ）についても全国調査を行うこととし、今回は副詞の地理的バラエティを調べた資料を用いることにする。

具体的に言うと、ここで使用するのは東北大学方言研究センターが構築中の全国方言分布データ（小林 2013）である。この調査は、通信法によって実施した方言地理学的調査であり、2000〜2002 年度の語彙関係の調査では、第 6 調査票に副詞関係の項目を盛り込んでいる（調査票は小林・篠崎 2003、および、東北大学方言研究センターの Web サイト http://www.sal.tohoku.ac.jp/hougen/k_kinkyu.html で公開している）。それら項目の回答結果には、オノマトペが豊富に出現しており、その様相を観察していこうと思う。

以下に調査項目を掲げる（6-15 は第 6 調査票の 15 番項目の意）。

6-15「非常に（暑い）」、6-16「たくさん（ある）」、6-17「少し（分けてくれ）」、6-18「全部（食べてしまった）」、6-19「突然（飛び出した）」、6-20「すぐに（帰ってきた）」、6-21「ゆっくり（歩く）」、6-22「いつも（遊んでばかりいる）」、6-23「時々（遊びに行く）」、6-24「一日中（遊んでしまった）」、6-25「一晩中（勉強していた）」、6-26「全然（知らない）」、6-27「いろいろ（知っている）」、6-28「一生懸命（勉強する）」、6-29「やっと（出来上がった）」、6-30「結局（だめだった）」、6-31「わざわざ（来てくれた）」、6-32「わざと（やったな）」、6-33「必ず（行くよ）」、6-34「無理やり（連れて行く）」、6-36「かわるがわる（運転する）」

ほかに 6-35「もう（終わった）」という項目も調査したが、この項目は、事態の終了時と文の発話時との関係をどう理解するかで回答が変動する可能性があり、今回の分析対象からは除いた。

ここではこの調査で得られた回答のうち、基本的に当該市町村で言語形成期を過ごし、現在もその市町村に居住する話者の回答 785 地点分を分析の対象とする。ただ琉球方言の地域については、以下に述べるオノマトペの認定作業が現段階で不完全であるため、今回は扱わない。

3.2 オノマトペと一般語の分類

以上の調査項目において、オノマトペの使用に地域差が現れるかどうか見ていく。そのための準備として、各項目で得られた回答がオノマトペか否かを判定する作業が必要になる。その判断には、本来、地域ごとの使用者の感覚を手がかりにすべきだが、今はその用意がない。そこで、ここでは語源を手がかりに判断することにした。すなわち、原則として、語源的に見て何らかの音象徴と考えられるものを「オノマトペ」とし、一般的な和語や漢語と思われるものを「一般語」とした。

その判断には、『日本国語大辞典』や『日本語オノマトペ辞典』などの辞典類の記述を参考にしたが、実際には判断が難しく、語源不詳のものが残ってしまった。その際には、恣意的にならざるを得ないことを覚悟で、オノマトペ的な音の印象を持つものを「オノマトペ」に分類し、そうでないものを判定不能として分析の対象から除いた（ただし、それらは全体としてわずかである）。

この結果、『日本語オノマトペ辞典』が載せるオノマトペよりやや広い範囲を

「オノマトペ」に分類することになった。たとえば、「キット（行くよ）」「タント（ある）」「チョット（分けてくれ）」などは『日本語オノマトペ辞典』には載らないものであるが、一般的な和語や漢語を語源として特定できず、音の印象からもともとオノマトペである可能性が高いと判断した（『日本語オノマトペ辞典』も、「チョット」は載せないが「チョイト」は掲載するなど、判断に不明確な部分がある）。

このように、語源的にオノマトペを認めようとしたために、もとの語が一般的な語である場合、その派生語や複合語がオノマトペ的な印象を持つに至ってもそのまま「一般語」に分類した。たとえば、「無理・無理やり」から生じたと思われる「ムリムリ」「ムリクリ」などは、音的にはオノマトペらしさを持つが「オノマトペ」とはしなかった。逆に、もとの語がオノマトペと認められる場合、その変化の過程で一般の語と合成を起こしたとしても「オノマトペ」に分類した。たとえば、「トロット（いつも・終始）」が「突拍子」と混交したと推定される「トロッピョー」「トロッペシ」などは、「突拍子」の要素も加わった形態をとっているが、「一般語」とはしなかった。

以上のような基準に従ったが、なお分類にあいまいさは残る。のちの考察において、分類上問題となる語が地理的に広い範囲を占め、オノマトペ志向の地域差というテーマに影響を及ぼしそうな場合は、そのつど言及することにする。

具体的にどのように判定したのか、調査項目ごとに、「オノマトペ」「一般語」のそれぞれに分類した主要な形式を挙げておく（原則五十音順）。

「非常に（暑い）」
オノマトペ：ウント
一般語：エライ、ガイニ、スゴイ、スゴク、ドエライ、ドダイ、トッテモ、ボッコー、マコト、メッポー、モノスゴイ、ワッゼー

「たくさん（ある）」
オノマトペ：ウント、エット、ジッパリ、ズンバイ、タント、ドッサリ、ノッコリ、ノロット、モッコリ
一般語：イッパイ、イッペー、エライ、ガイニ、ギョーサン、ジョーニ、ダイブ、デカイコト、デカイト、ヨーケ、ヨケー

「少し（分けてくれ）」
オノマトペ：サット、チート、チット、チットバカ、チットンベー、チビット、チョコット、チョッコシ、チョッコリ、チョット、チョッピリ、チョ

ビット、チョペット、チョンボシ、チント

一般語：スコシ、バッコ、ビャッコ、ベッコ、ワンチカ、ワンツカ

「全部（食べてしまった）」

オノマトペ：ガッパト、コッキリ、ゴッソリ、ゴットリ、サッパド、スッパイ、ズルッ、ソックリ、デラット、ペロット、ペロリ

一般語：アリシコ、アルシコ、アリタケ、アリッタケ、キレーニ、ゼンブ、マルデ、ミナ、ミンナ、ミナガラ

「突然（飛び出した）」

オノマトペ：グイラ、ズエラ、チョイラ、チョコット、ヒョイト、ヒョカット、ヒョクット、ヒョコット、ヒョックリ、ヒョッコト、ヒョット、ビラリ、ベアラ、ベロット、ボッカリ、ボット

一般語：イキナリ、キューニ、ダシヌケニ、ダマシニ、トッサニ、トツゼン、ニワカニ、ヤニワニ

「すぐに（帰ってきた）」

オノマトペ：サッサト、チャット、チョックラ、ビラット、ビラリ

一般語：イキナリ、イッキ、ジキ、ジキニ、ジッキニ、スグ、スグト、スグニ、ソンマ、ハー、ハヤ、ハヨ

「ゆっくり（歩く）」

オノマトペ：オチラト、オッチリ、ゴトゴト、ジックリ、ジワジワ、ソロイソロイ、ソロソロ、トロトロ、ノサクサ、ノッソリ、ノラクラ、ノラリクラリ、ノロノロ、ノンビリ、ブラブラ、ボチボチ、ボツボツ、ヤワヤワ、ユックイ、ユックラ、ユックリ、ユッタリ、ユルット

一般語：オソク、ノロク、ユーニ

「いつも（遊んでばかりいる）」

オノマトペ：ゴットリ、ジット、ズラット、トロット、トロッペシ、トロッペツ、ビッシリ、ムッタド、ムッタリ

一般語：イツイキ、イッソ、イツデモ、イツデン、イツモ、イッツモ、イツモカツモ、イッツモカッツモ、イツモカモ、ショッチュー、タンビニ、トーシ、ネンガラネンジュー、ネンジュー、ノベツ、バンキリ、ヤッパリ

「時々（遊びに行く）」

オノマトペ：チョイチョイ、チョクチョク、ヒョイヒョイ

一般語：アイマニ、タマーニ、タマニ、トキタマ、トキドキ、マレケン

「一日中(遊んでしまった)」

オノマトペ:ズート、ミシミシ

一般語:アサカラバンマデ、イチニチイッパイ、イチニチジュー、イチンチジュー、ヒイッパイ、ヒガナ、ヒガナイチニチ、ヒシテ、ヒテージュー、ヒナカ、ヒナカジュー、ヒンガラヒーテ

「一晩中(勉強していた)」

オノマトペ:なし

一般語:ヒトバンジュー、ヒトヨーサ、ヒトヨサ、ヒトヨサジュー、ヨガナ、ヨッピテ、ヨッピーテ、ヨッピテ、ヨッピテー、ヨッピト、ヨッピトイ、ヨピテ、ヨドーシ、ヨナカジュー、ヨノヨシテ、ヨンベジュー

「全然(知らない)」

オノマトペ:コロット、サッパリ、チットモ、チョットモ、テント、トント

一般語:イッコー、イッコモ、イッソ、イッチョン、カイモク、カラッキシ、カラッキリ、ゼンゼン、テンデ、ドダイ、ナモ、ナンニモ、ナンモ、ヒトッツモ、ヒトツモ、マッタク、マルッキリ、マルデ

「いろいろ(知っている)」

オノマトペ:ウント、エット、タント

一般語:アレコレ、イロイロ、ギョーサン、サマザマ、ナンゾカンゾ、ナンダカンダ、ナンデモ、ナンデン、ナンデモカンデモ、ナンデンカンデン、ヨーケ、ヨロズ

「一生懸命(勉強する)」

オノマトペ:ウント、ミッチト、ミッチリ、ムタクタ、ムタット

一般語:イッショーケンメイ、イッショケンメイ、イッパイ、ガムシャラニ、キバッテ、コンズメ、コンツメテ、シラシンケン、シンケンニ、セーイッパイ、セーギリ、センギリ、テイッパイ、ヒッシニ、ヒッシモッシ、ホンキデ、ムチューデ

「やっと(出来上がった)」

オノマトペ:ズント、チャント

一般語:エンヤラヤット、ドーヤラコーヤラ、ドーゾコーゾ、ヤット、ヤットカット、ヤットコ、ヤットコサ、ヤットコサットコ、ヤットコスットコ、ヨイナコテ、ヨーヤ、ヨーヤク、ヨーヤット、ヨーヨー、ヨーヨト

「結局（だめだった）」

オノマトペ：ゴロイト、サッチ

一般語：アゲク、アゲクノハテ、ケッカ、ケッキョク、シマイニワ、ショセン、ツイニ、ツマリ、トートー、ドーセ、ドーセコーセ、ドッチミチ、トドノツマリ、ドンズメ、ヤッパ、ヤッパイ、ヤッパシ、ヤッパリ

「わざわざ（来てくれた）」

オノマトペ：ズンド、ヤカムカ

一般語：セッカク、ハダッテ、ヤクヤク、ヨー、ワザクラ、ワザト、ワザニ、ワザワザ

「わざと（やったな）」

オノマトペ：キット、シャッチ、ズド、ボット

一般語：コトサラ、シッテテ、シットッテ、ハダッテ、ムリニ、ヤクト、ワザット、ワザト、ワザニ、ワンザト

「必ず（行くよ）」

オノマトペ：ガッツイ、キッカリ、キット、サッチ、シャッチ、シャリギリ、チャント

一般語：カナラズ、シャリムリ、ゼッタイ、ゼヒ、ドーシテモ、ドーデモ、ドゲデモ、ナンタカンタ、ナンデカンデ、ホントニ、マチガイナク

「無理やり（連れて行く）」

オノマトペ：ギリギリ、グリグリ、シャッチ、ムチャクチャ

一般語：イヤデモ、ガムシャラニ、ゴーインニ、シャニムニ、シャリムリ、ドーデモ、ドーデモコーデモ、ドゲンシテモ、ナンデモカンデモ、ムリクリ、ムリニ、ムリムクタイ、ムリムタイ、ムリムリ、ムリヤリ、ヤリムリ

「かわるがわる（運転する）」

オノマトペ：なし

一般語：カタイゴチ、カタミニ、カワイガワイ、カワリガワリ、カワリバンコ、カワリバンコニ、カワリバンテニ、カワルガワル、コータイゴタイ、トッカエバッカエ、バンテンコ

3.3 オノマトペ使用の分布傾向

以上の資料をもとに、オノマトペの使用状況について見てみよう。上記21項目を総合し、オノマトペが回答された項目がどの程度あったか示したのが図I.3.1

である。ここでは回答度数を4段階に分け、度数が高いほど大きな記号を与えている。

これを見ると、いろいろな度数の記号が入り乱れているものの、全体として西日本に比べて東日本に大きな記号が分布していることがわかる。特に、東北の宮城県周辺に度数の高い地点が集中している様子がうかがえる。極端な差とまでは言えないが、オノマトペ使用に東高西低の傾向が現れている。これは、先に提示した「東日本方言（特に東北方言）は西日本方言よりもオノマトペへの志向性が強い」という仮説に沿った結果と言える。

ただし、大きな記号は滋賀県や和歌山県といった近畿の一部にも現れており、九州も中程度の記号が固まる地域がある。この点、単純に西日本として一括することは難しく、その内部の地域差を見ていく必要性を示唆する。

項目ごとに、オノマトペ使用の分布を示そう。総合図である図I.3.1のもとになった各項目の地図を図I.3.2～I.3.13として掲げる。各図の点はオノマトペの回答があった地点である。分布の印象の似ている地図を近くに配列した。なお、ほぼ全国的にまんべんなくオノマトペが回答された「ゆっくり（歩く）」の1項目と、逆に、オノマトペがまったく、ないしほとんど回答されなかった「一日中（遊んでしまった）」ほかの8項目は省略する。

これらの地図を概観すると、まず、東北地方に比重のある分布の典型として図I.3.2「一生懸命（勉強する）」が目につく。それより回答地点は少ないが、図I.3.3「いつも（遊んでばかりいる）」も似たような広がりを見せる。図I.3.4「すぐに（帰ってきた）」も分布が弱いものの、宮城周辺に集中する地域がある。図I.3.5「非常に（暑い）」になると、東北に比重があるというより、東日本全体に拡散した感じである。

これらに対して、東北だけでなく西日本にも回答地点の塊が見られるのが図I.3.6「無理やり（連れて行く）」である。その分布の型に近いが、図I.3.7「突然（飛び出した）」では、回答地点が非常に多く現れている。日本の中央部に薄く、その東西に濃く分布すると言ってもよい。図I.3.8「たくさん（ある）」も多少それと近いが、中部地方に回答地点が目立つ。さらに、図I.3.9「必ず（行くよ）」は明らかに中部に比重のある分布となっている。図I.3.10「全然（知らない）」もそれとやや似ているところがある。

一方、図I.3.11「時々（遊びに行く）」、図I.3.12「全部（食べてしまった）」は分布が分散してしまって特徴をつかみにくい。最後に、図I.3.13「少し（分

3. オノマトペへの志向性　55

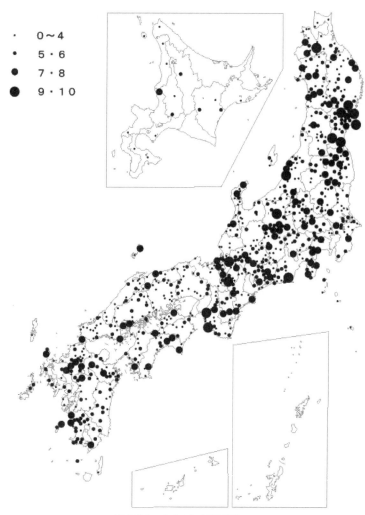

図 I. 3. 1　オノマトペ回答度数

けてくれ)」は、全国的にオノマトペが回答される中で、東北北部のみ一般語が報告された特殊なケースである。

オノマトペの内容面について、少し補足しておこう。中部付近に比重があるとした項目の主要な回答形式を見ると、図 I. 3. 8「たくさん（ある）」は「タント」、図 I. 3. 9「かならず（行くよ）」は「キット」、図 I. 3. 10「全然（知らな

56   3章　言語的発想法と方言形成

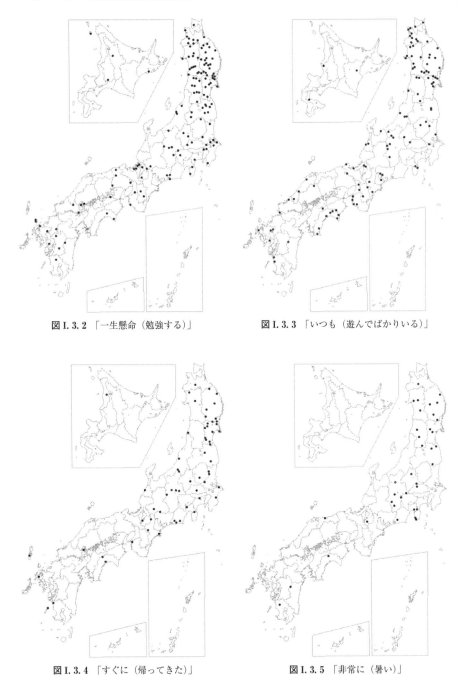

図 I.3.2 「一生懸命（勉強する）」

図 I.3.3 「いつも（遊んでばかりいる）」

図 I.3.4 「すぐに（帰ってきた）」

図 I.3.5 「非常に（暑い）」

3. オノマトペへの志向性　57

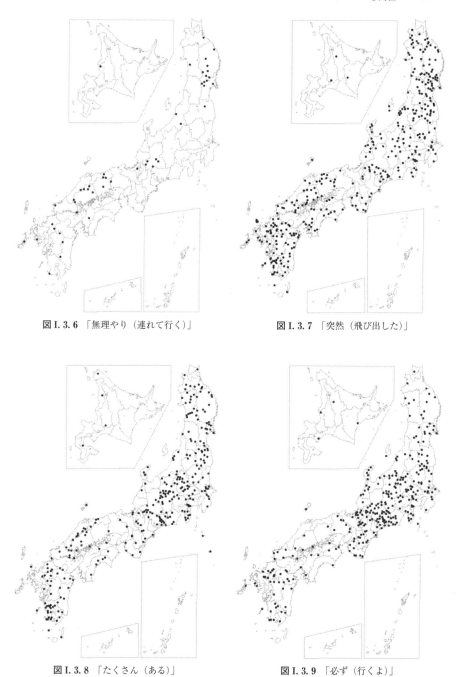

図 I.3.6 「無理やり（連れて行く）」

図 I.3.7 「突然（飛び出した）」

図 I.3.8 「たくさん（ある）」

図 I.3.9 「必ず（行くよ）」

3章 言語的発想法と方言形成

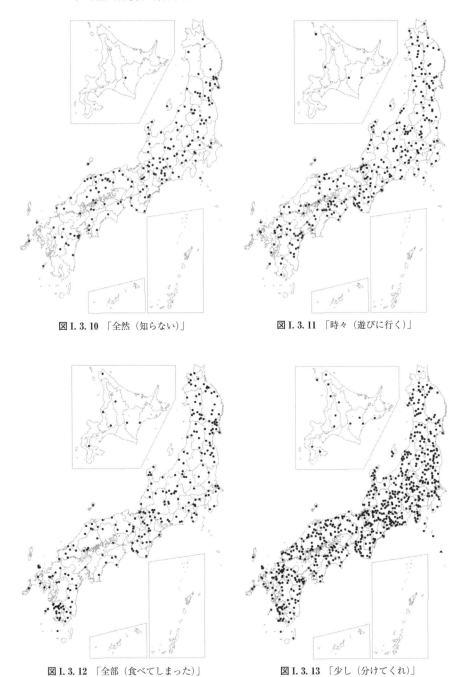

図 I. 3. 10 「全然（知らない）」

図 I. 3. 11 「時々（遊びに行く）」

図 I. 3. 12 「全部（食べてしまった）」

図 I. 3. 13 「少し（分けてくれ）」

い)」は「チットモ」「チョットモ」である。これらの形式は、語源的にオノマトペの可能性が高いためそのように判定したが、現在、使用者がこれらをオノマトペと意識しているかどうかというと疑わしい。つまり、意味の変質を蒙り一般的な語に近づいたオノマトペである。こうした形式を「オノマトペ」から除外すると、図 I. 3. 1 で見た総合的なオノマトペ使用の度数分布は中部がやや弱くなり、その分全体の比重が東西にずれることになる。

　もうひとつ、「一般語」がむしろ東北に目立つ点で特異な図 I. 3. 13「少し（分けてくれ）」にも触れておく。この項目の「オノマトペ」は上に示したように、ほとんどの形式が「チョット」の類であり、やはりオノマトペらしさが強くない。一方、「一般語」に分類した東北の形式は「ビャッコ」「ワンツカ」などである。これらは、前者が「ばかり（副助詞）＋こ（接尾辞）」、後者が「わずか」であることは間違いないが、音の印象は「チョット」に比べてオノマトペらしさがさほど劣るとは思われない。もし音的なイメージや使用者の意識を積極的にオノマトペの認定に活かせるならば、これらの語は「オノマトペ」に分類することができるかもしれず、東北方言におけるオノマトペ志向の傾向はさらに顕著に現れてくる可能性がある。

3.4　オノマトペ志向の背景―体感に基づく現象的理解―

　以上、副詞的な環境における使用状況をもとに、オノマトペの地域差について見てきた。ここまでの検討からは、西日本方言に比べて東日本方言、特に東北方言はオノマトペへの志向性が強いと言えそうである。それでは、もう一歩進めて考えたときに、この「オノマトペ志向」とは、言葉の発想法の上で、何を意味するものと理解できるだろうか。

　この問題について考えるために、副詞の種類に注目してみよう。共通語を対象とした仁田（2002）等の研究を参考に、調査項目を副詞の種類によって整理してみたのが次の分類である。各項目の後ろには、全調査地点（琉球方言地域は除く）のうち、オノマトペが回答された地点の割合（％）を示した。

【情態副詞】
〈様態の副詞〉
　「ゆっくり（歩く）」(87.5)、「かわるがわる（運転する）」(0)、「いろいろ（知っている）」(3.5)

〈心情の副詞〉

「一生懸命（勉強する）」(18.1)、「無理やり（連れて行く）」(6.1)、「わざわざ（来てくれた）」(0.3)、「わざと（やったな）」(0.7)

〈時間の副詞〉

「すぐに（帰ってきた）」(7.9)、「突然（飛び出した）」(46.5)、「いつも（遊んでばかりいる）」(14.3)、「時々（遊びに行く）」(36.5)、「一日中（遊んでしまった）」(0.4)、「一晩中（勉強していた）」(0)、「やっと（出来上がった）」(0.3)

【程度副詞】

「非常に（暑い）」(4.7)、「たくさん（ある）」(39.1)、「少し（分けてくれ）」(87.8)、「全部（食べてしまった）」(34.0)、「全然（知らない）」(22.0)

【陳述副詞】

「必ず（行くよ）」(39.7)、「結局（だめだった）」(0.4)

　まず、「情態副詞」から見ていくと、〈様態の副詞〉の「ゆっくり（歩く）」におけるオノマトペ回答率が87.5％とたいへん高いことがわかる。これは、オノマトペの機能が現象のあり様を描写することにあり、この項目がそうしたオノマトペの性格と合致したものだったからだと考えられる。ただし、同じ分類に入る項目でも、「かわるがわる（運転する）」と「いろいろ（知っている）」は回答地点がないか乏しい。これは、「かわるがわる」の場合、「ゆっくり（歩く）」と異なり、「運転する」という動作自体のあり方にかかわるものではないからであろう。また、「いろいろ（知っている）」は、観察可能な現象とは言えないことが、オノマトペの使用を制限していると考えられる。

　一方、「情態副詞」の中でも、〈心情の副詞〉や〈時間の副詞〉は、オノマトペが持つ、現象面の様相の描写という機能とは相性の悪いものである。したがって、該当する項目全体に「ゆっくり（歩く）」のような高い回答率は示さない。ただし、「突然（飛び出した）」(46.5％)のように、かなり多くの回答地点が現れた項目もある。この項目の場合、目の前の曲がり角から誰かが走り出してくる様子を具体的にイメージすることができる。時間の短さもさることながら、急激に展開される動きの様子が想像されやすい。そのように様相的な理解が可能であることが、オノマトペの回答を多く引き出した原因であろう。また、「時々（遊びに行く）」(36.5％)も一定の割合を示す。「時々」は〈時間の副詞〉の中でも事態の頻度を表すものであり、この場合、遊びに行くという行動の頻繁な繰り返

しが、ある種の様相的なものとしてとらえられたのかもしれない。

次に、「程度副詞」については、その程度を、何らかの観察可能な姿として認知できる場合にオノマトペの使用が行われるようである。すなわち、「非常に（暑い）」のように純粋に程度的な項目よりも、「たくさん（ある）」「少し（分けてくれ）」「全部（食べてしまった）」のような量的性質を持つ項目のほうがオノマトペがよく回答されている。もっとも、観察可能という条件にあてはまらない「全然（知らない）」も2割程度の回答がある。しかし、その回答は東北地方のサッパリを除き、ほとんどが「ちっとも」「ちょっとも」の類である。これらは、2.3節でも触れたように、オノマトペ性の極端に弱まった形式であり、これを除くと回答率はかなり下がる。

最後に、「陳述副詞」に分類した二つの項目は傾向が分かれた。この類の副詞の性格からすれば、「結局（だめだった）」のようにオノマトペが使用されることはほとんどないはずである。しかし、「必ず（行くよ）」（39.7％）は一定の回答地点が見られる。ただ、この場合もその具体的な語の多くが「きっと」の類であり、オノマトペと認定はしたものの、すでにその性格を失いつつあるものが中心である。

以上、副詞の分類と絡めながら、全国的なオノマトペの回答状況を見てきた。〈様態の副詞〉関係の項目に限らず、全体として、その現象が何らかの観察可能な様相を示す場合、そこをとらえてオノマトペの使用が行われていると考えられた。これは、現象のあり様の描写を機能とするオノマトペの性質が現れたものと言える。

さて、こうした特徴は、当然、東日本方言（東北方言）にもあてはまる。それどころか、これらの方言はそうした特徴をより顕著に示す方言であると言えそうである。

たとえば、〈心情の副詞〉に分類した「一生懸命（勉強する）」（18.1％）は、全国的にはそれほど高い回答率を示してはいない。ところが、この項目で回答されたオノマトペは、図I.3.2に見るように東日本に偏り、とりわけ東北地方に集中している。これは、この項目の状況を様相的にとらえようとする傾向が、これらの地域で特に強いことを意味する。勉強する主体が机にしがみつくようにして教科書を凝視し、一心不乱に鉛筆を走らせる。「一生懸命」という心情的な態度は、このような現象面に現れた具体的な行為の様相として頭に思い描くことができる。東日本方言（東北方言）では、そうした現象面に引きつけたとらえ方をす

ることで、ガリット、ミッチト、ミッツラ、ムタクタ、ムタット、ムッタリなどオノマトペを使用していると考えられる。

　心情を現象的に理解するという点では、同じく〈心情の副詞〉に分類した「無理やり（連れて行く）」（6.1%）にも触れておきたい。この項目におけるオノマトペの回答地点はわずかであり、しかも、図 I.3.6 に見るように東日本に分布が固まるわけではない。しかし、回答の内容を見ると、西日本のオノマトペはオノマトペらしくない「無茶苦茶」の類が多いのに対して、岩手・宮城を中心とした地域のものは、ギリギリ、グリグリ、ビリビリといった描写性の強いオノマトペが使用されている。これは、この地域の回答者が、「無理やり（連れて行く）」という項目に対して、たとえば、嫌がる相手を力任せに引きずっていくといった具体的な様子を想起したからではないかと思われる。

　このほか、東日本や東北地方に比重のある分布は、〈時間の副詞〉の「いつも（遊んでばかりいる）」（図 I.3.3）や「すぐに（帰ってきた）」（図 I.3.4）などにも見られる。同じく〈時間の副詞〉に分類される「突然（飛び出した）」（図 I.3.7）に比べて回答地点が極端に少ないのは、これらの項目の場合、動作の様相的な性質が弱く、時間的な解釈が勝るからだと考えられる。しかし、それにもかかわらず、東日本（東北地方）により多くのオノマトペが現れたのは、項目が指し示す状況を、動作の様相的な側面に注目して理解しようとする回答者が、この地域に一定数いたからであろう。つまり、「いつも（遊んでばかりいる）」を、遊びにとりつかれ夢中になっている姿として思い描き、ジット、ズラット、トロット、トロッペシ、ムッタド、ムッタリなどと表現したり、「すぐに（帰ってきた）」を、振る舞い方が非常にせわしく慌ただしい様子ととらえ、ズエラ、チャッチャト、ビラット、ビラリ、ビラビラなどと言い表したりする傾向が、西日本より東日本（東北地方）に強かったのだと思われる。

　以上のように、東日本方言、特に東北方言は、共通語ならば〈心情の副詞〉や〈時間の副詞〉の一般語を用いるところを、あえてオノマトペで表現する傾向がうかがえる。少なくとも、他の方言よりはそうした性質が強い。「一生懸命（勉強する）」「無理やり（連れて行く）」という項目に対して、これを主体の心的態度の問題としてよりも、動作の様相の問題としてとらえようとする。「いつも（遊んでばかりいる）」「すぐに（帰ってきた）」という項目も、時間の側面ではなく現象のあり方の側面にスポットをあてていく。つまり、主体の心理や時間の特徴といった抽象的な存在を、それが引き起こす具体的な現象の様相として把握

し、それを表現に反映させようとするのである。

　同じものごとに向き合うにしても、観念的に理解するのではなく、現象面に現れた様相として察知したがる。目で観察し、耳で聞き、あるいは手足で感じることで把握する。いわば体の感覚で現象のあり様を理解しようとするところに、オノマトペの持つ身体性が適合する。体感に基づく現象的理解、東日本方言（東北方言）のオノマトペ志向とは、そうした言語的発想法の現れであると考えることができる。

4. オノマトペ志向がもたらしたもの

　ここまで、東日本方言（東北方言）のオノマトペ志向について考察してきた。それでは、そうしたオノマトペ志向は方言の形成面に、どのような姿となって現れてきているだろうか。ここでは、造語法の側面と、語の変化の側面について述べておきたい。

4.1　オノマトペによる単語家族の形成

　まず、注目すべきは、オノマトペからの派生語の生成である。すなわち、オノマトペをもとに接尾辞を付加することにより用言の生産がなされる。たとえば、病気で喉が鳴る様を表す「ゼラゼラ」に動詞化接辞「メク」が付加することで「ゼラメク」という語が造られる。あるいは、これに形容詞化接辞「ズ」がついて「ゼラゼラズ」という語が生み出される。東北方言におけるそうした実例は竹田（2012）に豊富に示されており、竹田（2015）による解説も行われている。こうした派生はかなりシステマチックになされるようで、その結果、複数の品詞にまたがるオノマトペの造語パラダイムが成立することになる。

　また、形容詞化や動詞化だけでなく、東北方言では接尾辞「コ」の付加がオノマトペを名詞にも変えている。牛の鳴き声の「ベー」から牛の名称「ベコ」が成立するのがその典型である（感動詞的なものでは、猫の呼び声「チャッチャ」から猫の名称「チャコ」が生み出される過程について小林 2015b に述べた）。さらに、喘息の意味の「ゼラ」「ゼーラ」や、くしゃみの「アクション」「アクショ」「アキショ」などは、それを表すオノマトペがそのまま名詞に転成したものである。

　このようにオノマトペが動詞にもなり、形容詞にもなり、さらに名詞にもなることは、いわばオノマトペを核とした単語の家族が形成されることを意味する。

そうした単語家族の造り方は、それぞれの品詞に別々の語を用意するよりも労力の少ない経済的な方法である。一見安易に見える方法かもしれないが、できあがった家族内の単語どうしの結びつきは、互いが同一の感覚による連想で結ばれているだけに、かなり強固なものと言えよう。

こうした造語法が東北方言に顕著なものか、さらに慎重な検討が必要である。もし、その見通しが誤っていないとして、こうした簡便なオノマトペ的造語法の存在は、他のより複雑な造語法を受け入れることを嫌い、オノマトペによる単語家族が崩されることを避けようとする姿勢を生み出すかもしれない。中央語や共通語とのせめぎ合いの中で、この点がどう働くか注目していく必要がある。

4.2　一般語のオノマトペ化

次に、一般語のオノマトペ化について見ておきたい。本来、オノマトペではない語であったものが、オノマトペを好む発想法の影響を受けて、オノマトペ的な形態や意味に改変されるという現象である。たとえば、オノマトペ志向の強い地域に、伝播などの要因によって一般語が持ち込まれたとする。このとき、地域の志向性に従って、その一般語をオノマトペ的な姿に変えようとする作用が働く可能性がある。

(1)「突拍子」からトロッペシへ

再び、先に取り上げた副詞関係の調査結果を見てみよう。たとえば、「いつも（遊んでばかりいる）」という項目では、トロッペシやトロッペツといった語が回答された。これらは、3.2節で言及したように、オノマトペの「トロット」に一般語の「突拍子」が混交してできたものと考えられる。『日本国語大辞典』等の記述によれば、「突拍子」は中央では中世頃から使われたようで、本来、途方もなく度はずれなことを意味する形容動詞であった。西日本には大体そのような用法で伝わっている。ところが、東日本にはそうした「突拍子」はまったく言ってよいほど見当たらない。代わりに、「いつも・始終」といった意味のトロッペシやトロッペツという語が分布している。

この「突拍子」とトロッペシ・トロッペツをつなぐのが、トロッピョーシという語である。この語はおもに関東に分布するが、江戸時代の川柳などにも例が見られることから、近世の江戸で生まれて周囲に広まったことが推測される。形態の類似性からすれば、トロッピョーシは「突拍子（トッピョーシ）」と関連があることは明らかである。それでは「ロ」の部分はどこから来ているのか。それ

は、現在おもに関東北部から東北にかけて見られ、古くは東日本に広く分布していたと思われるトロットというオノマトペに由来すると考えられる。トロットの上に西から伝播してきた「突拍子」が覆いかぶさった形態がトロッピョーシというわけである。トロットは「いつも・始終」の意であるが、マイナス評価を帯びており、「突拍子」の「度はずれだ・非常識だ」の意とは通じるところがある。形態と意味の類似性を契機としてトロットに「突拍子」が引き寄せられ、混交を起こしたのがトロッピョーシと考えられる。

　このトロッピョーシは、成立当初は「突拍子」の形容動詞的用法を引き継いでいたが、次第にオノマトペであるトロットの副詞的用法が主となっていったようである。関東中心部から周囲へ広まる過程で、トロッピョー、トロペー、トロッペシ、トロッペツなどの形態に変形するとともに、副詞的用法のみを担うようになり、意味的にオノマトペの性格を強めていった。

　トロットと「突拍子」はもともと別の語であった。しかし、中央から東進した「突拍子」は、オノマトペである東日本のトロットの磁場に取り込まれ、自らの形態や意味をオノマトペ的な姿に変えてしまった。これは「突拍子」が子孫を残したというよりも、むしろ、トロットが「突拍子」の形態を乗っ取ることで、新たなオノマトペとして生まれ変わったと見なすべきであろう。

(2)「無理」からムリムリへ

　もうひとつ、例を挙げてみよう。「無理やり（連れて行く）」という項目では、ムリムリ、ムリクリといったオノマトペ的な音を持った語が回答されている。これらはやはり3.2節で指摘したように、「無理」「無理やり」といった一般語をもとに作り出されたと考えられる。

　この調査項目で、「無理」から成立したと思われる語（「無理」類）を全体的に抜き出し、地図化してみたのが図 I.3.14 である。「無理」類のもとになったムリニは全国に広がるが、関東・中部から中国・四国にかけての日本中央部に目立つ。ムリヤリも似たような分布を示す。ムリムタイニ（無理無体に）は近畿周辺に見られる。シャニムニも中央寄りに見えるが、これは九州に多く東北などにも確認されるシャリムリとつながる。問題のムリムリは近畿以東に散在し、東北に厚く展開する。ムリクリはおもに東北北部に目立っている。

　『日本国語大辞典』等の記述を参考にすれば、文献上、ムリニ（無理に）の出現がもっとも古く、中世後期頃から中央で使用されていたと考えられる。ムリヤリ（無理遣・無理矢理）がそれに継ぐようで、ムリムタイニ（無理無体に）は中

66　3章　言語的発想法と方言形成

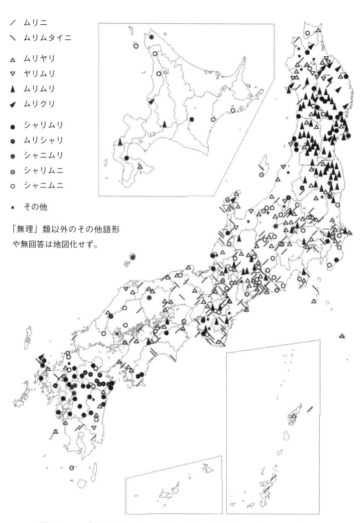

図 I. 3. 14　「無理やり（連れて行く）」における「無理」類の分布

世末期になると文献に現れる。シャリムリ（しゃり無理）は近世初期から、シャニムニ（遮二無二）は近世中期からで、シャリムリからシャニムニが生まれたと思われる。ムリムリ（無理無理）も文献例が見つかるが、20世紀に入ってからのもので非常に新しい。ムリクリの用例は掲載されていない。

　こうした文献への出現状況と方言分布との対照は稿を改めなければならない

が、文献での新古と分布の様子は大きくは食い違わないように見える。ただし、ムリムタイニとムリムリについては、文献と方言の出現様相に齟齬が感じられる。つまり、文献上、すでに中世末期に登場しているムリムタイニの分布が日本中央部にとどまるのに対して、近代に入ってようやく文献に現れるムリムリの分布が東北地方にまで及んでいるからである。

この場合、伝播速度の一般的傾向から見てイレギュラーなのはムリムリのほうである。文献の証拠をまともにとってこの語が近代の成立と見なすと、その伝播速度は異常に速いことになってしまう。これに対するひとつの考え方としては、ムリムリは文献への登場は遅いものの、口語の世界ではかなり古くから使用されていて、それが分布に反映されているという案があり得る。語の位相差に配慮した解釈であり、妥当性は十分あるが、それだけでは解けない面がある。つまり、なぜ東北地方に集中的に分布するのかが説明されない。少なくとも近代に至るまで中央での使用があるとすれば、ムリムリは東北以南にももっと現れてよいのに、東北から外れた関東から近畿にかけては急激に分布が弱まってしまっている。

これについては、東北地方のオノマトペ志向を視野に入れて考えるべきであろう。つまり、東北地方にムリムリが集中するのは、オノマトペ的な音構造を持つこの語を話者たちが好み、長く使用し続けているという解釈である。あるいは、次のような解釈も成り立つかもしれない。すなわち、そもそも東北地方に展開するムリムリは、近代頃になってようやく文献に現れる中央語のムリムリとは別個に、東北独自に成立していた可能性である。ムリニあるいはムリヤリという語が西から東北に伝播した際に、この地域のオノマトペ志向の影響を蒙ることでいち早くムリムリへの改変が起こり、東北全域を覆う勢いで拡大したと考えるのである。文献への出現の遅れ、東北以南での分布の弱さは、この解釈ならば解決できる。

ムリクリの位置づけは明確でないが、ムリムリからさらに変化したものであろうか。あるいは、ムリヤリとムリムリの中間に位置する形態であり、ムリヤリからムリクリが生まれ、-uri-uri の構造が用意されたところでさらにムリムリが発生したものとも思われる。

あらためて、ムリムリと対比したムリムタイニに言及しよう。この語は中世語でありながら、他の語に比べて近畿周辺にとどまり、東日本や東北に十分入り込めないでいる。これにはムリムリとは逆に、この語のオノマトペ的な性質の弱さが影響している可能性がある。ムリムタイは類義の漢語「無理」と「無体」を複

合わせたものであり、頭の音をそろえたところはリズミカルだが、硬い印象をぬぐいきれない。概念的な理解を必要とし、感覚的な把握が難しい語である。ムリムリとは対極にあるそうした性格が、この語の広まりを阻んでいるのかもしれない。

以上、「突拍子」「無理」を例として、一般的な語が東日本（東北）の言葉の好みによってオノマトペ的な語に作り変えられていく様子を見てきた。オノマトペ志向が方言形成に影響を及ぼす可能性を示唆したつもりである。今後、こうした事例研究を蓄積し総合的に考えることで、言語的発想法と方言形成の関係について理解を深めていきたい。

5. まとめと今後の課題

本章では、言語的発想法と方言形成の関係をテーマに論じた。結論を簡単にまとめておこう。

① まず、方言形成における地域特性の問題を取り上げ、今後の方言形成論にとって重要となる地方の主体性という視点と、それを積極的に生かすための言語的発想法という考え方を提案した。
② 次に、そうした視点・考え方から国立国語研究所のFPJDを見渡すと、東日本方言、特に東北方言において、感情・感覚表現への志向性がうかがえることを指摘した。
③ 続いて、オノマトペへの志向性に焦点を絞り、独自のデータを使うことで、東日本方言（東北方言）におけるそうした志向性の存在についてより詳しく考察した。
④ その際、副詞的な環境における使用状況を検討することによって、東日本方言（東北方言）のオノマトペ志向には、「体感に基づく現象的理解」という言語的発想法が背景にあることを論じた。
⑤ さらに、方言形成の上で、オノマトペ志向がもたらしたと考えられる現象として、オノマトペによる単語家族の形成と、一般語のオノマトペ化について話題にした。

このうち、②に関して、今回はオノマトペ志向に焦点を絞ったが、2.3節の末尾で述べたように、感動詞（感動表現）への志向性も同じ土俵に上らせて考える必要がある。オノマトペも感動詞もともに概念的な言葉ではなく、感覚・感情の表出を担う身体的な言語である。両者の志向性が同じ地理的傾向を示すことは十

分予想される。実際、そのような傾向が認められることは、小林・澤村（2014）などで指摘した。すなわち、東日本、特に東北地方には、身体依存型の表現機構を備え、感覚・感情面を積極的に稼働させようという発想法を持つ方言が存在すると考えられるのである。

　この身体依存型の表現機構は、ものごとを理解するその仕方にもかかわる。④にまとめた「体感に基づく現象的理解」とは、そうした理解の仕方のひとつである。本章では、心理性・時間性といった抽象的な概念を、それが露呈する現象面の様相として把握するという理解のメカニズムを指摘した。やはり東日本（東北方言）により強く認められる特徴である。そして、こうした現象理解・言語表現のあり方は、オノマトペに限らず言葉のさまざまな側面に観察される可能性がある。たとえば、澤村（2013）が取り上げた死を意味する表現の地域差はこの点で興味深い。つまり、西日本では「（あの世へ）参る」といった表現を使うのに対して、東日本では「目を落とす」といった言い方をする。西の精神的表現と東の即物的表現の対比、ここにも「体感に基づく現象的理解」の一端を見ることができる。

　以上のように、本章で述べたことはオノマトペの世界にとどまるものではない。言語表現のあり方全般にかかわる、広い射程を持つアイデアと受け止めてもらえるとよい。

注

1　オノマトペの使用頻度の地域差について量的な分析を行った研究に高丸ほか（2014）や平田ほか（2015）がある。これらの研究では、東日本に比べて西日本（特に近畿）での使用頻度が高い（平田は「強意型オノマトペ」について）という結果が示されており、本章の見解と異なる点がある。しかし、その論文の資料は会議の議事録であり、対象とされたオノマトペは共通語（中央語）のものが中心である。したがって、そこでの結論は、公的な場における共通語（中央語）的オノマトペの使用の地域差に関するものであり、方言レベルも含めた言葉一般の地域差の傾向とすることはできない。ただし、それらの結論は、オノマトペの質的側面に注目した場合、ある程度公的なレベルでも使用可能な加工化・定型化の進んだオノマトペ（描写性を失ったオノマトペらしくないオノマトペ）が西日本（近畿）に多いということと関連しそうであり、その角度から注目される。

文献

小野正弘編（2007）『日本語オノマトペ辞典』小学館
川越めぐみ（2015）「山形県寒河江市方言オノマトペにおける具体的描写性と語形バリエーション」『名古屋学院大学論集言語・文化篇』26-2

小林　隆（2004）『方言学的日本語史の方法』ひつじ書房
小林　隆（2007）「文法的発想の地域差と日本語史」『日本語学』26-11
小林　隆（2008）「方言形成における中央語の再生」小林　隆編『シリーズ方言学1　方言の形成』岩波書店
小林　隆（2010a）「日本語方言の形成過程と方言接触―東日本方言における"受け手の論理"―」『日本語学』29-14
小林　隆（2010b）「オノマトペの地域差と歴史―「大声で泣く様子」について―」小林　隆・篠崎晃一編『方言の発見』ひつじ書房
小林　隆（2013）「大規模方言分布データの構築に向けて―東北大学方言研究センターの全国分布調査―」熊谷康雄編『大規模方言データの多角的分析成果報告書―言語地図と方言談話資料―』（国立国語研究所共同研究報告 12-05）
小林　隆（2014）「方言形成論の到達点と課題―方言周圏論を核にして―（改定版）」小林　隆編『柳田方言学の現代的意義―あいさつ表現と方言形成論―』ひつじ書房
小林　隆（2015a）「東北方言の特質―言語的発想法の視点から―」益岡隆志編『日本語研究とその可能性』開拓社
小林　隆（2015b）「猫の呼び声の地理的研究―動物に対する感動詞―」友定賢治編『感動詞の言語学』ひつじ書房
小林　隆・澤村美幸（2014）『ものの言いかた西東』岩波書店
小林　隆・篠崎晃一（2003）『消滅の危機に瀕する全国方言語彙資料』（科学研究費報告書）
齋藤ゆい（2007）「方言オノマトペの共通性と独自性―宮城県旧小牛田町と高知県安芸郡奈半利町との比較―」『高知大国文』38
澤村美幸（2011）『日本語方言形成論の視点』岩波書店
澤村美幸（2013）「「死」を表す言葉と発想の地域差」鈴木岩弓・田中則和編『講座 東北の歴史6　生と死』清文堂出版
髙橋顕志（2008）「接触変化から見た方言の形成」小林　隆編『シリーズ方言学1　方言の形成』岩波書店
高丸圭一・内田ゆず・乙武北斗・木村泰知（2014）「地方議会会議録を用いたオノマトペの分析」『第6回コーパス日本語ワークショップ予稿集』
竹田晃子（2012）『東北方言オノマトペ用例集』国立国語研究所
竹田晃子（2015）「方言オノマトペの特徴と地域差」『日本語学』34-11
仁田義雄（2002）『新日本語文法選書3　副詞的表現の諸相』くろしお出版
日高水穂（2005）「方言における文法化―東北方言の文法化の地域差をめぐって―」『日本語の研究』1-3
日高水穂（2006）「文法化」小林　隆編『シリーズ方言学2　方言の文法』岩波書店
平田佐智子・中村聡史・小松孝徳・秋田喜美（2015）「国会会議録を用いたオノマトペ使用の地域比較」『人工知能学会論文誌』30-1
三井はるみ・井上文子（2007）「方言データベースの作成と利用」小林　隆編『シリーズ方言学4　方言学の技法』岩波書店

第II部 方言分布の実時間比較

1
準体助詞の分布と変化

福嶋秩子

1. はじめに

　全国方言分布調査（FPJD）の新潟県調査を担当したところ、不思議な語形に出会った。「行くのだろう」という項目で、イガンダベという語形が回答されたのである。新潟県では、「行く」はイグと濁るが、「行かない」という意味のイガンだとすると意味が通らない。また、この地の否定を表す助動詞は、西日本方言型のンではなく、ナイ・ネーなのである。この謎の「ン」はその他の回答でも何度も現れた。その後、調査結果の分析をしていく中で、これは「行くのだろう」の「ノ」の部分にあたる準体助詞の一部で、方言におけるバリエーションの一つと考えられることがわかった。本章では、二つの全国地図、FPJDと『方言文法全国地図』（GAJ）の分布から、準体助詞の全国分布と変化を概観した後で、新潟方言におけるこの形式をめぐる分布と変化について考察する。

2. 共通語における準体助詞

　準体助詞は格助詞のノやガから変化したものと考えられる。共通語の格助詞ノには、(1)と(2)のような主格と連体格の用法があり、(2)は連体助詞とも呼ばれる。
　(1) 主格　おれの買った本
　(2) 連体格　おれの本
共通語の準体助詞ノの用法として、代名詞的用法がある。FPJDの項目で例示すると、以下のようになる。
　(3) おれのだ（FPJD G-026）
　(4) そこにいるのは先生だ（FPJD G-027）
　準体助詞ノはノデ、ノニ、ノダのような表現の一部としても使われる。彦坂(2006)はこの用法を「発展的に機能語形成に参与し、文構造を明示化し論理的

表現にあずかる」としている。「行くのだろう」のノもこの用法である。また、以下の G-084 の質問文のように推定の根拠があるとき、「行くのだろう」とノが付加される。

(5) 彼は役場に<u>行くだろう</u>（FPJD G-083）
(6) （役場への道を歩いている人を見て）彼は役場に<u>行くのだろう</u>（FPJD G-084）

共通語の準体助詞は、ノとその口語体であるンの二つである。

3. 方言における準体助詞

方言における準体助詞には、連体格の助詞（すなわち連体助詞）から発達したノ・ガのほかに、地域性の強いト・ナがあり、ノよりもガが古いとされる（彦坂 2006）。以下のように、まず、代名詞的用法、次に機能語形成の用法に着目して、FPJD と GAJ の分布を比較する。

【代名詞的用法】
FPJD G-027（図 II. 1. 1）　あそこにいる<u>の</u>は（誰か）
GAJ 16 図（図 II. 1. 2）　ここにある<u>の</u>は
【機能語形成の用法】
FPJD G-084（図 II. 1. 3）　行く<u>の</u>だろう
GAJ 237/238 図（図 II. 1. 4）　行く<u>の</u>だろう

なお、GAJ 237 図は「行くだろう」にあたる地図であるが、「行くのだろう」相当の回答も含まれるので、それらも対象にデータを扱う。

3.1　準体助詞の代名詞的用法：FPJD「いるのは」・GAJ「あるのは」

FPJD の「いるのは」の分布を概観する（図 II. 1. 1）。「いるのは」は人を意味し、「あるのは」は物を意味するので、形式名詞に違いが現れるが、準体助詞の現れ方は比較可能である。現代の高年層の方言を示す図 II. 1. 1 によると、共通語と同形のノやンとその変種が本土方言地域に現れるが、琉球方言地域にはノに対応するヌが石垣に 1 地点現れるのみである。ノンが近畿中心部と佐渡にある。ンの使われる地点は少ない。ンズはンに形式名詞のヤツが連接して変化した形式であろう。ガあるいはガとその変種は、新潟・富山・石川のほか、高知に分布する。新潟にガンのほか、アン、-an がある。アンはイルアンであり、-an は最初に示した謎の語形イランである。ナは東北地方南部、トは九州に分布している。

3. 方言における準体助詞　73

図 II.1.1　FPJD G-027「いる<u>の</u>は」

74 1章 準体助詞の分布と変化

figure II.1.2 GAJ 16図「ここにあるのは」

ガやパとナが融合したガナやパナは福島にある。また、山口にソとホがある。ソが古く、ホはs＞hの変化の結果生じた形式だろうか。琉球方言地域では、奄美や宮古、石垣などにヒトやモノに対応する形式が分布する一方、沖縄本島を中心とする地域と最西端の与那国にシやフといった準体助詞と考えられる形式とその変種が分布する。今帰仁の［wuiʃija］のような形式が古く、後半部が融合してs＞hの変化が起こる中で、恩納の［wu:ha］などさまざまな変種が生まれたと考えられる。なお、ナーやターは、ノワやトワからの変化形である。

　GAJの「あるのは」の分布を見てみよう（図 II. 1. 2）。全体に印象が異なるのは、ヤツ・モノ等の形式名詞の使用がやや多いのと、ノワやトワから変化したナーやターが多いからである。また、ソワやホワから変化したサーやハーもある。このような融合形式がGAJの時代にはよく行われていたのだろう。ノとその変種、ガとその変種、ト、ソの分布はFPJDとおおむね変わらない。図 II. 1. 1 では、ガとパは区別せず描いたが、図 II. 1. 2 では区別した。

　FPJDとGAJと異なる分布を示すものがいくつかある。GAJでは、ナが関東地方にもあるがFPJDにはない。新潟のガンの変種の分布が異なる。また、琉球方言のシの類がGAJでは与論以南に分布するが、FPJDでは沖永良部にもある。シの類が沖縄中心に広がっているのだろうか。

　本土方言では、ナやトといった準体助詞が古く、次にガ、ノの順に広がったものであろう。山口のソが琉球方言のシと関係があるかどうかはわからない。

3.2　準体助詞の機能語形成の用法：FPJD・GAJ「行くのだろう」

　FPJDのG-084「行くのだろう」の地図（図 II. 1. 3）とGAJの237/238「行くだろう」「行くのだろう」の地図（図 II. 1. 4）を比較する。いずれも「〜ノダロウ」「〜ノデハナイカ」などの方言形式で準体助詞に相当する部分に注目して描いた。

　FPJDの「行くのだろう」の分布が、「いるのは」の分布と明らかに違うのは、ノでなくンが全国的に使われているからである。ノの変種のノンのほかにネやネンが近畿中心部に分布する。また、ノーが八丈にある。八丈で「いるのは」（図 II. 1. 1）はアロワとなるので、準体助詞なしとして分類した。「行くのだろう」（図 II. 1. 3）は八丈でイクノージャローとなる。ガやパとその変種が新潟・富山・石川および高知にある。石川・富山のガイとゲはガヤからの変化形だろうか。秋田に1地点ある「エグオンダ」のオンはモン（＜モノ）に由来するオンか

76 1章 準体助詞の分布と変化

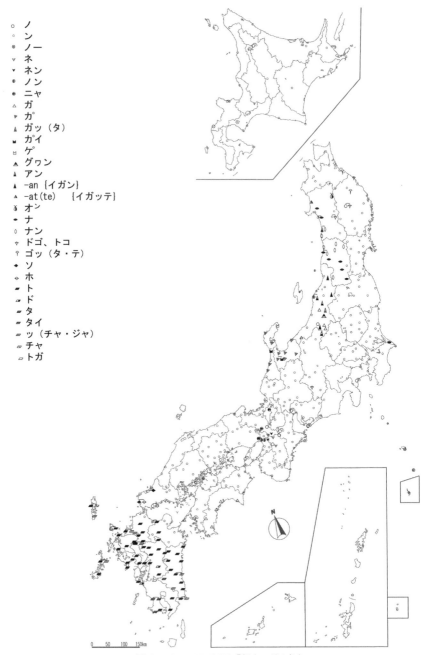

○ ノ
◦ ンノー
⊕ ノー
▽ ネン
▼ ネンン
Φ ノン
⦁ ニャ
△ ガ
▽ ガ゜
▲ ガッ（タ）
◼ ガ゜イ
⊔ ゲ
▲ グヮン
▲ アン
▲ -an〔イガン〕
▲ -at(te)〔イガッテ〕
δ オン
━ ナン
○ ドゴ、トコ
▽ ゴッ（タ・テ）
◆ ソ
◇ ホ
━ ト
◻ ド
◻ タ
◻ タイ
━ ッ（チャ・ジャ）
◻ チャ
◻ トガ

図 II. 1. 3　FPJD G-084「行くのだろう」

3. 方言における準体助詞　77

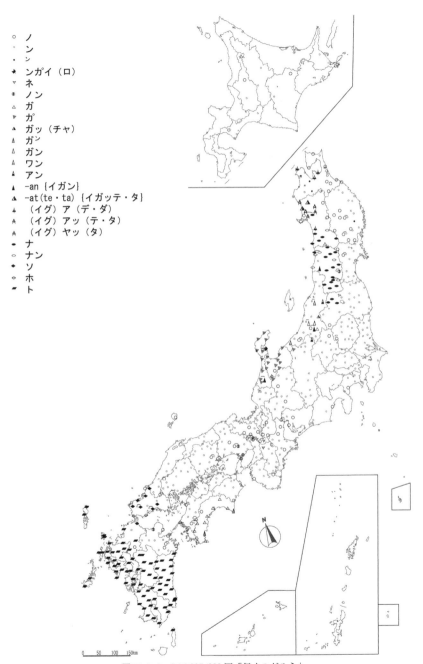

図 II. 1. 4　GAJ 237/238 図「行くのだろう」

もしれない。トの変種が九州に、ナやナンが山形・秋田に、ソやホが山口にある。茨城に1地点あるナはイグナッペである。そして、琉球方言地域では、明らかにシやその変種と見られるものは分析できなかった。東北地方北部のドゴ、トコ、ゴッ（タ・テ）は、いずれも形式名詞トコ（ロ）やゴトであろうが、意味が違うかもしれない。

GAJの「行くのだろう」（図Ⅱ.1.4）の分布と比較すると、図Ⅱ.1.3のそれぞれの準体助詞の分布地域はおおむね重なるが、若干違いがある。九州のトはGAJのほうが若干狭く、FPJDでは大分に広がっている。一方、GAJでは愛媛にもガがあるが、FPJDではガの分布は狭まっている。また、新潟では、GAJでガン・ワンが多かったが、FPJDでは母音に後接するアン（イグアンデネーケァイ［行くんじゃないか］など）、子音に後接する-an（イガンダベ［行くのだろう］など）が多くなっている。これらは後で示すようにガンの変種である。一方、秋田では、GAJでア（イグアダベ・イグアッタベなど）があり、それが融合した-at(ta)（イガッタベ）があったが、FPJDでは-at(te)（エガッテネガ）のほか、アン（エ⊥グアンダ゜デロ）がある。また、GAJで青森にあったイグアダの類はFPJDで消えている。これらもガの変種だと考えられないだろうか。

3.3　連体助詞＋準体助詞：FPJD「おれのだ」

FPJDのG-026「おれのだ」の地図では、次のようなパターンの形式が現れる。

(7)　オレノ　　　準体助詞

(8)　オレノガ　　連体助詞＋準体助詞

(9)　オレノヤツ　連体助詞＋形式名詞

(10)　ワームン　　形式名詞　（琉球方言地域）

連体助詞に注目すると、ガやパで始まる形式とノやンなどで始まる形式があるので、図Ⅱ.1.5にガやパで始まる形式、図Ⅱ.1.6にノやンで始まる形式およびその他の形式を選択して描いた。図Ⅱ.1.5と図Ⅱ.1.6では、同じ記号でも異なる語形を表しているので、注意してみてほしい。

図Ⅱ.1.5により、準体助詞トが優勢な九州にガトがあることから、連体助詞としてのガやパが準体助詞とは異なる分布を示していることがわかる。また、準体助詞ノやンが優勢な東日本・西日本の各地にもガやガンがあることから、オレガやオレガンが古く、のちにオレノガやオレノガンが生まれてきた可能性を示唆する。オレガやオレガンが山間部や瀬戸内の島嶼部などにあることもそれを裏

3. 方言における準体助詞　79

△ ガ、ガ°
v ガ、ガ°＋形式名詞
△ ガー
⊖ ガノ、ガ°ノ
Φ ガ°ノン
△ ガン、ガ°ン
U ガン＋形式名詞
▲ ガンノ
▲ ガンノン
▲ アン
▲ （ウチャ）ン
A アッ（タ）
▲ （オリャ）＋形式名詞
▼ ガ°イ
⊐ ガ°ケ
━ ガト・ガツ・ガチ
● ガ°ナ
◉ （オニャ）ナ

図 II. 1. 5　FPJD G-026「おれのだ」（ガ・ガ°で始まる語形）

図 II.1.6　FPJD G-026「おれのだ」(ノ・ンなどで始まる語形ほか)

づける。少なくとも本土方言では、連体助詞のガが過去にはより広い分布を占めていたと考えられる。

一方、図II.1.6のノヤンで始まる語形は多様である。図II.1.5と図II.1.6をあわせて、琉球方言地域の分布に注目してみよう。一人称代名詞に形式名詞が連接する形式（たとえば、ワームン）が広く分布する。一方、一人称代名詞に連体助詞ガ+形式名詞が連接する形式（たとえば、ワンガムン）が、沖縄の一部、宮古、多良間、与那国と分散して分布している。後者が古いのだろうか。あるいは、それぞれ独立変化が可能なのだろうか。ちなみに、奄美徳之島では一般的にワームンだが、ワンガムンという形式が新しく生まれていることをかつて報告したことがある（Fukushima 2003）。

4. 新潟方言における準体助詞の分布と変化

上で見たように、新潟方言は、連体助詞はノ・ンが優勢で、準体助詞としてはガの派生形が優勢である。全国方言で見たように、準体助詞の代名詞的用法と機能語形成の用法について、二つの方言地図の分布を比較しよう（表II.1.1）。6枚の言語地図を、比較しやすいよう、同じ記号を使って描画した。また、代名詞的用法1については、比較しやすいように連体助詞を除いて地図化した。

ガノに由来するガンが古いと考えられ、その変種が多く分布する。ノ・ンの変種はノンのみで、佐渡と巻のみに分布する。

ガンがもっとも多くの地点に分布するのはGAJでは「あるのは」、FPJDでは「おれのだ」であるが、ガンの分布は6枚の地図で必ずしも重なっていない。

ガンの変種の中で注目すべき語形として次のものがある。まず、謎の語形-anである。GAJでは、「あるのは」で県北の2地点（山北・関川）にアランワ、「行くのだろう」で十日町にイガンジャナイカ、イガンダローがある。一方、FPJDでは、北から関川、津川、津南という離れた場所に分布する。「おれのだ」のオレナンダ（津南）、「いるのは」のイラン（関川）、イランワ（津川・津南）、「行くのだろう」のイガンデネーケ（関川）、イガンベ（津川）、イガンダベ（津南）であるが、その他の項目にも出現している。「あるんじゃないか」のアランデネーゲ（関川）、アランデネカネ（津川）、アランジャネーベカ（津南）、「行くんだ」のイガンダテ（津南）などがそれである。これはar-、ig-など、子音で終わる形式に-anがついていると考えられる。オレナンはオレノ+アンからの変化だろうか。なお、「あるんじゃないか」のアラーネーカ・アリャーネーカ

表 II. 1. 1 新潟方言における準体助詞：GAJ と FPJD の比較

(-an＞-a: か)（松之山）、「来るんだ」のクランダテー（下田）など、周辺の地点にも現れている。

次に、アンである。GAJ「おれのだ」のオレアンダ（津南）、オレノアンダ（津川）など、FPJD「行くのだろう」のイグアンデネーケァイ（下田）、イグアンラロ（巻）などがある。

また、ガッ(タ)は FPJD「おれのだ」のオリガッタ（入広瀬）、ッカンは GAJ「あるのは」のアッカン（粟島浦）で、それぞれガンダ、アルガンから変化したものと考えられる。ガッ(タ)は、GAJ でも近い地点に現れている。これは n や ru の脱落とともに促音化・無声化が起きたと考えられる。

また、イグワンのようなワンもある。GAJ の「行くのだろう」には 3 地点ある。FPJD の 3 枚には現れていないが、他の項目では数少ないが出現している。

地図に現れる主要語形について、地点ごとに集計・総合し、地図化を試みた

(Fukushima 2014、福嶋 2014)。その結果、次のような変化が起きたと推定している。

              母音 u のあとで
  ガ → *ガノ → ガン → アン → ワン → -an →
     ↑
  ノ → ン →
     → *ノノ → ノン →

 表 II. 1. 1 に示すように、GAJ でアンが分布していた関川、津川、津南において、FPJD では −an が現れていることから、アンから−an への変化が起きたことはほぼ間違いないだろう。

5. むすび

 全国分布から見ていく中で、新潟方言における準体助詞の分布と変化の特殊性が明らかになった。FPJD の調査はまさにこの進行中の変化をとらえたのだと考えられる。一方、北陸のガイの変種でも類似の変化を遂げているという指摘がある（福嶋 2014 の発表時の加藤和夫によるコメント）。また、秋田にはイグアダベ・イグアッタベ・イガッタベのような形式もある。いずれもガ・ガの派生形が元となり、似たような変化を遂げている可能性はないだろうか。GAJ より古い方言資料やほぼ同時代の調査をもとにした研究として大野（1983・1984）がある。それによると、新潟県長岡市でアンは「動詞連体形に続くときには、連体形語尾の［u］音を脱落させて、前の子音と結合」してミルアン→ミランとなる傾向があることを指摘している（大野 1983：p. 66）。この時代に傾向として揺れていた変化がさらに進行し周辺に伝播した結果が FPJD でとらえられたのだろうか。方言における準体助詞の変化の実相を明らかにすべく、異なる言語地理学資料の分析に加えて、問題となる地域における準体助詞の使用状況の変化もたどっていくことを今後の課題としたい。

献辞

 この研究の遂行にあたっては、科学研究費補助金、基盤研究(A) 23242024「方言分布変化の詳細解明―変動実態の把握と理論の検証・構築―」（研究代表者：大西拓一郎）および科学研究費補助金、基盤研究(C) 25370487「複数の言語地理学資料の比較・総合の推進に関わる研究」（研究代表者：福嶋秩子）の支援を受けた。記して感謝申し上げる。

文　献

彦坂佳宣（2006）「準体助詞の全国分布とその成立経緯」『日本語の研究』2-4

FUKUSHIMA, Chitsuko (2003) Linguistic Innovation Born in the Paradigm: Interpretation of Linguistic Maps. In: *Proceedings of 3rd International Congress of Dialectologists and Geolinguists, Lublin 2000*. Vol. 1 194–207. Maria Curie-Skłodowska University Press: Lublin.

FUKUSHIMA, Chitsuko (2014) "Regional Variation and Change of Quasi-Nominal Particles in Japanese Dialects" A paper presented at the 2nd International Conference on Asian Geolinguistics (ICAG-2)

福嶋秩子（2014）「新潟県における準体助詞の分布と変化―GAJとFPJDを比較して―」言語地理学フォーラム（富山大学）（『国立国語研究所　共同研究プロジェクト　方言の形成過程解明のための全国方言調査　研究発表収録2014』所収）

大野早百合（1983）「現代方言における連体格助詞と準体助詞」『日本学報』2　大阪大学大学院文学研究科日本学研究室

大野早百合（1984）「現代日本語における種々の準体助詞の成立について―現代方言における連体格助詞と準体助詞―〈その2〉」『日本学報』3　大阪大学大学院文学研究科日本学研究室

2 日本語敬語の多様性とその変化

中井精一

1. はじめに

　日本列島の各地には、さまざまな地域社会があって、そこでは全国共通語とは異なる言語形式や言語運用法を用いる地域日本語（方言）が存在している。各地の方言は、長い時間をかけてそれぞれの地域社会の特性に基づいて形成されていて、それは話し相手や第三者との人間関係や社会関係をふまえて使用される敬語（待遇表現）においても同様で、地域ごとに独自の敬語形式や敬語運用法のあることが知られている。

　たとえば西日本各地では、「うちのお父ちゃん、朝早うからお仕事にいかはった」のように全国共通語の敬語運用法とは異なって、自分側の人物について述べる場合にも敬語形式を用いることが当然だとする地域社会もある。方言の敬語は、全国共通語の敬語とは異なる場合も多く、それらは、言語表現の形や意味の上での多様性だけでなく、使い方の上での多様性も持っている。つまり社会ごとの人間関係のとらえ方や言葉遣いに対する価値観の多様性を反映していて、地域的・社会的な多様性が見られるということである。

　よく言われることだが、私たちの国には政治や経済といった観点から見た場合、社会構造を変化させたような「画期」がいくつかある。近いところでは敗戦とそれに続く高度経済成長期は、社会構造の大きな画期であったと言えるし、近世から近代にかけての時期も大きな画期と言って差し支えないと思う。そしてそういった変化の前後に、地域社会では、外部社会との交流が拡大し、人や物だけではなく、新しい知識や思想も急速に持ち込まれることになっていった。つまり外部との交流によって、その内部にはそれまでなかったいくつもの外部が内包されることになって、かつては外部と内部には明確な境界線が引かれていたものが、その境界線が崩壊し、その結果、関係性を支えてきた質も変容することになって、社会構造が大きく変化する「画期」となった。

敬語や待遇表現の経年変化については、国立国語研究所が中心になって実施した三重県上野市や愛知県岡崎市における研究成果がある。これらによって戦後、日本社会で進行した民主化や経済発展による高等教育の拡大、人口移動の拡大などによって、社会構造が変化し、それ以前の敬語使用とは大きく変容したことが指摘されている[1]。確かに、私たちの国は、敗戦による民主化と1950年代後半から1970年代前半にかけての高度経済成長期に、産業構造が変化し、都市には農山漁村から大量の労働者が流入し、人口移動のみならず各地の社会構造は大きく変化したと言われ、敬語の変化もこれに連動した変化と言って過言ではなかろう。

　また1990年代以降の日本社会は、急速なグローバル化と新たな産業構造の変化によって都市部への人口移動が急速に進み、少子高齢化や格差社会の進行とあわさって、新たな社会問題を出現させている。たとえば、アルバイト・パートや派遣社員、期間従業員など、いわゆる「非正規労働者」は2014年の調査では1962万人で、全労働者に占める割合は約38%まで高まっている[2]。世界第3位の経済大国である日本は、豊かで平等な社会と言われ、1980年代までは国民の多くが「中流」と自認していたが、今や所得格差の拡大やワーキングプアの出現などを背景に、貧困層は確実に広がっていて、相対的貧困率は16.1%にも上り、OECDに加盟する34か国の中で第4位という格差社会の状態に陥っている[3]。

　より身近な日本の地域社会に目を転じると、少子高齢化と都市部への人口流出の結果、限界集落や消滅自治体ということばに象徴されるような社会基盤の危機的状態が伝わってくる。政府による地方創生や自治体によるマスタープランの作成などによって、地域社会内部の再構築に取り組んでいる地域もあるが、それらが明確な処方箋となっているようには思えない。

　このような現状をふまえて本章では、社会の変化が言語にどのような影響を与えるかについて、2010〜2015年に実施した全国方言分布調査（以下、FPJD）の調査データおよび1979〜1982年に実施された『方言文法全国地図』（以下、GAJ）を比較し、敬語形式や待遇表現形式の分布とその変容について検討し、1990年以降に起こった地域社会の変化と言語変化の関係について考えてみたい。

2. 待遇表現形式の地域的多様性

　まずFPJDの調査項目G-108「先生が来る（近所の知り合いの人にむかって）」の調査結果について見る（図II. 2. 1）。質問文は、「近所の知り合いの人にむかって、ややていねいに「もうすぐ先生が来る」と言うとき、「先生が来る」のと

2. 待遇表現形式の地域的多様性　87

図 II. 2. 1　FPJD G-108「先生が<u>来る</u>（近所の知り合いの人にむかって）」

ころをどのように言いますか。」である。この項目は、目上の第三者を動作主体とした中上位場面での待遇表現の分布変化を把握することを目的にしている。本項目は、FPJDにあって、敬語形式がもっとも多く出現する項目の一つでもあるため、主としてこの分布から、敬語形式の地域多様性について考えてみたい[4]。

　概観すれば、敬語形式は、西日本でバリエーション豊かであり、東日本はおおむね淡泊であることが理解されよう。特にクル（ゼロ形式）は、東日本を中心に、東海地方や紀伊半島、四国、九州の太平洋沿岸域に広く分布して、敬語使用は、日本の東西、沿岸と内陸、都市とその周辺とで大きく異なっているようである。

　このクルを詳細に見れば、青森県や岩手県、宮城県ではほとんどの地点で回答されているものの、秋田県や山形県、福島県では、それ以外の形式での回答も散見していて、東北地方にあっても太平洋側と日本海側、沿岸部と内陸部で様相の違うことがわかる。関東地方は、東京周辺ではその比率が低くなっているが、その影響を受けにくい太平洋沿岸の地域や離島、内陸部は、東北地方と大きな違いはない。また中部地方では、内陸の長野県は、ほとんどがクルを回答している。太平洋沿岸の静岡県も多くの地点でクルを回答しているが、近畿地方とつながりの強かった愛知・三重・岐阜の3県および日本海側の富山県や石川県ではクルの回答はほとんどない。

　近畿地方を含む西日本各地では、一般動詞に助動詞を加え敬語形式とした回答が多いが、三重県南勢町・紀伊長島町、和歌山県和歌山市・串本町、大阪府岸和田市・和泉市、兵庫県北淡町・五色町・洲本市といった紀伊半島沿岸部や淡路島、大阪湾沿岸ではクルが回答されるとともに、奈良県十津川村、和歌山県龍神村・本宮町・かつらぎ町、兵庫県一宮町（宍粟郡）などの内陸部でもクルが回答されていて、敬語形式使用の有無は、近畿中央部との距離という地理的距離のみに左右されるものではないことがわかる。このことは、中国・四国の各地域においても言えそうで、岡山県和気町・邑久町、徳島県徳島市、香川県内海町・高松市・観音寺市、愛媛県川之江市といった近畿地方中央部と比較的距離の近い瀬戸内海沿岸でもクルが回答されていることから、敬語形式の受容には、これを受け入れるための地域構造が関与している可能性がある。

　全国各地の状況を鳥瞰した場合、オジャルが秋田県角館町、東京都八丈町・青ヶ島村で回答されていること、ゴザルが岩手県一関市、富山県平村、石川県白峰村、岐阜県神岡町・高山市、愛知県佐織町、三重県北勢町、島根県五箇村・海士町などで回答されていることからこれの形式は、かなり古い時代に伝播した形式

であると考えられる。一方、近畿地方は、キャハルやキヤハルを含むキハル（ハル・ヤハル）の回答が顕著であるが、全国各地で使用されるコラレル（レル・ラレル）やキテクレル（クレル）、首都圏や名古屋圏での回答で顕著なミエル、イラッシャルなども近畿地方の周辺部では使用されていて、敬語使用のバリエーションは他地域と比べてかなり豊かであると言えよう。なお、岡山県山陽町、広島県福山市・広島市、山口県鹿野町・柳井市などにはキテ（テ）が、宮崎県野尻町、京都府舞鶴市、兵庫県姫路市、岡山県高梁市、広島県三次市・吉田町、山口県下関市などにはキテヤ（テヤ）が使用されていて、四国地方で頻繁に使用されるオイデルとともに、近畿地方の周辺部には歴史的に形成されたさまざまな形式が混在していることもわかる。

　なお、分布の特徴をより明確に把握するため、主たる回答形式について、表II. 2.1にまとめてみた。クル（ゼロ形式）は、全552地点の回答のなか231地点で回答され41.85％、つまり全国の5分の2の地点でこの回答がなされたことになる。次に多い回答は、コラレル（レル・ラレル）で回答数81（14.67％）。次はオイデル：回答数40（7.25％）、イラッシャル：回答数30（5.43％）、以下順にミエル：回答数28（5.07％）、キナサル（ナサル）：回答数28（5.07％）、オイデニナル：回答数26（4.71％）、キテクレル（テクレル）：回答数20（3.62％）、キハル（ハル・ヤハル）：回答数17（3.08％）、キテ（テ）：回答数16（2.90％）と続く。

　上位10形式の地域差に目を向ければ、クル（ゼロ形式）は、全国では41.85％の回答であったが、東日本では63.64％、西日本では22.22％という明確な差異を見せる結果となった。このクル（ゼロ形式）の結果からも敬語形式の使用において東西日本の違いが理解されるとともに、「敬語使用の西高東低」現象は、今日なお引き続き見られる地域差と言えよう。

　次にコラレルであるが、レル・ラレル形式は、全国では14.67％の回答であったが、東日本では6.93％、西日本では22.96％という違いがある。このレル・ラレル形式は、1952年に国語審議会が建議した「これからの敬語」において、「「れる」「られる」の型は、受け身の言い方とまぎらわしい欠点はあるが、すべての動詞に規則的につき、かつ簡単でもあるので、むしろ将来性があると認められる。」とあって、それ以降、現在まで日本語敬語の規範となる形式であると言っても過言ではない[5]。60数年前に政策決定され、学校教育を中心に普及に努めてきたレル・ラレル形式であるが、その使用において東日本6.93％、西日本

表 II. 2. 1　FPJD G-108「先生が<u>来る</u>（近所の知り合いの人にむかって）」における各形式の地域特徴

語形	全体 回答数	全体 割合	東日本（北海道を除く） 回答数	東日本（北海道を除く） 割合	西日本（沖縄を除く） 回答数	西日本（沖縄を除く） 割合	近畿 回答数	近畿 割合
クル	231	41.85	147	63.64	60	22.22	14	23.73
コラレル	81	14.67	16	6.93	62	22.96	14	23.73
キナサル	28	5.07	3	1.30	25	9.26	2	3.39
キハル	17	3.08			17	6.30	17	28.81
キャール	1	0.18			1	0.37	1	1.69
コラッシャル	7	1.27			7	2.59		
キサッシャル	1	0.18			1	0.37		
コラス	10	1.81			10	3.70		
キナル	15	2.72	1	0.43	14	5.19	5	8.47
キテ	16	2.90	3	1.30	13	4.81	2	3.39
キテヤ	12	2.17			12	4.44	5	8.47
キヤル	17	3.08	1	0.43	16	5.93		
コラル	7	1.27	1	0.43	6	2.22		
キラル	3	0.54	3	1.30				
キテクレル	20	3.62	10	4.33	10	3.70	3	5.08
イラッシャル	30	5.43	16	6.93	12	4.44	2	3.39
イラス	3	0.54	2	0.87	1	0.37		
オイデナサル	5	0.91	1	0.43	4	1.48	1	1.69
オンサル	2	0.36	2	0.87				
オイデニナル	26	4.71	14	6.06	10	3.70	3	5.08
オイデテクレル	2	0.36	1	0.43	1	0.37		
オイデル	40	7.25	12	5.19	28	10.37	2	3.39
オコシニナル	2	0.36	2	0.87				
ミエラレル	2	0.36	2	0.87				
ミエナサル	1	0.18			1	0.37		
オミエニナル	14	2.54	8	3.46	6	2.22	2	3.39
ミエル	28	5.07	17	7.36	10	3.70	1	1.69
ゴザル	14	2.54	9	3.90	5	1.85		
オジャル	4	0.72	3	1.30				
その他	28	5.07			5	1.85		
総計	670	121.38	276	119.48	338	125.19	74	125.42
回答地点数	552		231		270		59	

22.96％という明確な地域差のあることは、言語の受容や普及を考える上で重要であり、この背後にどのような地域社会の特性が作用しているのかが気になるところである。

　オイデルは、全国では7.25％の回答であったが、東日本では5.19％、西日本では10.37％という地域差があって、これもやはり西日本で使用頻度の高い形式である。ただ、よく似た形式であるオイデニナルは、全国で4.71％、東日本では6.06％、西日本では3.70％と状況が逆転する。東日本が優位な形式は、全国で5.43％、東日本で6.93％、西日本で4.44％のイラッシャル、全国で3.62％、東日本で4.33％、西日本で3.70％のキテクレル（テクレル）や全国で5.07％、東日本で7.36％、西日本で3.70％のミエルがある。なかでもミエルは言語地図からも理解されるように中部地方に根強い分布領域を持っている。

　このほか全国で5.07％、東日本で1.30％、西日本で9.26％のキナサル（ナサル）。全国で3.08％の回答であるが、東日本ではまったく使用されず西日本で6.30％、近畿地方で28.81％の回答のあるキハル（ハル）、全国で2.90％、東日本で1.30％、西日本で4.81％のキテ（テ）、全国で2.17％、東日本で0％、西日本で4.44％のキテヤ（テヤ）などは西日本、特に近畿地方やその周辺で濃厚に分布する形式でもある。

3. 場面による待遇表現形式の出現と運用の多様性

　先に示した図II.2.1はFPJD G-108に基づくもので、「近所の知り合いにむかって、ややていねいに言う」という場面設定で「先生が来る」と言うときの「来る」の表現を扱った。

　FPJDには、このほかにも第三者の待遇表現に関する調査項目がある。以下では、G-108「先生が来る（近所の知り合いの人にむかって、ややていねいに）」とG-109「先生が来る（自分の父親にむかって）」、G-110「先生が来る（親しい友達にむかって）」、G-111「父親が来る（親しい友達にむかって）」、G-112「友達が来る（親しい友達にむかって）」との調査結果を比較して、待遇表現形式の出現における場面差と運用の多様性について考えてみたい。

　図II.2.2は、G-109の結果に基づき、「自分の父親にむかって、「もうすぐ先生が来る」と言うとき、「先生が来る」のところをどのように言いますか。」という質問文で回答を得ている。目上の第三者を動作主体とした親族内上位場面での待遇表現を把握する目的で設定されたものである。回答形式の地域性については、

2章 日本語敬語の多様性とその変化

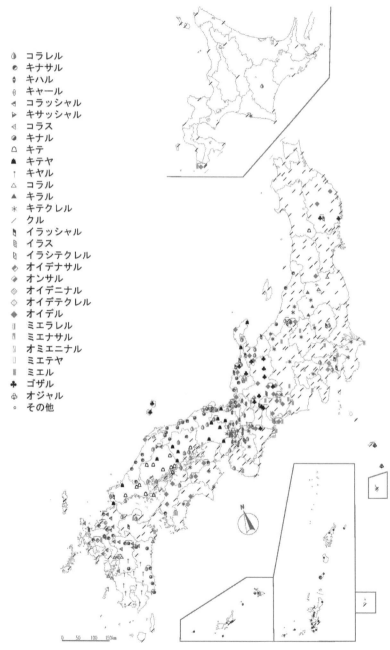

図 II. 2. 2　FPJD G-109「先生が来る（自分の父親にむかって）」

おおむね G-108（図 II. 2. 1）に近いが、G-108 に比べ場面の違いが反映してか敬語形式の回答が減少する傾向にある。注目されるのは、北海道や東北や関東を中心とした東日本、三重県や和歌山県といった紀伊半島沿岸部、徳島県、高知県といった四国太平洋沿岸地域のみならず、日本列島の広い範囲でクル（ゼロ形式）の回答が増加する点である。また鳥取県や岡山県などで使用されていたコラレル（レル・ラレル）が減少するとともに、G-108 ではミエル等が多かった大分県はG-109 ではこれがクルに、熊本県では G-108 でキナサル（ナサル）だった地点の多くがコラス（ス・ラス）等に変化していて、G-108 に比べて低い敬語形式の選択が行われていることがわかる。

図 II. 2. 3 は、G-110 の結果に基づき、「親しい友達にむかって、「もうすぐ先生が来る」と言うとき、「先生が来る」のところをどのように言いますか。」という質問文で回答を得ている。目上の第三者を動作主体とした下位場面での待遇表現を把握する目的で設定された項目である。分布状況は、G-109（図 II. 2. 2）に近いが、クル（ゼロ形式）が、G-108（図 II. 2. 1）・G-109（図 II. 2. 2）よりも増加する。特に東日本では、G-108 でイラッシャル、ミエル、キテクレル（テクレル）などを回答していたインフォーマントが G-110 ではクル（ゼロ形式）を回答するといったことが顕著と言える。もちろんこれは、親しい友人が話し相手という下位の場面設定によって、敬語形式を用いた回答が減少したためと考えられるが、こういった地域では「近所の知り合いの人」と「父親」、「父親」と「親しい友達」との間に場面による敬語形式出現の違いのあることがわかる。

一方西日本では、それほど回答語形に変化はなく、G-108 で敬語形式を伴う回答をしていたインフォーマントは、それと同じか待遇度をやや落とした形式の回答をしているようである。

図 II. 2. 4 は、G-111 の結果に基づき、「親しい友達にむかって、「もうすぐ自分の父親が来る」と言うとき、「自分の父親が来る」のところをどのように言いますか。」という質問文で回答を得ている。自分の父親（親族内上位）を動作主体とした下位場面での待遇表現を把握する。つまりこの項目は、自分の父親というウチの人間に対して、どのような待遇表現を行っているのかについて確認する項目である。表 II. 2. 2 からもわかるように全域でクル（ゼロ形式）が回答されている。つまり友人に対しても、身内である父親には、敬語形式を使用しないという人が 512 回答（92.75％）、およそ 90％の大部分であるということがわかった。ただ、これまでの研究から身内に対する敬語使用は西日本に顕著であると言われ

94　　2章　日本語敬語の多様性とその変化

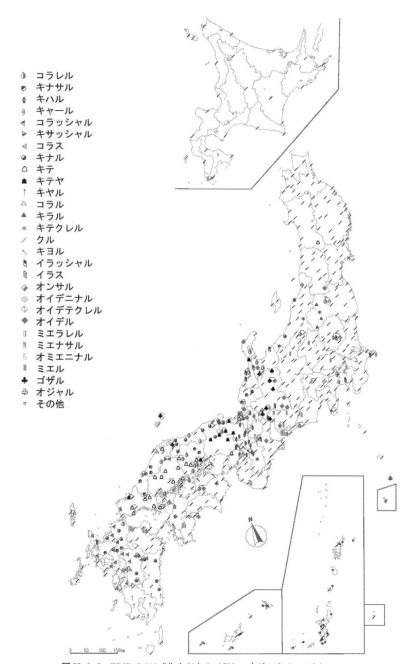

図 II. 2. 3　FPJD G-110「先生が<u>来る</u>（親しい友達にむかって）」

3. 場面による待遇表現形式の出現と運用の多様性　　95

図 II.2.4　FPJD G-111「父親が来る（親しい友達にむかって）」

表 II.2.2 場面による待遇表現形式の出現とその比率

語形	FPJD G-108 近所の知り合いの人に		FPJD G-109 先生が来る 父親に		FPJD G-110 先生が来る 親しい友達に		FPJD G-111 父親が来る 親しい友達に		FPJD G-112 友達が来る 親しい友達に	
	回答数	割合	回答数	割合	回答数	割合	回答数	割合	回答数	割合
コラレル	81	14.67	40	7.25	30	5.43			1	0.18
キナサル	28	5.07	26	4.71	16	2.90	2	0.36	1	0.18
キハル	17	3.08	17	3.08	15	2.72	2	0.36	3	0.54
キャール	1	0.18	1	0.18	1	0.18				
コラッシャル	7	1.27	6	1.09	5	0.91				
キサッシャル	1	0.18	1	0.18	1	0.18				
コラス	10	1.81	12	2.17	12	2.17	7	1.27	1	0.18
キナル	15	2.72	21	3.80	21	3.80	3	0.54	3	0.54
キテ	16	2.90	14	2.54	20	3.62	1	0.18	4	0.72
キテヤ	12	2.17	15	2.72	9	1.63	3	0.54	2	0.36
キタル							1	0.18	1	0.18
キヤル	17	3.08	16	2.90	18	3.26	9	1.63	5	0.90
コラル	7	1.27	8	1.45	6	1.09	2	0.36		
キラル	3	0.54	3	0.54	3	0.54				
キテクレル	20	3.62	27	4.89	7	1.27	1	0.18	1	0.18
クル	231	41.85	284	51.45	350	63.41	512	92.75	506	91.50
キヨル					8	1.45	5	0.91	25	4.52
イラッシャル	30	5.43	12	2.17	8	1.45			1	0.18
イラス	3	0.54	3	0.54	3	0.54	1	0.18	1	0.18
イラシテクレル			1	0.18						
オイデナサル	5	0.91	2	0.36						
オンサル	2	0.36	1	0.18	1	0.18	1	0.18		
オイデニナル	26	4.71	5	0.91	3	0.54				
オイデテクレル	2	0.36	1	0.18	1	0.18				
オイデル	40	7.25	26	4.71	14	2.54	1	0.18	3	0.54
オコシニナル	2	0.36								
ミエラレル	2	0.36	2	0.36	2	0.36				
ミエナサル	1	0.18	1	0.18	1	0.18				
オミエニナル	14	2.54	4	0.72	3	0.54				
ミエテヤ			1	0.18						
ミエル	28	5.07	22	3.99	20	3.62	2	0.36	5	0.90
ゴザル	14	2.54	16	2.90	9	1.63	2	0.36		
オジャル	4	0.72	2	0.36	1	0.18				
マイル							1	0.18		
その他	28	5.07	27	4.89	23	4.17	17	3.08	13	2.35
NR	3	0.54	2	0.36	2	0.36	2	0.36	2	0.36
総計	670	121.38	619	112.14	613	111.05	575	104.17	578	104.52
回答地点数	552		552		552		552		553	

3. 場面による待遇表現形式の出現と運用の多様性　　97

図 II. 2. 5　FPJD G-112「友達が来る（親しい友達にむかって）」

てきたが、そのことはこの G-111 の結果からも言えそうである。

近畿地方中央部には G-109（図 II. 2. 2）・G-110（図 II. 2. 3）と同じようにキハル（ハル・ヤハル）の使用やキタル（タル）、キヤル（ヤル）も回答されている。つまり身内に対する敬語使用を行う地域であることを示しているが、その回答数はきわめて少ない。九州地方の福岡県から長崎県にかけてのコラッシャル（シャル・サッシャル）や熊本県中部のコラル（ル・ラル）、鹿児島県のキヤル（ヤル）についても同じような傾向を示すが、使用の範囲は G-109・110 に比べて、かなり少ない。

身内に対する敬語使用は、一般的に「誤り」とする考え方がある。これは、現在の共通語が、東京を中心とした社会や文化の上に形成されていることに起因するが、そういった考え方に基づく敬語運用が全国各地に深く浸透していることがわかる。

図 II. 2. 5 は、G-112 の結果に基づき、「親しい友達にむかって、「もうすぐ友達の○○君が来る」と言うとき、「○○君が来る」のところをどのように言いますか。」という質問文で回答を得ている。この項目は、下位場面の待遇表現を把握することを目的としたものである。この調査結果では、ほぼ全域でクル（ゼロ形式）が回答されている。G-108（図 II. 2. 1）などでは九州に広く分布していたコラッシャル（シャル・サッシャル）やキヤル（ヤル）は、ほとんど見られなくなった。しかし、愛知県では、ミエル、大阪府や京都府、奈良県では、キヤハル等を含むキハル（ハル・ヤハル）といった上位形式の回答が見られる。一方、滋賀県や京都府、大阪府や兵庫県ではキヨル（ヨル）という下位形式の回答が見られる。中部以西の西日本では、他の地域に比べ、待遇表現形式のバリエーションが豊かで、場面や対象に応じた運用が可能な地域と言って差し支えないであろう。

4. 待遇表現形式の経年変化

ここでは、図 II. 2. 3（FPJD G-110「先生が来る（親しい友達にむかって）」）と GAJ 295/296 図「（あの先生は）行くのか（友達に）」を比較することで、30年間（GAJ：1979～1982 年、FPJD：2010～2015 年）の変化を考えてみる（表 II. 2. 3）。なお、GAJ では、「尊敬している先生のことを話題にして、「あの先生は、いつ東京へ行くのか」と友達に聞くとき、「行くのか」のところをどのように言いますか。」という質問文が用いられている。

なお、ここでは図 II. 2. 1 で扱った FPJD G-108「先生が来る（近所の知り合い

4. 待遇表現形式の経年変化

表 II.2.3 GAJ 295/296（1979〜1982 年）と FPJD G-108・G-110（2010〜2015 年）の経年比較

GAJ 295/296			FPJD G-108			FPJD G-110		
形式	回答数	比率	形式	回答数	比率	形式	回答数	比率
イク	414	52.60	クル	231	41.85	クル	350	63.41
イカレル	126	16.01	コラレル	81	14.67	コラレル	30	5.43
イキナサル	46	5.84	キナサル	28	5.07	キナサル	16	2.90
イカハル	21	2.67	キハル	17	3.08	キハル	15	2.72
イキハル	1	0.13						
イキャハル	2	0.25						
			キャール	1	0.18	キャール	1	0.18
イカッシャル	50	6.35	コラッシャル	7	1.27	コラッシャル	5	0.91
			キサッシャル	1	0.18	キサッシャル	1	0.18
イクマッシャル	2	0.25						
イカス	19	2.41	コラス	10	1.81	コラス	12	2.17
イキナル	17	2.16	キナル	15	2.72	キナル	21	3.80
イッテ	18	2.29	キテ	16	2.90	キテ	20	3.62
イッテヤ	5	0.64	キテヤ	12	2.17	キテヤ	9	1.63
イキャル	30	3.81	キヤル	17	3.08	キヤル	18	3.26
イカンス	4	0.51						
イキャス	4	0.51						
イカル	17	2.16	コラル	7	1.27	コラル	6	1.09
			キラル	3	0.54	キラル	3	0.54
			キテクレル	20	3.62	キテクレル	7	1.27
イキナレル	7	0.89						
オイキル	6	0.76						
						キヨル	8	1.45
イラッシャル	6	0.76	イラッシャル	30	5.43	イラッシャル	8	1.45
			イラス	3	0.54	イラス	3	0.54
オイデナサル	1	0.13	オイデナサル	5	0.91			
オンナサル	1	0.13						
			オンサル	2	0.36	オンサル	1	0.18
オイデニナル	23	2.92	オイデニナル	26	4.71	オイデニナル	3	0.54
オデンス	2	0.25			0.00			
			オイデテクレル	2	0.36	オイデテクレル	1	0.18
オイデル	33	4.19	オイデル	40	7.25	オイデル	14	2.54
オデヤル	2	0.25						
						イデテクレル	1	0.18
			オコシニナル	2	0.36			
			ミエラレル	2	0.36	ミエラレル	2	0.36
			ミエナサル	1	0.18	ミエナサル	1	0.18
			オミエニナル	14	2.54	オミエニナル	3	0.54
			ミエル	28	5.07	ミエル	20	3.62
ゴザル	2	0.25	ゴザル	14	2.54	ゴザル	9	1.63
オジャル	6	0.76	オジャル	4	0.72	オジャル	1	0.18
オデカケニナル	5	0.64						
その他	53	6.73	その他	28	5.07	その他	23	4.17
総計	926	117.66	総計	670	121.38	総計	613	111.05
回答地点数	787		回答地点数	552		回答地点数	552	

の人にむかって）」も併せて表示した。これは話し相手とする「近所の知り合いの人」「友達」の位置づけが、地域や個人によって必ずしも同じであるとは限らないと考えたためである。たとえばある地域社会では、地域共同体がなお健在で、その成員は子供の頃からお互いをよく知っている。「近所の知り合いの人」というのは、限りなく「友達」に近い「親しい話し相手」と位置づける社会もあれば、子供の頃からお互いをよく知っているが年齢階梯性が強く「友達」は「親しい話し相手」であるが、「近所の知り合い」は「それほど親しい話し相手ではない」とする社会もある。また、子供の頃からお互いによく知っているが「近所の知り合い」はもちろんのこと「友達」であっても「それほど親しい話し相手ではない」と考える社会も存在する。そういった日本各地に存在する地域社会の特質は、実際に現地に赴きそこで調査をした研究者にしかわからず、方言研究者のみが感じ、考察に際して用いることのできる情報だと考えたことによる。

　GAJ 295/296 図「先生が行く（親しい友達にむかって）」と FPJD G-110「先生が来る（友達にむかって）」（図 II. 2. 3）を比較する。GAJ 295/296 図では、イク（ゼロ形式）は 52.60％であるのに対して、FPJD G-110（図 II. 2. 3）ではクル（ゼロ形式）は 63.41％である。また GAJ 295/296 図ではイカレル（レル・ラレル）は、16.01％であるのに対して、FPJD G-110（図 II. 2. 3）ではコラレル（レル・ラレル形式）は 5.43％である。つまり、単純に比較するとこの 30 年で「ゼロ形式」の回答が増加し、「レル・ラレル形式」の回答が減少したことになる。その他の形式については、たとえば GAJ 295/296 図ではイキハル・イカハル・イキャハル（ハル・ヤハル）は、3.06％であるのに対して、FPJD G-110（図 II. 2. 3）ではキハル（ハル・ヤハル）は 2.72％でほとんど変化がない。ただ、GAJ 295/296 図でイキナサル（ナサル）は、5.84％であるのに対して、FPJD G-110（図 II. 2. 3）ではキナサル（ナサル）は 2.90％とわずかながら減少するものもある。また GAJ 295/296 図のイキナル（ナル）2.16％が、FPJD G-110（図 II. 2. 3）ではキナル（ナル）は 3.80％、GAJ 295/296 図のイッテ（テ）は、2.29％であるが FPJD G-110（図 II. 2. 3）ではキテ（テ）3.62％。GAJ 295/296 のイッテヤ（テヤ）は、0.64％であるが G-110 はキテヤ（テヤ）1.63％のような微増したものもある。このほか、動詞「イク」では使用されなかったミエルやキテ（＋クレル）等の回答もあった。

　GAJ 295/296 図と FPJD G-110（図 II. 2. 3）の比較の結果、大きくはこの 30 年で「ゼロ形式」が増加し、「レル・ラレル形式」が減少したことがわかった。

この要因を早急に導き出すことは困難である。ただ FPJD G-108「先生が来る（近所の知り合いの人にむかって）」（図 II. 2. 1）のクル（ゼロ形式）は 41.85 % で、GAJ 295/296 図のイク（ゼロ形式）52.60 % と比べると大きく減少しているといった状況にある。そこで FPJD G-108 も加えてあらためて考えてみることで、その理由の一端をのぞいてみたい。

　FPJD G-108（図 II. 2. 1）のコラレル（レル・ラレル）は 14.67 % で GAJ 295/296 図のイカレル（レル・ラレル）は 16.01 % と、この 30 年の調査結果に変化はない。ただ、FPJD G-108（図 II. 2. 1）のイラッシャルは 5.43 % で GAJ 295/296 図のイラッシャルは 0.76 % であって、「レル・ラレル」には変化はないが、イラッシャルは増加していて、確実に共通語形式の敬語形式が増加していることがわかる[6]。つまり上位場面では着実に権威ある敬語形式の使用が拡大していることがわかる。したがって FPJD G-108（図 II. 2. 1）と GAJ 295/296 図のゼロ形式の増加やレル・ラレル形式の減少は、調査時インフォーマントが「親しい友達」と「友達」といった場面差や「（尊敬する）先生」と「先生」といった対象の違いに反応して形式の使い分けをしたこと、また、使い分けをすることを社会規範とする個別地域の特性の有無が背後にあったことによるのではないかと考えた。というのも GAJ 295/296 図のイカハル・イキハル・イキャハル（ハル・ヤハル）は 3.06 %、FPJD G-108（図 II. 2. 1）のキハル（ハル・ヤハル）は 3.08 % であり、FPJD G-110（図 II. 2. 3）のキハル（ハル・ヤハル）は 2.73 % でほとんど差異はなく、「近所の知り合いの人」と「友達」で選択した形式に使い分けや変化がない。ハル・ヤハルの回答は近畿地方中央部に限られるものであって、この地域には、京都や奈良の都市部のように「近所の知り合いの人」や「友達」にもていねいで正しい言葉遣いを心がける社会も存在する。そういった個別地域の特性が場面による使い分けに影響を及ぼしているように思う。

5. むすび―待遇表現形式使用の地域差とその変化―

　本章では、FPJD の G-108「先生が来る（近所の知り合いの人にむかって、ややていねいに）」、G-109「先生が来る（自分の父親にむかって）」、G-110「先生が来る（親しい友達にむかって）」、G-111「父親が来る（親しい友達にむかって）」、G-112「友達が来る（親しい友達にむかって）」の調査結果をもとに言語地図を作成するとともに、各項目の調査結果を比較・対照させ、場面における待遇表現形式の出現と運用の多様性について考えてみた。

102　2章　日本語敬語の多様性とその変化

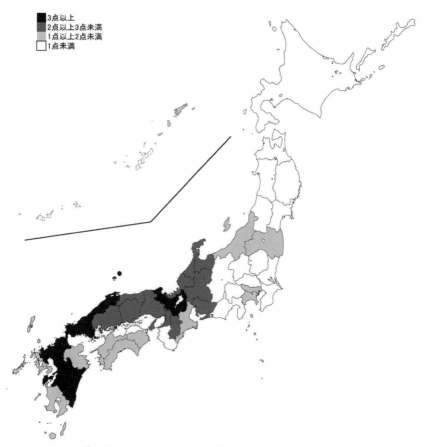

図 II. 2. 6　FPJD G-108〜G-112「来る」5項目都道府県別点数化

　図 II. 2. 6 は、FPJD G-108〜G-112 の地点ごとの回答数を集計し、都道府県単位での回答数の平均値を示したものである。以下では本図をもとに待遇表現使用の地域差についてさぐってみたい。

　1点未満の地域は、北関東や東北、千葉県から静岡県、和歌山県などの太平洋沿岸や山梨県や長野県といった東日本に多いことがわかる。東日本の中では東京都や神奈川県、福島県や新潟県に1点以上2点未満の都県があるが、東日本はおおむね低調であると言える。一方、3点以上の地域は、滋賀県や京都府といった近畿地方、島根県や山口県といった山陰を中心とした中国地方、福岡県や熊本県、宮崎県といった九州地方であり、2点以上3点未満は岐阜県や富山県以西の

西日本にしか存在せず、明らかに日本語の敬語運用は東日本に比べ西日本で盛んであることがわかる。かつて加藤（1973）などによって終助詞使用と命令・依頼の場合以外に敬語の枠がゼロである無敬語地域は、東北から静岡県にかけての太平洋側と紀伊半島南部や四国であると報告されていたが、本図から、今なおそれに準じた敬語運用のなされていることがわかる。したがって、こういった傾向から、30年というタイムスパンで観察した場合、つまり1990年代以降に急速に進行した産業構造の変化や都市部への人口移動、少子高齢化や格差社会の進行といった社会構造の変化が老年層を対象とした今回の調査からは把握できず、大きな変化がなかったとも言える。

先にも触れたが、国語審議会は1952年に「これからの敬語」を建議し、民主主義国家にふさわしい敬語のあり方を国民に示したが、レル・ラレル型は受け身の言い方とまぎらわしい欠点はあるが、すべての動詞に規則的につき、かつ簡単でもあるという理由からこれを推奨した。しかしながら60余年を経た今日においてもなお、これが定着していない地域社会もある。敬語形式の有無や新しい敬語形式の受容においては、言語外要因の影響を大きく受けることが想像されるが、それを誘因する言語外要因を見いだし、関連づけることは容易ではない。また、日本列島のすべての地域が同質の言語外要因によって敬語形式を変容させるとは限らない。

今回、大西拓一郎氏をリーダーとする国立国語研究所の大規模プロジェクトのメンバーに加えていただき、日本列島全域をカバーする最新の言語動態データに触れることができたが、敬語形式の受容、特に無敬語からレル・ラレルといった敬語形式の受容すなわち無敬語から有敬語への変化は単なる言語形式の受容や交代ではなく、地域社会における言語システムの変容といった観点で把握しないとその実態把握につながらないという思いをあらためて感じた。つまり長く無敬語という言語システムをとってきた社会では、無敬語という言語システムを保持することで安定した地域共同体が維持されてきたのであって、そこに外部から上下や親疎、ウチやソトといった関係性に基づいた言語運用システムが持ち込まれ、それが浸透していくと、それまでの共同体内の関係性が変わり、また同時にそれまでの共同体の形態もどうしても変わらざるを得なくなる。したがって共同体が安定して維持されている地域では、敬語や敬語運用システムは「外部」であり、容易に受け入れることはできないと思った。

言語は社会の変動期に大きく変化する。しかしながら無敬語から有敬語といっ

た変化は、敗戦から高度経済成長期といった戦後日本社会の大きな変動期や第二の敗戦と言われたバブル崩壊以降の日本社会の変動期にもそのシステムを変える大きなインパクトとなることはなかった。

　敬語の変化を、地域共同体における内部と外部の関係で見通すことで、これまで気がつかなかった事実が見えてくる。今後は、GAJ や FPJD といった全国調査の結果を地点特性との関係から再分析し、言語形式の変化と社会の変化の関係について、より高次な解釈にあたりたいと考えている。

注

1　1952 年の第 1 次上野市調査の報告は、おもに国立国語研究所（1957）に記載されているが、この中には学歴や階層の上位者ほど、目下の人や年下の人に対して敬語を使うことに抵抗があり、相互尊重の規範意識に対して否定的であったことがわかっている。一方、筆者らが 2011 年から 2013 年に実施した第 2 次調査では階層による言語意識に大きな違いがないとともに、近畿地方中央部で使用される敬語形式が使用されていて、この 60 年余での当該地域の敬語意識や使用される形式の変容がわかった。

2　総務省労働力調査（厚生労働省 2015）によれば、2014 年の役員を除く雇用者 5240 万人のうち、正規の職員・従業員は、前年に比べ 16 万人減少し、3278 万人。非正規の職員・従業員は 56 万人増加し、1962 万人である。

3　厚生労働省の調査（厚生労働省 2013）では、日本の相対的貧困は 2012 年の時点で 16.1%であり、データが存在する 1985 年以降、1991、1994、1997、2000、2003、2006、2009、2012 年という 3 年ごとの調査の中でもっとも高い数値となっている。日本は、先進国と呼ばれている 30 か国中、メキシコ、トルコ、アメリカに次いで、相対的貧困率が 4 番目に高い。

4　使用したデータは、2015 年 5 月末を基準にして、データの集計時点で最新のものへの変更を加えたため若干の異同がある。見出し語の分類については、GAJ 解説を参考にした。GAJ は「行く」、FPJD は「来る」と動詞は異なるが、同じ助動詞は、同一の記号で表すとともに、できるだけその分類や表記のスタイルに沿った。なお、ここでは、第三者の行為に対する待遇表現の把握を目的しているため「デス」「マス」等について考察外とした。

5　国語審議会は、1952 年に「これからの敬語」を文部大臣へ建議した。ここには、「敬語の問題は単なることばの上だけの問題でなく、実生活における作法と一体をなすものであるから、これからの敬語は、これからの新しい時代の生活に即した新しい作法の成長とともに、平明・簡素な新しい敬語法として健全な発達をとげることを望むしだいである。」と記され、戦後民主主義国家の国語にふさわしい敬語について政策提言している（「第 1 期国語審議会概要」(http://kokugo.bunka.go.jp/kokugo_nihongo/joho/kakuki/01/gaiyo.html) より）。

6　ここで言う共通語形式とは、東京を中心とした首都圏の用法を指す。なお、注 4 にも記した動詞の異なりにも注意が必要である。

文 献

加藤正信（1973）「全国方言の敬語概観」林　四郎・南　不二男編『敬語講座6　現代の敬語』明治書院

厚生労働省（2013）「II 各種世帯の所得等の状況　7．貧困率の状況」『平成25年国民生活基礎調査の概況』（http://www.mhlw.go.jp/toukei/saikin/hw/k-tyosa/k-tyosa13/dl/03.pdf）

厚生労働省（2015）『労働力調査（詳細集計）　平成26年（2014年）平均（速報）結果』（http://www.stat.go.jp/data/roudou/sokuhou/nen/dt/）

国立国語研究所（1957）『敬語と敬語意識』秀英出版

国立国語研究所編（2006）『方言文法全国地図6』国立印刷局

3
推量表現形式の分布とその変化
―地域共通形式への収斂と脱推量形式化―

舩木礼子

1. はじめに―推量表現形式の分布概況―

　「たぶん行くだろう」の「だろう」に相当する推量表現の形式は、文法体系に欠かせない要素であると同時に、方言区画などを考える上で重要な指標となっている。「イクヤロー」や「イクジャロー」だけでなく、「イクベー」「イクゴッタ」「イクノーワ」「イクロー」「イキュルパジ」など各地に目立つ形式があり、一定の分布域が存在する。

　推量表現に用いられる形式の全国分布をまとめた地図には、『方言文法全国地図』（GAJ）第3巻（国立国語研究所編 1994）の112・113・114・142・149図、および第5巻（国立国語研究所編 2002）の237〜240図がある（以下、GAJ 237図のように呼ぶことにする）。これらの地図は1925年以前生まれの男性（調査当時60歳以上）に対して、1979年から1982年にかけて807地点で実施された調査の結果からなっている。ここから約30年を経た2010年、国立国語研究所の共同研究プロジェクト「方言の形成過程解明のための全国方言調査」（以下、FPJD）が動きだし、再び全国の方言調査がなされた。554地点において、主として1940年以前生まれの男性（70歳以上）に実施されたこの調査の結果は、30年前のGAJとの比較から何を教えてくれるだろうか。

　まず、推量表現「行くだろう」についてGAJとFPJDを経年的に比較したい（図 II. 3. 1、II. 3. 2）。質問文はどちらも「友達から、「あの人は今日役場に行くだろうか」と聞かれ、迷いながら「たぶん行くだろう」と答えるとき、どのように言いますか。」で、「行くだろう」の部分についての言い方を尋ねている。図II. 3. 1、II. 3. 2では、この質問への回答のうち推量表現形式に注目して示し、否定疑問形式（「イクンジャナイカ」や「イクンチャウカ」など）や「〜と思う」による形式、「〜かもしれない」の類などは捨象した。ここで捨象した形式群については4節で触れることにしたい。

1. はじめに―推量表現形式の分布概況―

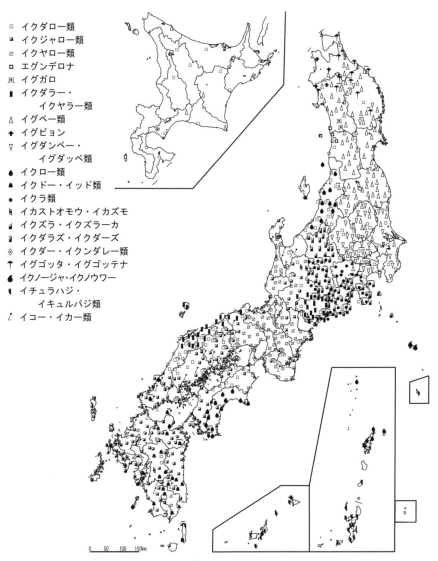

図 II. 3. 1 GAJ 237 図「行くだろう」の推量表現形式の分布

　図 II. 3. 1（GAJ 237 図）と図 II. 3. 2（FPJD G-083）を比較したところ、主だった推量表現形式のまとまった分布は、30 年間で大きくは変わっていないことがわかる。

108   3章 推量表現形式の分布とその変化

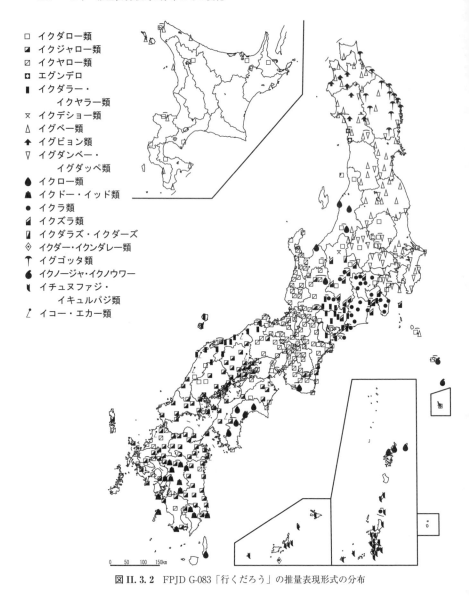

図 II.3.2 FPJD G-083「行くだろう」の推量表現形式の分布

　動詞終止形接続の-ダロー類、-ジャロー類、-ヤロー類の分布は中部以西が中心で、このうち「イクダロー」は関東地方や新潟県にも広がり、愛知県と山陰地方には「イクダラー」、秋田県の由利地方には「イクデロ」もある。ただし図

1. はじめに―推量表現形式の分布概況―

II. 3. 1の由利地方山間部にはこの「イクデロ」とともに「イグガロ」（形容詞の推量形式から-カローが独立し、動詞に後接するようになったものか）があったが、図II. 3. 2ではなくなっている。東日本に広がる「イグベー」や関東にみられる「イクダンベー」「イクダッペ」はその領域に大きな変化はない。ただ、図II. 3. 2で「イグゴッタ」が岩手県を中心にやや増え、秋田県では「イグビョン」が県中部にも見えるようになった。長野・山梨・静岡県のあたりには、動詞終止形接続の-ラ類と-ズラ類が混在している。新潟県と高知県、および奄美地方などの鹿児島県島嶼部には「イクロー」が、また九州南部には「イクドー」「イッド」がある。琉球列島には「イチュラハジ」「イキュルパジ」「イチュヌファジ」の類がある。八丈島・青ヶ島には「イクノージャ」「イクノウワー」の使用が維持されている。

こうした主だった推量表現形式の分布が大きくは動いていない反面、変化も見え隠れしている。やや大きな変化としては、意志表現と同じ形式の、動詞未然形＋ウに由来する「イコー」類の減少が挙げられる。図II. 3. 1では中国・九州・北陸にまとまって出現していたが、図II. 3. 2では点在する程度にまで減っている。推量表現に推量専用の形式を使うという変化がさらに進み、意志・勧誘・推量にまたがって多義的に使われていた形式「イコー」は結果的に用法が意志および勧誘だけに狭められたと言ってよい。

細かい変化としては、近畿中心だった-ヤロー類が東西に領域を広げている、-ヤロー使用地域の拡大が挙げられる。ダロウ型の推量形式の使用状況には大きな変化はないのだが、北九州には図II. 3. 1にほとんどなかった-ヤロー類が図II. 3. 2では登場しており、また岐阜県東部は図II. 3. 1では-ダロー類もしくは-ダラズ類の使用地域であったが、西から-ヤラー類が広がっているようである。

また、併用形の多かった静岡県内にさらに併用形として「イクダラー」が参入し、伊豆半島では「イクベー」が消えていることも注目される。ここから、東日本的要素と西日本的要素の接触地帯の一つである静岡県において、東日本的な-ベー類が消滅する方向に変化が進んでいることが見て取れる。

さらに、新潟県や山口県長門地方、島根県石見地方、大分県の-ロー類や-ド類がかなり減っている。

そこで、本章ではまず次の2点に注目して分析を進めたい。
- 静岡県における推量表現形式の分布から何がわかるか（2節）
- -ロー類の衰退の理由は何か（3節）

それぞれ他の形式との関係や部分体系の中でどのような変化が進んだのかを考える。

また否定疑問形式や-トオモウ型の表現などの「推量表現」ではない形式の使用については、4節で推量表現形式との関係とともに考えたい。

2. 静岡県における推量表現形式の分布

2.1 静岡県内の-ダラー類の増加

GAJとFPJDを比較すると、静岡県内の「イクズラ」は分布が減り、代わりに「イクダラー」または「イクダラ」が増えている。山梨県・長野県には-ダラー類がほとんどないので、ここでは静岡県に焦点を絞って考察する。

静岡県で-ダラー類が増えていることについては、大西（2014）が、名詞述語推量に注目して「（名詞）ズラ」から「（名詞）ダラ」へと置き換わっていることを報告している。愛知県および浜名湖近辺と長野県南部に分布していた「（名詞）ダラ」が、FPJDでは静岡県方面へ東進し、飛び火的に由比町や沼津市にまで広がっていること、そしてもともとあった「（名詞）ズラ」が使われなくなっていることが指摘されている。そしてこうした「（名詞）ダラ」拡大の原因として、図II.3.3に示すような図式、つまり接続の整合性（単純化）を挙げている。

ここで注目したいのが、動詞述語推量にどの形式を使っているかである。静岡・山梨・長野県一帯では、動詞述語推量の場合に「行くラ」と「行くズラ」で意味的対立がある。前者が「行くだろう」相当、後者は「行くのだろう」相当だと言われる（図II.3.4）。

当然、-ダラ類は名詞述語推量だけでなく、-ズラ類を使う動詞述語推量にも及んでいるはずである。そこでGAJの240図「雨だろう」、237図「行くだろう」、

	言い切り	推量
動詞：	行ク	行クラ
形容詞：	寒イ	寒イラ
名詞：	雨ダ	雨ズラ → 雨ダ 雨ダラ

図II.3.3 ズラからダラへ（大西2014より、一部を筆者が改変）

名詞述語推量 / 動詞述語推量
雨ズラ・雨ダラ ／ 行クラ（行くだろう）
行クズラ・行クダラ（行くのだろう）

図II.3.4 ズラ・ダラ・ラの関係

238図「行くのだろう」と、FPJDのG-082「先生だろう」、G-083「行くだろう」、G-084「行くのだろう」を、「ダラ」の有無と名詞述語推量／動詞述語推量の区別に注目して総合してみる（図II. 3.5）。

図II. 3.5では、●や■などの黒く塗りつぶされた記号は動詞述語推量に-ラ類を持つ、名詞述語推量と動詞述語推量の形式上の区別があるところである。一方□や△などの白抜きの記号は名詞述語推量と動詞述語推量の両方にまったく同じ推量表現形式が用いられている、形式上の区別がないところである。また四角形の記号は-ダラー類が使われている地点、丸形や蝶形は-ダラー類がない地点である。凡例の（ ）内に挙げた形式は、その形式の有無が地点によって異なっているのだが、ここでは捨象して分類していることを示している。なお、併用されている-ダロー類や否定疑問形式などは、この図には反映させていない。

四角形の記号の分布を見ると、愛知県側から-ダラー類が静岡県西側に徐々に伝播し、由比町や沼津市、御殿場市には飛び火的に伝播していることがわかる。一方で、塗りつぶされた記号に注目すると、静岡県内は由比町と御殿場市以外はほとんど●や■で、まだ名詞述語推量と動詞述語推量の形式上の区別が保たれていることも見えてくる。

(a) 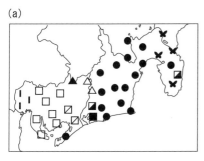 (b)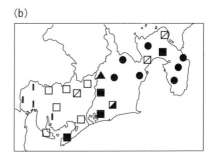

《凡例》　　名詞述語推量形式　　／　動詞述語推量形式
　　✘　ズラ（・ダンベー）　　／　ラ・ズラ・ベー（・ダンベー）
　　●　ズラ　　　　　　　　　／　ラ・ズラ
　　◧　ズラ（・ダラー）　　　／　ラ・ズラ・ダラー
　　■　ダラー（・ズラ）　　　／　ラ・ダラー
　　▲　ダラズ・ズラ・ダラ　　／　ラ・ダラズ・ズラ・ダラ
　　△　ダラズ（・ズラ・ダラー）／　ダラズ・ダラー（・ズラ）
　　◨　ダラー・ズラ　　　　　／　ダラー・ズラ
　　□　ダラー（ジャラー）　　／　ダラー（ジャラー）
　　｜　その他（ダローなど）　／　その他（ダローなど）

図II. 3.5　(a) GAJ 237・238・240図総合図、(b) FPJD G-082・G-083・G-084総合図

2.2 静岡県での推量表現形式の変化の段階

図II.3.5から、「行くだろう」と「行くのだろう」の意味的対立を担わない愛知県側の−ダラー類が徐々に東に伝播する過程で、静岡県や愛知県では次のような変化が進んでいったと考えられる。

① −ダラズ類の衰退、推量の−ベー類の衰退
② −ダラー類の流入、−ズラ類から−ダラー・ダラ類への置き換え
③ a. −ラ類対−ズラ類が「だろう」対「のだろう」の関係を失う
   b. −ズラ類が準体助詞に後接するようになる

まず①については、伊豆半島の−ベー類や愛知・静岡・長野県境地域の−ダラズ類の衰退によって、静岡県という地域的まとまりの中で地域共通語的な地位のある推量表現形式が−ラ・ズラ類に収斂していく前提となる段階だととらえられる。FPJDでは、伊豆半島の−ベー類は推量には使われない、意志・勧誘表現に狭まったものとなっており、−ダラズ類は静岡県内では西部の水窪町（現在は浜松市天竜区に含まれる）に出現するだけであった。

次に、西から徐々に−ダラー類が流入し、この−ダラー類またはこれが短く発音された−ダラ類が−ズラ類に取って替わる②の段階があったと考えられる。大西(2014)の指摘する接続の単純化も、名詞述語推量においてはこの変化が進む大きな要因だっただろう。この段階では、静岡県内で名詞推量を−ズラ類から−ダラ類に、動詞推量を−ラ類と−ズラ類の対立関係ではなく−ラ類と−ダラ類の関係にすること、つまり−ズラ類を機械的に−ダラ類に置き換えることが起こったと思われる。静岡県西部や沼津市がこの段階にあると言えそうだ。地点によっては−ズラ類と−ダラ類を併用しているが、動詞述語推量に「だろう」相当の−ラ類が保たれている限りは、−ズラ類でも−ダラ類でも構わない。

静岡県内の−ズラ類から−ダラ類への置き換えが進んだ後、③の段階として、動詞述語推量における「だろう」相当の−ラ類と「のだろう」相当の−ズラ・ダラ類という対立関係が消失し、−ダラ類や−ズラ類が「だろう」相当の形式として用いられるようになる段階があると考えられる。このようになった−ズラ類には準体機能がないため、−ズラ類が準体助詞「ン」や「ガ」などに後接するようになる。図II.3.5(a)（GAJ）では藤枝市や静岡市小鹿、図II.3.5(b)（FPJD）では伊豆半島の松崎町に「準体助詞＋ズラ」の回答が見える。また−ダラ類や−ズラ類が愛知県側の−ダラー類や全国共通語の「だろう」相当のものとなれば、動詞に直接つく「だろう」相当の−ラ類を保持する必然性がなくなる。静岡県の由比町や御

殿場市はこの段階にあるのではないか。さらに言えば、この-ラ類が消えた段階では、名詞述語推量にも動詞述語推量にも同じ形式が使われることになるので、-ダラ類が名詞述語推量／動詞述語推量の区別なく使える汎用的な推量表現形式と認識されるようになるだろう。

つまり、愛知県から静岡県にかけての東海地域で起こったのは、まず-ラ類と-ズラ類が静岡県内の地域共通形式としての地位を獲得するという、地域形式の収斂である。次いで、愛知県・静岡県西部の-ダラー・ダラ類が静岡県東部に波及して-ズラ類に置き換わっていく形式の交替が起こり、さらに、-ダラ類が名詞述語推量／動詞述語推量の区別なく使える汎用的な形式として浸透し始めたと言えそうだ。

ただ、①の段階として述べたように、動詞に直接つく-ラ類は静岡県内での地元方言意識が強い。-ダラ類の流入によってすぐに名詞述語推量／動詞述語推量の形式上の区別が失われるとは思われず、しばらくは-ラ類と-ズラ類、もしくは-ラ類と-ダラ類が、対応関係を保ったまま静岡県域の地域共通形式として使われていくのではないだろうか。

3. -ロー類の衰退

3.1 -ロー類の分布の変化

先の図II. 3.1 (GAJ)、図II. 3.2 (FPJD) を比較すると、「イクロー」「イッド」「イクラ」などの動詞に直接後接する-ロー類、-ド類、-ラ類（以下,「-ロー・ド・ラ類」「-ロー・ド類」のように呼ぶ）には、使用範囲に大きな変化がない地域（東海・甲信、高知県、奄美）がある一方で、やや減った地域（九州西南部）、大幅に減った地域（新潟県）、ほとんど使わなくなった地域（島根・山口・大分・宮崎県）のあることが注目される。こうした-ロー・ド類の衰退している地域では、何が-ロー類や-ド類の存続を阻んだのだろうか。

次に示す図II. 3.6は、GAJ 237図「行くだろう」・112図「書くだろう」とFPJDのG-083「行くだろう」の-ロー・ド・ラ類の分布を比較したものである。

図II. 3.6の-ロー・ド・ラ類の回答があった地点の分布は、ある時期までは近畿を同心円の中心とする波状的な伝播（周圏分布）があったと解釈できるが、黒く塗りつぶした記号の分布域（FPJD）からは調査地点の密度のことを差し引いても、-ロー・ド・ラ類が減っていることが見て取れる。特に島根県西部（石見地方）・山口県日本海側（長門地方）、大分県、宮崎県のあたりで-ロー・ド類が

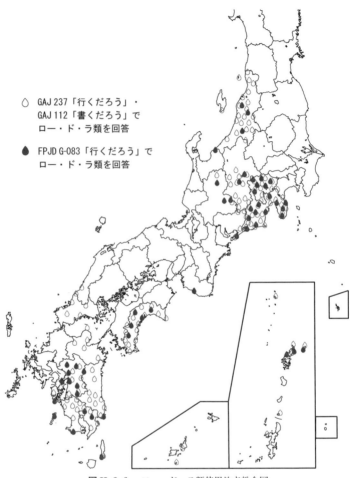

図 II.3.6 −ロー・ド・ラ類使用地点総合図

消え、新潟県でも回答地点がかなり少なくなっている点が注目される。

　−ロー・ド類が減っている・消えている地域では、隣接地域で用いられるダロウ型の推量形式（「ヤロー」「ジャロー」など）やその他の形式（否定疑問形式やトオモウ型など）への取り替えが生じている。特に、GAJ において−ロー類が使われていたこれらの地域は、ダロウ型推量形式や動詞未然形＋ウ型の推量形式（「イコー」など）との併用が多かった地域である。このため、こうした併用が見られる地域では、バリエーションが淘汰される際に、近隣の地域共通語として優勢であるダロウ型のものを取り入れるか、その他の表現形式（否定疑問形式な

3.2 -ロー類が衰退した理由

　図II.3.7はGAJ 116図「行かないだろう」のうち、「イカンロー」「イカンドー」「イカンラ」などの-ロー・ド・ラ類に注目し、合わせて「イグメー」「イクマー」などのマイ類を示したものである。その他の「イカナイダロー」や「イカンヤロ」「イガネーベ」などの形式は捨象している。

　この図II.3.7を見ると、先の図II.3.2や図II.3.6で確認したとおり、東海・甲信、高知県、九州西南部などFPJDでも-ロー・ド・ラ類が使い続けられている地域の多くは、30年前のGAJの時点で-ロー・ド・ラ類が否定辞に後接するようになっていたことがわかる。一方で、島根県石見地方・山口県長門地方には否定辞+ローがなく、大分県でも否定+ローは少なく、ほとんどマイ類によって否定推量を表していることが見て取れる。否定推量表現にマイ類が使われ続けたことで、-ロー・ド類が否定辞に後接するという接続の単純化が遅れたのではないか。

　また図II.3.8は、GAJ 142図の形容詞述語の推量形式「高いだろう」について、-ロー・ド・ラ類と形容詞カリ活用未然形+ウ型の形式類について示したものである。この図II.3.8でも、FPJDで-ロー類が消えた島根県石見地方・山口県長門地方・大分県はGAJの時点で形容詞終止形+ロー・ド・ラ類のパターンが優勢になっていなかったことがわかる。これに対し、GAJですでに形容詞終止形+ロー・ド・ラ類の接続が成立していた地域では、新潟県を除き、FPJDでも-ロー・ド・ラ類が使われ続けていると言える。

　形容詞述語は動詞述語とは違ってそもそも意志・勧誘表現になり得ないので、動詞述語のように推量表現と意志・勧誘表現の形式を分ける必要がなく、したがって推量表現の専用形式の必要性が希薄である。このため動詞述語推量（図II.3.1）よりも「タカカロー」などの未然形+ウ類の回答域が広い。島根・山口県や大分県では、形容詞述語推量でこの未然形+ウ類が使われ続け、-ロー・ド類が形容詞終止形に接続するようにはならなかったと説明できるだろう。

　島根県石見地方・山口県長門地方、大分県で-ロー・ド類が消えつつある理由は、①汎用的になっていなかったこと、②主要形式として選択されなかったこと、この2点に集約できる。

　もともと-ロー・ド・ラ類は汎用的でない形式だったが、高知県や九州西南部などの各地では徐々に接続の単純化、接続の可能な要素の拡大（否定辞や形容詞

116　3章　推量表現形式の分布とその変化

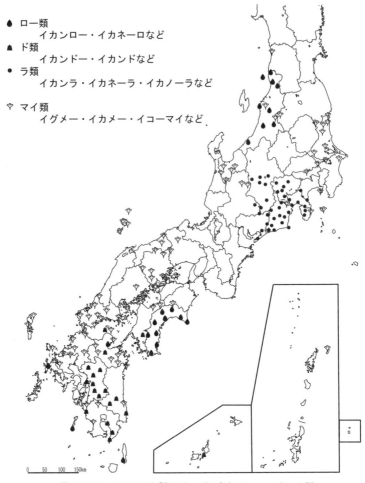

図 II. 3. 7　GAJ 116図「行かないだろう」の-ロー・ド・ラ類

終止形への接続など）が段階的に進み、推量表現の部分体系における専用形式になっていったと考えられる。これに対し、島根・山口・大分県などの地域では、GAJ の時点で-ロー類が動詞述語推量（や動詞過去推量）には使えたが、動詞否定推量や形容詞述語推量には使えない状態であった。このため、これらの地域では推量表現の部分体系において-ロー・ド類が専用形式になりにくかった。その結果、他の形式が主要な推量表現形式となり、併用形としての-ロー・ド・ラ類が廃れていったと考えられる。さらに、-ロー・ド・ラ類を使用する地域の隣接

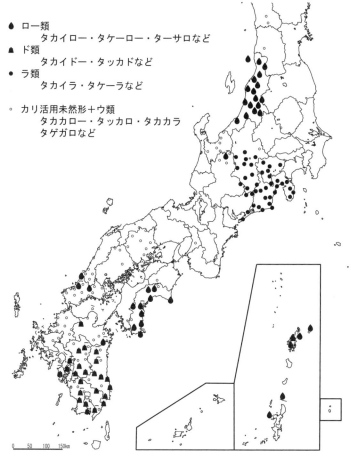

図 II. 3. 8　GAJ 142 図「高いだろう」の-ロー・ド・ラ類

地域はダロウ型の推量形式（-ダロー、-ダラー、-ジャロー、-ヤロー等）を使用しており、隣接地域のダロウ型の形式が優勢形式として入り込みやすかったとも言える。

　これらのことを裏返せば、-ロー・ド・ラ類の接続が単純化し、どのような述語要素にでも後接できるものになっていれば、-ロー・ド・ラ類は名詞述語推量以外は前接要素に制限のない推量表現形式と見なせるようになり、主要な形式として残りやすくなったと言えそうだ。ダロウ型をおもに使う地域では図 II. 3. 9 のように「名詞＋デアロウ」から-ダロー類を析出し、この-ダロー類に推量表現

名詞述語推量	名詞＋デアロウ類 →	名詞＋ダロー類
動詞述語推量	未然形＋ウ類 →	終止形＋ダロー類
動詞否定推量	マイ類 →	否定辞＋ダロー類
形容詞述語推量	未然形＋ウ類 →	終止形＋ダロー類

図 II.3.9　ダロウ型推量専用形式への統一の過程

動詞述語推量	終止形＋ロー類	
動詞否定推量	マイ →	否定辞＋ロー類
形容詞述語推量	未然形＋ウ類 →	終止形＋ロー類
名詞述語推量	名詞＋デアロウ類 →	名詞＋ヂャロー・ジャロー・ヤロー類

図 II.3.10　-ロー・ド・ラ類推量専用形式への統一の過程

の部分体系内の形式をそろえていったのに対し、-ロー・ド・ラ類の優勢な地域では、図II.3.10のように推量専用形式に「ロー」「ド」「ラ」を据え、これに統一していったわけである。

　以上のことをまとめよう。ラム由来の-ロー・ド・ラ類はある時期までは近畿を同心円の中心とする波状的な伝播（周圏分布）があったと思われる。ただし各地で部分体系の整理が進む中、少なくともGAJの段階で推量形式の統一、淘汰が進んでいなかった地域の-ロー・ド類は、ダロウ型の形式に取って代わられ、FPJDまでに使われなくなっていった。30年前の山口県北東部・島根県石見地方、大分県には、静岡県の「ラ」や高知県の「ロー」のような、推量形式として代表的な一形式が推量表現体系の全体にわたって使われるという状況がなかったのだ。このことが、この地域の-ロー・ド類の衰退にかかわっていると考えられる。

　逆に、接続の単純化が進んで汎用性を獲得した-ロー・ド・ラ類を持つ地域では、-ロー・ド・ラ類がその地域の優勢な推量表現形式となり得たのである。

3.3　-ロー類が維持されるもう一つの条件

　静岡県や高知県、鹿児島・熊本県、奄美などで-ロー・ド・ラ類が使われ続けていることには、これらの形式がさまざまな要素に後接するという接続の汎用性を獲得したことに加えて、動詞意志形にラ行五段化[2]した形を用いていることも関係しているようだ。

3. -ロー類の衰退　119

　図 II. 3. 11 は、GAJ 106 図と FPJD G-016「起きよう」（一段活用動詞の意志形）のうち、「オキロー」や「オキラー」などのラ行五段化した形式だけを示したものである[3]。

　高知県や九州西南部、奄美、新潟県などの-ロー・ド・ラ類の盛んな地域には、一段活用動詞の意志形にラ行五段化した「オキロー」「オキラー」などがあるこ

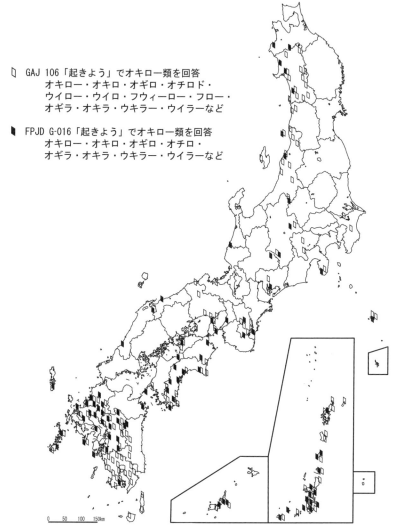

図 II. 3. 11　GAJ 106 図・FPJD G-016 のオキロー類総合図

とが図 II. 3. 11 からわかる。つまり一段活用動詞に関しては、意志表現には未然・連用形接続の「オキロー」、推量表現には終止形接続の「オキルロー」という対応関係が成立し、こうした対応関係が推量形式の-ロー・ド類を保存しやすくしたとも考えられる。

　-ロー・ド・ラ類の使用地域では、終止・連体形接続の推量専用の-ロー類と、ラ行五段化した一段活用動詞等の意志形の末尾の-ロー類が音声上同じであることによって、結果的に接続（動詞の活用形）による表現の区別のように見える状況が生じ、このことが推量専用の-ロー類の維持を体系的に支えていると言えそうだ[4]。

　一方、図 II. 3. 11 のラ行五段化した意志形「オキロー」は山口県長門地方や島根県石見地方、大分県にはほとんど出てこない。たとえばGAJの少し前のものとして、中国地方5県で老年層に対して1955年から1961年に調査を行った廣戸(1965)のfig. 374「起きよう」を見ても、「オキュー」「オキョー」または「オキヨー」が主であり、「オキロー」は見えない。付け加えると、下一段活用で語幹一拍の動詞「寝る」「出る」などの場合は「ネロー」「デロー」などのラ行五段化した意志形が大分県や宮崎県では優勢で、島根県や山口県にも数地点はある（GAJ 108 図や九州方言学会編 1969：pp. 74-75 を参照）。つまりこれらの地域では、一段動詞のラ行五段化した意志形が語幹一拍「寝る」「出る」（下一段動詞）には広まってきていたが、語幹二拍の「起きる」（上一段動詞）にはまだ浸透していないという、高知県や九州西南部などよりもラ行五段化した意志形が未発達な状態だったと言える。ラ行五段化した意志形のほうを基準に据えることがまだできない状態であったために、動詞終止形接続の推量の-ロー類を意志形との対応関係から位置づけるという体系的な支えにはなり得なかったと言え、このこともこの地域の推量の-ロー類が廃れる一因であったと考えられる。

4. 否定疑問形式の広がり

　ここまで、-ラ類、-ロー類などの推量表現形式が30年間にどうなったのかを見てきた。-ダラー類や-ジャロー類などといった優勢な近隣方言の推量形式にのまれていくものもあった。しかし地域によっては、全国共通語の推量形式でも、近隣の優勢な方言の推量形式でもない、第三の形式を使うようになっているところもある。たとえば新潟県はGAJの時点では動詞述語推量に限らず否定推量でも形容詞述語推量でも-ロー類が優勢であったが、図 II. 3. 2（FPJD）では-ロー

類がかなり減少した。しかし–ダロー類を使うようになっているわけではなく、第三の形式が採用されているのである。本節ではその第三の形式として「(ン)ジャナイカ」などの否定疑問形式の広がりについて考えたい。

　全国共通語の「(ノ)デハナイカ」の意味については田野村 (1988)、蓮沼 (1995)、三宅 (1994) をはじめとして推量形式「ダロウ」との異同が分析されており、命題内容の真偽判断に推論が含まれる点で否定疑問形式と推量形式の表す意味は重なりがあることが指摘されている。そのため、GAJ 237 図や FPJD G-083 の「行くだろう」のような推量表現を見る調査項目では、「イクンジャナイカ」「イクンデネーノ」「イクガンデネーケ」などといった否定疑問形式がよく回答される。近畿地方などには「イクノトチガウカ」や「イクンチャウカ」なども出現するが、これも否定疑問の一種と言える。ここで興味深いのは、こうした否定疑問形式の回答が、全国的に増えていることである。

　図 II. 3. 12、II. 3. 13 には、GAJ 237 図と FPJD G-083 の「行くだろう」に出てきた否定疑問形式などの回答を示した。ここには「イクカモシレン」「イクカモシラネー」などの可能性の表現形式や「イクトオモーヨ」などのトオモウ型の回答も、推量表現形式以外のものとして合わせて挙げている。

　図 II. 3. 12 (GAJ 237 図) では否定疑問形式が東北・関東と琉球に固まっていて、奈良県のあたりに「イクノトチガウカ」の類のまとまりが見える程度である。また東北・関東と九州西南部には「イクカモシレン」「イクカモシラネー」の類がかなりある。これが図 II. 3. 13 (FPJD G-083) では、先の図 II. 3. 12 よりも調査地点数が少ないにもかかわらず、否定疑問形式の回答地点が全国的に増え、また否定疑問形式等の回答の集中している地域が図 II. 3. 12 とずれているのがわかる。

4.1　地域独自形式の固定

　図 II. 3. 13 では、青森・岩手・秋田県に否定疑問形式の回答があまり見られない。また琉球では否定疑問形式の回答が出現していない[5]。これらの地域は先の図 II. 3. 1、II. 3. 2 を見ると、青森・岩手・秋田県では「イグビョン」「イグゴッタ」などが、また琉球では「イチュヌファジ」「イキュルパジ」の類がそれぞれまとまった分布をもっている地域である。

　ここから考えられるのは、ある文脈に特化した、聞き手に推量という見立てを伝えるための独自の形式がこの地域にはあるという可能性である。GAJ 237 図と

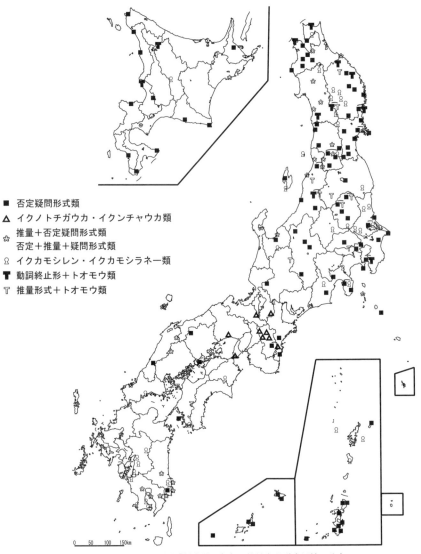

図 II. 3. 12　GAJ 237 図「行くだろう」の推量表現形式以外の分布

FPJD G-083 に共通する質問文の文脈は、友達に第三者の行動について問われ、迷いながら「たぶん行くだろう」と答えるというものである。話し手である回答者が自分の見立てとして、不確実だがその第三者が行くと判断したことを聞き手

4. 否定疑問形式の広がり 　123

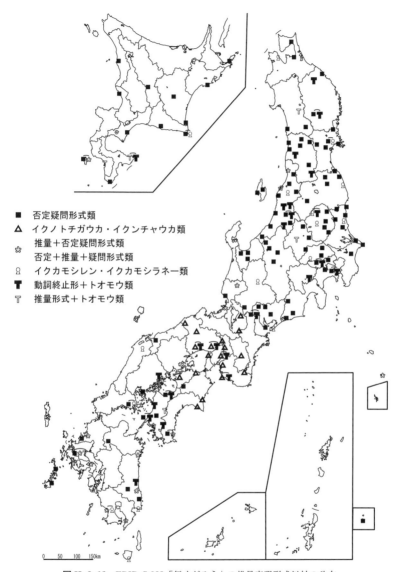

図 II. 3. 13　FPJD G-083「行くだろう」の推量表現形式以外の分布

に伝える。こうした文脈において、ある種の見込みを示しつつも疑いの含まれている表現が否定疑問形式であるなら、「ゴッタ」「ビョン」「ファジ」「パジ」の類は疑いを含まない、話者自身による事態の見立てを伝えるタイプの表現と言える

だろう。

　これらの形式の由来から考えても、このことは肯首できるのではないか。「ゴッタ」は「ことだ」由来で、「形成済みの判断を表す」(高田2011)、「確信のある根拠に基づく推量」(佐藤1982)と説明され、「ベー」とは意味が異なっていると言われている。また「ビョン」は推量の形式「ベー」に終助詞「モノ」「オノ」「オン」が融合したものと言われる。こうした出自をもつ「ゴッタ」「ビョン」は話し手の個人的判断を相手に伝えるものであるので、推論をもとに相手に確かめる用法である確認要求表現には使えない[6]。また「ファジ」「パジ」も「はず」由来であることから、かなり確信度が高い推量表現と言える。

4.2　推量表現形式に代わる否定疑問形式

　図II.3.13では、新潟県の否定疑問形式がかなり多くなっていることも見て取れる。先の図II.3.1、II.3.2を見ると新潟では「イクロー」が減ってきたことがわかるが、この「ロー」の代わりに台頭したのは「イクダロー」ではなく、「イクンデネーカ」「イクンダネーカ」「イクガンデネーケ」などの否定疑問形式だと言えそうだ。

　こうした否定疑問形式類の増加は新潟県に限ったことではなく、全国的な傾向である。「イクノトチガウカ」の類は近畿全体に拡大している。東海地方や瀬戸内海沿岸地域、九州にも否定疑問形式類がある。

　このことは何を意味するのか。「推量表現」が、相手の見立てとは関係なく話し手自身の推量判断による見立てを伝えるものであるのに対し、文末が上昇イントネーションの「行くんじゃないか」は会話の場において使われるとき、話し手が自分の見立てを「疑問」の形をとって相手に投げかけるものである。話し手の見立てを一方的に相手に押しつけるのではなく、推論によって導き出した自分の見立てを相手に伝え、その真偽判断を尋ねているのであり、かなり聞き手に配慮した物言いとも言える。こう考えると、日本のかなり広い地域に住まう70代以上の話者たちに否定疑問形式で推量を表現することが広がっているのは、こうした文脈では自分の見立てを一方的に押しつけないコミュニケーション作法が標準化しつつあると見ることができるのではないか。

5. むすび

　本章では推量表現に焦点を絞り、推量表現形式の地理的分布から読み取れる変化とその理由について考察した。ある地域に併用形が多いとき、地域共通語的な性格を持った一形式に次第に収斂して、まとまった分布を維持することや、隣接地域から異なった推量表現体系の形式が入り込むことで、単なる語の置き換えを経て意味的対立構造の崩壊などが起き得ること、また接続の単純化や汎用化が進んでいない推量表現形式は衰退しやすいことを述べた。さらに、否定疑問形式がいわゆる「推量」表現の文脈で使われる形式として各地の回答に増えていることも扱った。そこには、各地の方言体系において、推量表現という部分体系がどう構築されているかということや、話者の推量判断（見立て）を相手に言うときの伝達の仕方に対して、押しつけを回避している可能性が見えてきた。

　しかし課題も残る。推量表現の対人的用法と位置づけることもできる確認要求表現には、今回はほとんど触れることができなかった。確認要求表現には否定疑問形式（「〜ではないか」等）や終助詞だけでなく、「あの人は毎週土曜日に図書館に行くだろ？」や「いやいや、それはいけないだろ！」などといった推量形式が用いられることもあるので、確認要求表現も視野に入れて一方言体系内の推量表現形式の用法の全体像について詳細な観察を行うことも重要であろう。たとえば、島根県石見地方・山口県長門地方の推量表現の-ロー類が衰退していることを3節で扱ったが、推量表現形式の対人的用法と言える確認要求表現には-ロー類が使われている[7]。こうしたことをふまえると、推量表現だけでなく確認要求表現も含めた部分体系について、言語地図の解釈という鳥瞰的な分析とともに、各方言の文法記述といった地を這うような個別的な作業も並行して行い、ある形式が維持されたり衰退したりする理由や、変化の段階としての用法の偏りなどについて、複数の視点からとらえていく必要があると思われる。

付記

　本章は、国立国語研究所共同研究プロジェクト「方言の形成過程解明のための全国方言調査」、およびJSPS科学研究費（15K02582）による研究成果の一部である。

注

1　ただし過去推量表現については、全国共通語でも過去形に直接「ロー」のつく「イッタロー」が使われることもあり、GAJでもFPJDでも-ロー・ド・ラ類の分布範囲が広い。

2　小林（1996）参照。
3　青森県、秋田県（由利地方を除く）にある「オギラ」は動詞終止形に終助詞ハがついた「オギルハ」が融合して成立したものと言われる（佐藤1982）。この点で正しくは活用形としての動詞意志形とは言えないが、意志表現に用いられる、ラ行五段化形式と形態上同様に見えるものという観点から、地図上に示しておくことにする。
4　国立国語研究所編（1979）の5図・6図ならびにGAJ 106〜108図を参照。なお井上（1985：p. 188）にも、岩手県の一部などで意志表現「オキベ」と推量表現「オキルベ」との使い分けの可能性が指摘されている。これは、意志・推量両方を表すーベー類が未然・連用形接続から終止形接続に変わっていく過程で、意志にも推量にもーベー類を使いつつ、ーベー類が接続する動詞の活用形による表し分けが生じたものと考えられる。前接する動詞の活用形で意志と推量とを分けている点ではーロー類の現象と似て見えるが、成り立ちが異なっている。
5　FPJDの調査項目のうち、G-085「行っただろう」には「イジェーサニ」「ンジェーエーサニ」「ハリダアラヌー」などの否定疑問形式が回答されているので、琉球地域で否定疑問がまったくないわけではない。ただし、GAJで回答されていた「エーサニ」類の出現数と比べると少ない。
6　秋田県教育委員会編（2000）の記述（pp. 114-115）と言語地図（pp. 877-879）、および高田（2011）による。
7　2015年8月および2016年8月に、島根県石見地方と山口県長門地方および両県の県境地域で面接調査をして確認したところ、GAJではーロー類の併用が見られた山口県萩市も、県境地域の山口市阿東徳佐でも、老年層・若年層ともにーロー類をまったく使わなくなっていた。阿東徳佐の80代男性はーロー類について、聞いたことはあるがかなり古い形式だと述べている。その一方で、島根県鹿足郡津和野町・益田市、山口県萩市須佐・見島では、老年層・若年層のどちらも確認要求表現でーロー類を多用し、また推量表現でもーロー類をージャロー類などと併用していた。これらの地域でこうした使用状況の違いが生じていることについては、稿を改めて論じたい。

文献

秋田県教育委員会編（2000）『秋田のことば』無明舎出版
井上史雄（1985）『新しい日本語―《新方言》の分布と変化―』明治書院
大西拓一郎（2014）「方言分布の変化をとらえた！」『国語研プロジェクトレビュー』5-2
九州方言学会編（1969）『九州方言の基礎的研究』風間書房
小林　隆（1996）「動詞活用におけるラ行五段化傾向の地理的分布」『東北大学文学部研究年報』45
国立国語研究所編（1979）『表現法の全国的調査研究―準備調査の結果による分布の概観―』（科学研究費報告書）
国立国語研究所編（1994）『方言文法全国地図3』大蔵省印刷局
国立国語研究所編（2002）『方言文法全国地図5』財務省印刷局
佐藤　稔（1982）「秋田県の方言」日野資純・飯豊毅一・佐藤亮一編『講座方言学4　北海道・

東北地方の方言』国書刊行会
高田祥司（2011）「岩手県遠野方言の推量表現―形式名詞の文法化に注目して―」『日本語文法』
　11-2
田野村忠温（1988）「否定疑問小考」『国語学』152
蓮沼昭子（1995）「対話における確認行為―「だろう」と「じゃないか」「よね」の確認用法―」
　仁田義雄編『複文の研究（下）』くろしお出版
廣戸　惇（1965）『中国地方五県言語地図』風間書房
三宅知宏（1994）「否定疑問文による確認要求的表現について」『現代日本語研究』1

4
九州地方の可能表現

松田美香

1. はじめに

　九州地方の中でも瀬戸内海に面した東九州地域では、能力可能形式「〜キル」や状況可能形式「〜（ラ）レル」のほか、可能動詞やその変化形で言い分ける、可能の意味の3区分と呼ばれる現象がある。他方、九州南部では、能力・状況といった可能の意味の下位区分がなく、「〜ガナル」単一使用である。1960年代、1980年代、2010年代に調査された言語地図の比較により、九州西部の「〜ユル」、大分県の可能動詞、宮崎県の「〜コトガ　デクル／デキル」「ヨー〜」による単一形式化が観察された。「伝播してきた形式の受容のための意味区分」と「単一形式化」の両面を考えることで、九州方言における可能表現形式の分布が複雑な理由と、変化の方向性を知ることができる。

　まず、九州地方の可能表現形式について、1960年代、1980年代、2010年代に調査された言語地図を用いて経年変化を見る。具体的には、可能の意味の下位区分である能力可能と状況可能の形式、さらに肯定形と否定形の形式の使い分けの諸相を整理・比較する。次にその結果をふまえ、地理的分布の変化と言語内的変化の両面から、九州地方の可能表現形式の変遷を解明しようと試みた。

2. 先行研究

2.1　九州の可能表現

　九州地方の可能表現についての調査報告に、九州方言学会編（1969・1991）『九州方言の基礎的研究』（以下、『九方基』）がある。1964〜1965年に九州の170地点で212項目の調査を行った結果をもとに書かれており、可能表現についても「能力可能」と「状況可能」でそれぞれ老年と少年の結果が表に示されているが、地図は作成されていない。「26　九州地方の総括的解説」の「文法4様態　B可能態」として、以下の記述がある。

2. 先 行 研 究

　　可能態は、「能力可能」(一定の動作が、その動作主体の能力に基づいて、成就実現すること)と「状況可能」(一定の動作が、その動作主体の立つ、客観的状況に支えられて、成就実現すること)とが、異なった叙法によって表される地域が多い。(中略)九州南部方言においては、「能力可能」「状況可能」の、叙法の区別を失っている。(pp. 274-275)

　神部(1992)『九州方言の表現論的研究』(以下、『表現論的』)は、この調査の結果を地図化し、また九州各地の可能表現語法を詳細に記述している。ここで、九州地方の可能表現の変遷が以下のように想定されている。

　【「能力可能」の形式の変遷】
　・〜ユル(西部発)　→　〜ガナル(南部発)　→　〜キル(北部発)
　・可能動詞(大分県発)　→　ヨー〜(大分県発)　→　〜キル
　　(※可能動詞とヨー〜は関西からの伝播)
　・ヨー〜(大分県発)　→　〜ガナル(南部発)
　【「状況可能」の形式の変遷】
　・〜ルル・ラルル(全九州)　→　〜ルル・ラルル
　・〜ルル・ラルル(南部のみ)　→　〜ガナル

　　　　　　　　　　　　　　　　　　(本文より。まとめは筆者)

　能力可能の形式交替の法則として、「強調的な心意に支えられて、不断に新しい価値を志向する」ので、「新形式に押されて衰退する旧形式は、社会性が薄れて、機能が一方的に局限され、内向性を帯びることが少なくない。いわば、話し手中心の主情性の強い表現をしたてるのである。」(p. 309)とある。

　同じく神部(1992)では、大分県の可能動詞も「主情的な可能」を表す形式とし、〜キルよりも古い形式としている。

　可能動詞については、坂梨(1969)に詳しく発生と成立についての考察があり、江戸語の可能動詞は「四段活用動詞から派生したもの」とする。のちに「動詞の連用形＋得る」から成立したとする渋谷(1993)に対して、坂梨(2006)では反論も載せている。渋谷(1993)は文献上の可能表現と方言に見られる可能表現の両方から可能表現形式の変遷を探っており、「動詞の連用形＋得る」などは、九州西部に「飲みエル」などの形式が実在するという点で説得力がある。現存するすべての形式が中央(江戸時代は江戸)からの伝播ではなく、たとえば「食べレル」などのいわゆる「ラ抜き可能形」は大都市以外の地域から多発的に発生されたことも、渋谷(1993)で調査報告されている。

2.2 大分県の可能表現

大分県の可能表現については、種・糸井（1977）や種・日高（1981）で、可能動詞や可能動詞の語幹にレルを添加した、いわゆる二重可能形が県西部にあると報告している。その意味は「主観状況可能」という、一時的な動作主体内部の状況による可能・不可能を表す意味範疇であるとする。ここで、「能力可能」「（客観）状況可能」のほかに、第三の可能の意味区分が提唱されたわけである。この意味区分は、渋谷（1993）では「能力可能」「内的条件可能」「外的条件可能」と命名され、左から右へと連続して可能の永続性や生得性の強いほうから弱いほうへと移り変わる「可能の条件スケール」の中に位置づけられた（図 II. 4. 1）。これに対して、松田（2005）では、大分県の中央部に位置する挾間町での3世代調査をもとに、多数の形式を併用することによって、三つ、または四つの可能の意味の下位構造が生じる立体構造（モデル）を提示したが、その後、図 II. 4. 2 のように上辺に「能力可能」と「客観状況（外的条件）可能」、下辺に「心情可能」と「主観状況（内的条件）可能」の4極を持つ構造に変更した（松田 2013）。

```
←動作主体内部条件                    動作主体外部条件→
心情・性格 ── 能力（先天的・後天的）── 内的 ── 外的 ── 外的強制
```

図 II. 4. 1　可能の条件スケール（渋谷 1993：p. 32）

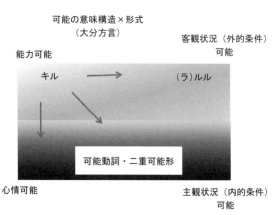

図 II. 4. 2　可能の意味構造×形式（松田 2013）

3. 九州地方の可能表現形式の比較方法

　現在の状況を把握するため、全国方言分布調査（FPJD）の文法項目 G-073〜G-076-a までを地図化した（図 II. 4. 3〜II. 4. 6）。すべて「読む」（五段活用動詞）の「能力可能」「状況可能」とそれぞれの肯定・否定形の結果である。G-077〜G-080 では「着る」（上一段活用動詞）の調査も行われているが、今回は五段活用動詞に注目して結果・考察を行う。

　九州を対象にした可能表現の言語地図は、1960 年代、1980 年代、2010 年代に調査・作成されている。表 II. 4. 1 には、各調査の質問項目を整理した。

　『表現論的』（1964〜1965 年に調査された『九方基』に基づく）

　『方言文法全国地図』（GAJ）（1979〜1982 年に調査）

　全国方言分布調査（FPJD）（2010〜2015 年に調査）

　これらの結果から、ほぼ 20 年間隔ごと約 50 年間の変化を見ることができる。ただし、GAJ と FPJD は調査の項目に同じものがあるのに対し、『表現論的』は動詞や項目の点で異なりがある。

　なお、GAJ にはほかに「来る」（状況可能・肯定形）、「する」（能力可能・肯定形）、「書く」（属性可能・肯定形）、「できる」（能力可能・肯定形）がある。FPJD では、ほかに「読みきれなかった」（完遂・否定形）がある。

　質問項目を比較した表 II. 4. 1 を見ると、「飲む」と「読む」の語彙の違いに目をつぶれば、能力可能の肯定形と、状況可能の否定形が三つの資料での比較ができる。よって、表 II. 4. 1 の「能力可能」と「状況可能」の五段活用動詞の形式を比較することにした。

　調査における FPJD・GAJ の質問文は同じで、以下のとおりである。

- 能力可能・否定「読むことができない」（GAJ 182 図、FPJD G-073）
  「うちの孫はまだ小さくて字を知らないので本を読むことができない」と言うとき、「読むことができない」のところをどのように言いますか。
- 能力可能・肯定「読むことができる」（GAJ 173 図、FPJD G-074）
  「うちの孫は字をおぼえたのでもう本を読むことができる」と言うとき、「読むことができる」のところをどのように言いますか。
- 状況可能・否定「読むことができない」（GAJ 183 図、FPJD G-075）
  「電灯が暗いので新聞を読むことができない」と言うとき、「読むことができない」のところをどのように言いますか。

132　4章　九州地方の可能表現

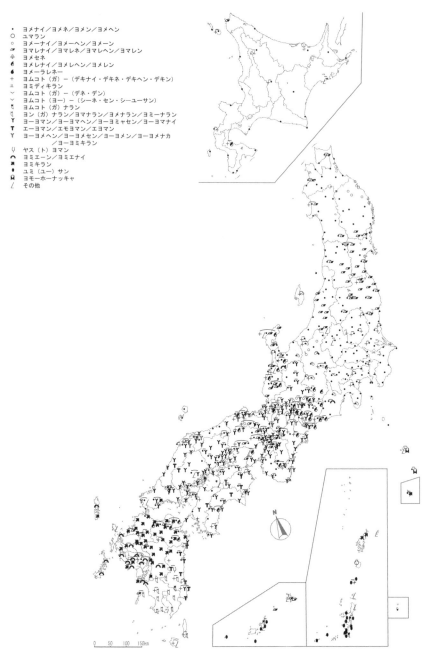

図 II. 4. 3　G-073「読むことができない」（能力可能・否定）

3. 九州地方の可能表現形式の比較方法   133

図 II. 4. 4　G-074「読むことができる」（能力可能・肯定）

134　4章　九州地方の可能表現

図 II. 4. 5　G-075「読むことができない」(状況可能・否定)

3. 九州地方の可能表現形式の比較方法　　135

図 II. 4. 6　G-076-a「読むことができる」（状況可能・肯定）

136　4 章　九州地方の可能表現

表 II. 4. 1　各言語地図の質問項目の比較

可能の 意味区別	活用の種類	肯・否	1960 年代 『表現論的』	1980 年代 GAJ	2010 年代 FPJD
能力可能	五段活用	肯定形	○「飲む」	○「読む」	○「読む」
		否定形	×	○「読む」	○「読む」
	一段活用	肯定形	×	○「着る」	○「着る」
		否定形	×	○「着る」	○「着る」
状況可能	五段活用	肯定形	×	○「読む」	○「読む」
		否定形	○「読む」	○「読む」	○「読む」
	一段活用	肯定形	×	○「着る」 「起きる」	○「着る」
		否定形	×	○「着る」	○「着る」

- 状況可能・肯定「読むことができる」（GAJ 174 図、FPJD G-076-a）
「電灯が明るいので新聞を読むことができる」と言うとき、「読むことができる」のところをどのように言いますか。

『表現論的』（『九方基』）は、以下の質問文である。
- 能力可能・肯定「飲むことができる」（文法関係 41）
「盃一杯ぐらいの酒なら、私だって飲むことができる。」というときの「飲むことができる」を、どのように言いますか。
- 状況可能・否定「読めない」[1]（文法関係 42）
「こんなやかましい処では、本など読めない。」というときの、「読めない」を、どのように言いますか。

図 II. 4. 3〜II. 4. 6 は、FPJD の G-073〜G-076-a に基づき筆者が作成した地図であり、図 II. 4. 7〜II. 4. 10 は九州の経年変化を示す図である（『表現論的』において、可能表現の地図化は「能力可能・肯定」のみであった。そのため、図 II. 4. 10(a) は筆者が『表現論的』の記号にならって『九方基』から作図したものである）。

なお、鹿児島県の奄美地方の分布については、今回は取り上げられなかった。今後の課題としたい。

以上の資料をもとに比較を進めることとする。

3. 九州地方の可能表現形式の比較方法　137

(a)『表現論的』能力・肯定　　(b) GAJ 能力・肯定（竹田 2007）　　(c) FPJD 能力・肯定

1964-1965 年　　　　　　　　1979-1982 年　　　　　　　　2010-2014 年

<凡例>

GAJ

- ・ ヨメル（ヨメタ）
- ⊛ ヨムル
- ● ユミン
- ○ ヨメール、ヨメー
- ▰ ヨマレル
- ▱ ヨマエル
- ▰ ヨマルル
- ▰ ユマリーン
- ⊕ ヨメセル
- ⋓ ヨメゲル
- ♦ ヨメレル
- ♦ ヨメーラレル
- - ヨムコト（ガ）デキル
- - ヨムコト（ガ）デル
- ⏣ ヨムコト（ガ）ナル
- ⏣ ヨン・ヨミ‐（ガ）ナル
- ▲ ヨムニイー
- ▲ ヨムノアイー
- △ ヨムイ・ヨメヨカ
- Y ヨーヨム
- T エーヨム
- Y ヨーーヨメル・ヨマレル・ヨミキル
- ∪ ヤス（ト）ヨム
- ∪ ケッコニーヨム・ヨマレル
- ⌒ ヨミ（ー）‐エル・エール
- ∪ ヨミ・ヨマ‐ユル
- ✴ ヨミキル
- ● ユミユースン
- ⋎ ユミミツン
- ✚ ユミッシン
- ⊗ ヨモホーダラ
- " 無回答

FPJD

- ・ ヨメル／ヨメタ
- ⊛ ヨムル
- ● ユミン
- ○ ヨメール／ヨメー
- ▰ ヨマレル
- ▱ ヨマエル
- ▰ ヨマルル
- ▰ ユマリーン
- ⊕ ヨメセル
- ⋓ ヨメゲル
- ♦ ヨメレル／ヨメルル
- ♦ ヨメーラレル
- + ヨムコト（ガ）デキル／ユミヌグトゥディキン
- ⋁ ヨムコト（ガ）デル
- ⏣ ヨムコト（ガ）ナル／ユミヌグトゥナタン／ユミクトゥナルン
- ⏣ ヨン（ガ）ナル／ヨミー（ガ）ナル／ヨンガナイ／ヨンガナッ
- ▲ ヨムニイー
- ▲ ヨムノアイー
- △ ヨムイ／ヨメヨカ
- Y ヨーヨム
- T エーヨム／エヨム
- Y ヨーーヨメル・ヨマレル・ヨミキル
- ∪ ヤス（ト）ヨム
- ∪ ケッコニーヨム・ヨマレル・ヨミキル
- ⌒ ヨミ（ー）エル／ヨミ（ー）エール
- ∪ ヨミユル／ヨマユル
- ✴ ヨミキル
- ● ユミユースン／ユミウースン
- ⋎ ユミミツン
- ✚ ユミッシン／ユミッシャン
- ⊗ ヨモホーダラ
- ・ ヨムヨーニナッタ
- ∠ その他
- " 無回答

図 II. 4. 7　能力・肯定表現の経年比較

138　4章　九州地方の可能表現

(a) GAJ 能力・否定（竹田 2007）　　　(b) FPJD 能力・否定

1979-1982 年　　　　　　　　　　　　　2010-2014 年

＜凡例＞

GAJ

- ・ ヨメーナイ・ネ・ン
- ○ ユマラン
- ○ ヨメーーナイ・ヘン・ン
- ⌒ ヨマレーナイ・ネ・ヘン・ン
- ✢ ヨメセネ
- ♦ ヨメレーナイ・ヘン・ン
- ♠ ヨメーラレネー
- − ヨムコト(ガ)デキーナイ・ネ・ヘン・ン
- ⌐ ヨミディキラン
- ⌐ ヨムコト(ガ)デーネ・ン
- ⌒ ヨムコト(ヨー)−シーネ・セン・シーユーサン
- ᴍ ヨムコト(ガ)ナラン
- ʊ ヨン(ガ)ナラン, ヨマ・ヨメ・ヨミーーナラン
- Y ヨーヨマーン・ヘン・ヤセン・ナイ
- T エーエモーヨマン
- Y ヨーーヨメヘン・セン・ン・ナカ, ヨーヨミキラン
- Ʊ ヤス(ト)ヨマン
- ⌒ ヨミエーン・ナイ
- ✻ ヨミキラン
- ● ユミ(ユ)サン
- ᴥ ヨモーホーナッキャ
- ⁑ 無回答

FPJD

- ・ ヨメナイ／ヨメネ／ヨメン／ヨメヘン
- ○ ユマラン
- ○ ヨメーナイ／ヨメーヘン／ヨメーン
- ⌒ ヨマレナイ／ヨマレネ／ヨマレヘン／ヨマレン
- ✢ ヨメセネ
- ♦ ヨメレナイ／ヨメレヘン／ヨメレン
- ♠ ヨメーラレネー
- ＋ ヨムコト（ガ）−（デキナイ・デキネ・デキヘン・デキン）
- ⌐ ヨミディキラン
- ⌐ ヨムコト（ガ）−（デネ・デン）
- ⌒ ヨムコト（ヨー）−（シーネ・セン・シーユーサン）
- ᴍ ヨムコト（ガ）ナラン
- ʊ ヨン（ガ）ナラン／ヨマナラン／ヨメナラン／ヨミーナラン
- Y ヨーヨマン／ヨーヨマヘン／ヨーヨミャセン／ヨーヨマナイ
- T エーヨマン／エモヨマン／エヨマン
- Y ヨーヨメヘン／ヨーヨメセン／ヨーヨメン／ヨーヨメナカ／ヨーヨミキラン
- Ʊ ヤス（ト）ヨマン
- ⌒ ヨミエーン／ヨミエナイ
- ✻ ヨミキラン
- ● ユミ（ユー）サン
- ᴥ ヨモーホーナッキャ
- ∠ その他

図 II. 4. 8　能力・否定表現の経年比較

3. 九州地方の可能表現形式の比較方法

(a) GAJ 状況・肯定（竹田 2007）

1979-1982 年

(b) FPJD 状況・肯定

2010-2014 年

＜凡例＞

GAJ

- ・ ヨメル(ヨメタ)
- ⊙ ヨムル
- ○ ヨマル
- ○ ヨメール
- ⊿ ヨマレル
- ⊐ ヨマエル
- ⊿ ヨマルル
- ⊿ ユマリーン
- 6 ヨメレル
- 6 ヨメルル
- 6 ヨメレレル
- 6 ヨメラレル
- − ヨムコト(ガ)デキル
- ⌣ ヨムコト(ガ)デル
- ų ヨムコト(ガ)ナル
- ų ヨミ・ヨン−(ガ)ナル
- ▲ ヨムニイー
- ▲ ヨムノアイー
- ▲ ヨメルニエー
- △ ヨム・ヨミ・ヨメ−イ，ヨミ・ヨメ−ヨカ
- Y ヨーヨム
- Y ヨー‐ヨメル・ヨマレル・ヨミキル
- ⌣ ヨミユル・ヨマユル
- ✕ ヨミキル
- ● ヨミユースン
- × 無回答

FPJD

- ・ ヨメル／ヨメタ／ヨメー
- ⊙ ヨムル／ヨムン
- ● ヨマル
- ○ ヨメール
- ⊿ ヨマレル
- ⊐ ヨマエル
- ⊿ ヨマルル／ヨマンル／ヨマルン／ヨマルツ
- ⊿ ユマリーン／ユマユーン／ユーマイン
- 6 ヨメレル
- 6 ヨメルル
- 6 ヨメレレル
- 6 ヨメラレル
- ＋ ヨムコト（ガ）デキル
- ⌣ ヨムコト（ガ）デル
- ų ヨムコト（ガ）ナル
- ų ヨミ・ヨン（ガ）−ナッ・ナイ・ナル・ナウ・ナン
- ▲ ヨムニイー／ヨムサイー／ヨムノイー／ヨムニワエー
- ▲ ヨムノアイー
- ▲ ヨメルニエー
- △ ヨムイ／ヨミイ（ー）／ヨメイ，ヨミヨカ／ヨメヨカ
- Y ヨーヨム
- Y ヨーヨメル／ヨーヨマレル／ヨーヨミキル／ヨーヨメル
- ⌣ ヨミユル／ヨマユル
- ✕ ヨミキル
- ● ヨミユースン
- ／ その他
- × 無回答

図 II.4.9　状況・肯定表現の経年比較

140　4章　九州地方の可能表現

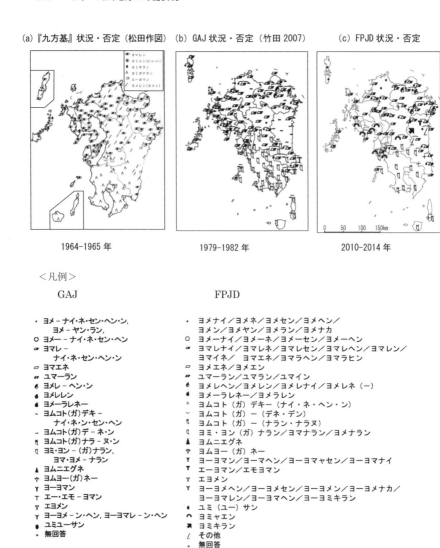

図 II. 4. 10　状況・否定表現の経年比較

4. 分布の経年比較と可能の意味の世代比較

4.1 分布の経年比較

　九州地方の可能表現形式の分布を経年比較するために、縦軸に可能の意味区別（「能力可能」と「状況可能」の肯定形・否定形）を、横軸に各県の位置（県内を東西に分割）をとって、形式ごとに一覧表にした（表II. 4. 2）。ただし、「～コトガデキル」は『九方基』（1960年代）にはまったく報告されていない形式であることから、もっとも新しい共通語形として扱うことにし、表にはしなかった。

　東西に分けた理由は、GAJとFPJDでは地点数、また調査地が異なり、地点の変化として比較することは難しいため、県の東西程度の範囲で比べるのが適当だと考えたからである。一地点でも報告があった範囲には分布があるとしていて、度数は見ていない。東西の境界線を引くにあたっては、およそ県の面積が半分になる程度で、地形的特徴がある場所を起点として線を引いた。すべての地図で同じ範囲になるように分割している。線上にかかる地点の場合は、西側に含めることにした。各形式の境界（分布の限界地域）に注目すると、それぞれの盛衰を見ることができる。補助的に『九方基』（1960年代の調査）結果も表にしたので（表II. 4. 3）、それも合わせて見ることで、形式の九州での変遷を考えていきたい。なお、すべての形式は見出しの最初の語形を採用している。

　表II. 4. 2とII. 4. 3から、各形式の変遷を以下のように解釈した。

　① ～ユル［表II. 4. 2a、II. 4. 2b、II. 4. 3a］

　FPJD（表II. 4. 2b）では佐賀東の分布がなくなっている。1960年代の調査（表II. 4. 3a）ではこの地域に分布が報告されているので、西へ衰退していると考えられるが、一方で表II. 4. 3aとGAJ（表II. 4. 2a）には分布がなかった熊本東と鹿児島に分布している。この形式は北部から押し出されて、南進していると解釈すべきだろう。

　② ～ガナル［表II. 4. 2c、II. 4. 2d、II. 4. 3b］

　鹿児島と宮崎西にて、意味の使い分けをせずに使う。この範囲は経年変化がない。一方、熊本では「状況可能」として分布するが、否定形のみが安定している。また、宮崎東からは衰退している。一定の地域で勢力を持つが、広まっていないことがわかる。

　③ ～キル［表II. 4. 2e、II. 4. 2f、II. 4. 3c］

　鹿児島を除く全域で「能力可能」を担当する。宮崎西にGAJ（表II. 4. 2e）で

4章 九州地方の可能表現

表 II. 4. 2 GAJ と FPJD の形式分布比較（見出しの最初の形式で代表）

表 II. 4. 2a ヨミユル／ヨミエン（ヨミャエン）の分布一覧表（GAJ：1979～1982 年）

可能の種類・肯否 \ 地域	佐賀西	佐賀東	福岡西	福岡東	大分西	大分東
能力・肯定	ヨミユル	ヨミユル				
能力・否定	ヨミエン					
状況・肯定						
状況・否定						

可能の種類・肯否 \ 地域	長崎西	長崎東	熊本西	熊本東	宮崎西	宮崎東
能力・肯定	ヨミユル	ヨミユル	ヨミユル			
能力・否定	ヨミエン	ヨミエン	ヨミエン			
状況・肯定		ヨミユル				
状況・否定		ヨミャエン	ヨミャエン			

可能の種類・肯否 \ 地域			鹿児島西	鹿児島東		
能力・肯定						
能力・否定						
状況・肯定						
状況・否定						

表 II. 4. 2b ヨミユル／ヨミエン（ヨミャエン）の分布一覧表（FPJD：2010～2014 年）

可能の種類・肯否 \ 地域	佐賀西	佐賀東	福岡西	福岡東	大分西	大分東
能力・肯定	ヨミユル					
能力・否定	ヨミエン					
状況・肯定						
状況・否定						

可能の種類・肯否 \ 地域	長崎西	長崎東	熊本西	熊本東	宮崎西	宮崎東
能力・肯定	ヨミユル	ヨミユル	ヨミユル			
能力・否定	ヨミエン	ヨミエン	ヨミエン	ヨミエン		
状況・肯定	ヨミユル	ヨミユル				
状況・否定		ヨミャエン	ヨミャエン	ヨミャエン		

可能の種類・肯否 \ 地域			鹿児島西	鹿児島東		
能力・肯定			ヨミユル			
能力・否定			ヨミエン			
状況・肯定						
状況・否定						

4. 分布の経年比較と可能の意味の世代比較　*143*

表 II. 4. 2c　ヨンガナル／ヨンガナランの分布一覧表（GAJ：1979～1982 年）

可能の種類・肯否 \ 地域	佐賀西	佐賀東	福岡西	福岡東	大分西	大分東
能力・肯定						
能力・否定						
状況・肯定						
状況・否定						

可能の種類・肯否 \ 地域	長崎西	長崎東	熊本西	熊本東	宮崎西	宮崎東
能力・肯定					ヨンガナル	ヨンガナル
能力・否定					ヨンガナラン	ヨンガナラン
状況・肯定			ヨンガナル		ヨンガナル	ヨンガナル
状況・否定			ヨンガナラン	ヨンガナラン	ヨンガナラン	

可能の種類・肯否 \ 地域	鹿児島西	鹿児島東
能力・肯定	ヨンガナル	ヨンガナル
能力・否定	ヨンガナラン	ヨンガナラン
状況・肯定	ヨンガナル	ヨンガナル
状況・否定	ヨンガナラン	ヨンガナラン

表 II. 4. 2d　ヨンガナル／ヨンガナランの分布一覧表（FPJD：2010～2014 年）

可能の種類・肯否 \ 地域	佐賀西	佐賀東	福岡西	福岡東	大分西	大分東
能力・肯定						
能力・否定						
状況・肯定						
状況・否定						

可能の種類・肯否 \ 地域	長崎西	長崎東	熊本西	熊本東	宮崎西	宮崎東
能力・肯定					ヨンガナル	
能力・否定					ヨンガナラン	
状況・肯定				ヨンガナル	ヨンガナル	
状況・否定			ヨンガナラン	ヨンガナラン	ヨンガナラン	

可能の種類・肯否 \ 地域	鹿児島西	鹿児島東
能力・肯定	ヨンガナル	ヨンガナル
能力・否定	ヨンガナラン	ヨンガナラン
状況・肯定	ヨンガナル	ヨンガナル
状況・否定	ヨンガナラン	ヨンガナラン

表 II. 4. 2e　ヨミキル／ヨミキランの分布一覧表（GAJ：1979～1982 年）

可能の種類・肯否＼地域	佐賀西	佐賀東	福岡西	福岡東	大分西	大分東
能力・肯定	ヨミキル		ヨミキル	ヨミキル	ヨミキル	ヨミキル
能力・否定	ヨミキラン	ヨミキラン	ヨミキラン	ヨミキラン	ヨミキラン	ヨミキラン
状況・肯定						
状況・否定						

可能の種類・肯否＼地域	長崎西	長崎東	熊本西	熊本東	宮崎西	宮崎東
能力・肯定	ヨミキル	ヨミキル	ヨミキル	ヨミキル		ヨミキル
能力・否定	ヨミキラン	ヨミキラン	ヨミキラン	ヨミキラン		ヨミキラン
状況・肯定		ヨミキル		ヨミキル		
状況・否定						

可能の種類・肯否＼地域	鹿児島西	鹿児島東
能力・肯定		
能力・否定	ヨミキラン	
状況・肯定		
状況・否定		

表 II. 4. 2f　ヨミキル／ヨミキランの分布一覧表（FPJD：2010～2014 年）

可能の種類・肯否＼地域	佐賀西	佐賀東	福岡西	福岡東	大分西	大分東
能力・肯定	ヨミキル	ヨミキル	ヨミキル	ヨミキル	ヨミキル	ヨミキル
能力・否定	ヨミキラン	ヨミキラン	ヨミキラン	ヨミキラン	ヨミキラン	ヨミキラン
状況・肯定						ヨミキル
状況・否定						

可能の種類・肯否＼地域	長崎西	長崎東	熊本西	熊本東	宮崎西	宮崎東
能力・肯定	ヨミキル	ヨミキル	ヨミキル	ヨミキル	ヨミキル	
能力・否定	ヨミキラン	ヨミキラン	ヨミキラン	ヨミキラン	ヨミキラン	
状況・肯定					ヨミキル	
状況・否定					ヨミキラン	

可能の種類・肯否＼地域	鹿児島西	鹿児島東
能力・肯定		
能力・否定		
状況・肯定		
状況・否定		

4. 分布の経年比較と可能の意味の世代比較　　*145*

表 II. 4. 2g　ヨマルル（ヨマレル）／ヨマレンの分布一覧表（GAJ：1979〜1982 年）

可能の種類・肯否＼地域	佐賀西	佐賀東	福岡西	福岡東	大分西	大分東
能力・肯定						
能力・否定						
状況・肯定	ヨマルル	ヨマルル	ヨマルル	ヨマルル	ヨマルル	ヨマルル
状況・否定	ヨマレン	ヨマレン	ヨマレン	ヨマレン	ヨマレン	ヨマレン

可能の種類・肯否＼地域	長崎西	長崎東	熊本西	熊本東	宮崎西	宮崎東
能力・肯定						
能力・否定		ヨマレン	ヨマレン			
状況・肯定	ヨマルル	ヨマルル	ヨマルル	ヨマルル	ヨマルル	ヨマルル
状況・否定	ヨマレン	ヨマレン	ヨマレン	ヨマレン	ヨマレン	ヨマレン

可能の種類・肯否＼地域			鹿児島西	鹿児島東		
能力・肯定						
能力・否定						
状況・肯定						
状況・否定			ヨマレン			

表 II. 4. 2h　ヨマルル（ヨマレル）／ヨマレンの分布一覧表（FPJD：2010〜2014 年）

可能の種類・肯否＼地域	佐賀西	佐賀東	福岡西	福岡東	大分西	大分東
能力・肯定			ヨマレル			
能力・否定			ヨマレン		ヨマレン	
状況・肯定	ヨマルル	ヨマルル	ヨマルル	ヨマルル	ヨマルル	ヨマルル
状況・否定	ヨマレン	ヨマレン	ヨマレン	ヨマレン	ヨマレン	ヨマレン

可能の種類・肯否＼地域	長崎西	長崎東	熊本西	熊本東	宮崎西	宮崎東
能力・肯定						
能力・否定						
状況・肯定	ヨマルル	ヨマルル	ヨマルル	ヨマルル	ヨマルル	ヨマルル
状況・否定	ヨマレン	ヨマレン	ヨマレン	ヨマレン	ヨマレン	ヨマレン

可能の種類・肯否＼地域			鹿児島西	鹿児島東		
能力・肯定						
能力・否定			ヨマレン			
状況・肯定						
状況・否定			ヨマレン			

4章 九州地方の可能表現

表 II. 4. 2i ヨムル（ヨメル・ヨメルル）／ヨメ(レ)ンの分布一覧表 （GAJ：1979〜1982年）

可能の種類・肯否 \ 地域	佐賀西	佐賀東	福岡西	福岡東	大分西	大分東
能力・肯定				ヨメル		ヨメル、ヨムル
能力・否定	ヨメン	ヨメン			ヨメン	ヨメン
状況・肯定			ヨメル	ヨメレル	ヨムル	ヨムル、ヨメルル
状況・否定		ヨメン	ヨメン		ヨメン、ヨメレン	ヨメン、ヨメレン

可能の種類・肯否 \ 地域	長崎西	長崎東	熊本西	熊本東	宮崎西	宮崎東
能力・肯定			ヨムル	ヨメル		
能力・否定	ヨメン	ヨメン	ヨメン	ヨメン		ヨメン
状況・肯定	ヨメル、ヨマル	ヨメレル、ヨムル、ヨメル	ヨマル	ヨムル、ヨメル	ヨムル	
状況・否定	ヨメン	ヨメン		ヨメン	ヨメン	ヨメン

可能の種類・肯否 \ 地域	鹿児島西	鹿児島東
能力・肯定		
能力・否定		
状況・肯定		
状況・否定		

表 II. 4. 2j ヨムル（ヨメル・ヨメルル）／ヨメ(レ)ンの分布一覧表 （FPJD：2010〜2014年）

可能の種類・肯否 \ 地域	佐賀西	佐賀東	福岡西	福岡東	大分西	大分東
能力・肯定					ヨムル	ヨメレル、ヨメル
能力・否定				ヨメン	ヨメレン、ヨメン	ヨメレン、ヨメン
状況・肯定			ヨメル	ヨメル	ヨムル	ヨメル、ヨメルル
状況・否定				ヨメン	ヨメン	ヨメン

可能の種類・肯否 \ 地域	長崎西	長崎東	熊本西	熊本東	宮崎西	宮崎東
能力・肯定			ヨムル			ヨメル
能力・否定		ヨメン	ヨメン			ヨメン
状況・肯定	ヨメル	ヨメル、ヨムル			ヨムル、ヨメル	ヨメル、ヨムル
状況・否定	ヨメン		ヨメン	ヨメン	ヨメン	ヨメン

可能の種類・肯否 \ 地域	鹿児島西	鹿児島東
能力・肯定		
能力・否定		
状況・肯定		
状況・否定		

4. 分布の経年比較と可能の意味の世代比較　147

表 II. 4. 2k　ヨーヨム／ヨーヨマンの分布一覧表（GAJ：1979〜1982 年）

可能の種類・肯否＼地域	佐賀西	佐賀東	福岡西	福岡東	大分西	大分東
能力・肯定						ヨーヨム
能力・否定						ヨーヨマン
状況・肯定						
状況・否定						

可能の種類・肯否＼地域	長崎西	長崎東	熊本西	熊本東	宮崎西	宮崎東
能力・肯定						ヨーヨム、エーヨム、ヤスヨム
能力・否定				エーヨマン	エーヨマン	エーヨマン、ヨーヨマン、ヤスヨマン
状況・肯定						
状況・否定						エーヨマン

可能の種類・肯否＼地域	鹿児島西	鹿児島東
能力・肯定		
能力・否定		
状況・肯定		
状況・否定		

表 II. 4. 2l　ヨーヨム／ヨーヨマンの分布一覧表（FPJD：2010〜2014 年）

可能の種類・肯否＼地域	佐賀西	佐賀東	福岡西	福岡東	大分西	大分東
能力・肯定	ヨーヨム					
能力・否定						ヨーヨマン
状況・肯定						
状況・否定						

可能の種類・肯否＼地域	長崎西	長崎東	熊本西	熊本東	宮崎西	宮崎東
能力・肯定		ヨーヨム				エーヨム、ヨーヨム
能力・否定					エーヨマン、ヨーヨマン、ヤスヨマン	エーヨマン、ヨーヨマン
状況・肯定						
状況・否定			ヨーヨメヘン			エーヨマン

可能の種類・肯否＼地域	鹿児島西	鹿児島東
能力・肯定		
能力・否定		
状況・肯定		
状況・否定		

4章 九州地方の可能表現

表 II. 4. 3 『九方基』(1960年代) の形式分布
表 II. 4. 3a ヨミユル／ヨミエン (ヨミャエン) の分布一覧表 (『九方基』: 1964～1965年)

可能の種類・肯否 \ 地域	佐賀西	佐賀東	福岡西	福岡東	大分西	大分東
能力・肯定	ノミユル	ノミユル				
能力・否定						
状況・肯定						
状況・否定						

可能の種類・肯否 \ 地域	長崎西	長崎東	熊本西	熊本東	宮崎西	宮崎東
能力・肯定	ノミユル	ノミユル	ノミユル	ノミユル		
能力・否定						
状況・肯定						
状況・否定	ヨミエン	ヨミエン	ヨミエン			

可能の種類・肯否 \ 地域	鹿児島西	鹿児島東
能力・肯定		
能力・否定		
状況・肯定		
状況・否定		

表 II. 4. 3b ヨンガナル／ヨンガナランの分布一覧表 (『九方基』: 1964～1965年)

可能の種類・肯否 \ 地域	佐賀西	佐賀東	福岡西	福岡東	大分西	大分東
能力・肯定						
能力・否定						
状況・肯定						
状況・否定						

可能の種類・肯否 \ 地域	長崎西	長崎東	熊本西	熊本東	宮崎西	宮崎東
能力・肯定					ノミガナル	
能力・否定						
状況・肯定						
状況・否定			ヨミガナラン	ヨミガナラン	ヨミガナラン	ヨミガナラン

可能の種類・肯否 \ 地域	鹿児島西	鹿児島東
能力・肯定	ノミガナル	ノミガナル
能力・否定		
状況・肯定		
状況・否定	ヨミガナラン	ヨミガナラン

4. 分布の経年比較と可能の意味の世代比較　149

表 II. 4. 3c　ヨミキル／ヨミキランの分布一覧表（『九方基』：1964〜1965 年）

可能の種類・肯否 \ 地域	佐賀西	佐賀東	福岡西	福岡東	大分西	大分東
能力・肯定	ノミキル	ノミキル	ノミキル	ノミキル	ノミキル	ノミキル
能力・否定						
状況・肯定						
状況・否定						

可能の種類・肯否 \ 地域	長崎西	長崎東	熊本西	熊本東	宮崎西	宮崎東
能力・肯定	ノミキル	ノミキル	ノミキル	ノミキル	ノミキル	ノミキル
能力・否定						
状況・肯定						
状況・否定	ヨミキラン	ヨミキラン	ヨミキラン			

可能の種類・肯否 \ 地域			鹿児島西	鹿児島東		
能力・肯定						
能力・否定						
状況・肯定						
状況・否定						

表 II. 4. 3d　ヨマルル（ヨマレル）／ヨマレンの分布一覧表（『九方基』：1964〜1965 年）

可能の種類・肯否 \ 地域	佐賀西	佐賀東	福岡西	福岡東	大分西	大分東
能力・肯定						
能力・否定						
状況・肯定						
状況・否定	ヨマレン	ヨマレン	ヨマレン	ヨマレン	ヨマレン	ヨマレン

可能の種類・肯否 \ 地域	長崎西	長崎東	熊本西	熊本東	宮崎西	宮崎東
能力・肯定						
能力・否定						
状況・肯定						
状況・否定	ヨマレン	ヨマレン	ヨマレン	ヨマレン	ヨマレン	ヨマレン

可能の種類・肯否 \ 地域			鹿児島西	鹿児島東		
能力・肯定						
能力・否定						
状況・肯定						
状況・否定			ヨマレン			

4章 九州地方の可能表現

表 II. 4. 3e ノムル／ヨメレンの分布一覧表（『九方基』：1964〜1965年）

可能の種類・肯否＼地域	佐賀西	佐賀東	福岡西	福岡東	大分西	大分東
能力・肯定			ノメル		ノメル	ノメル
能力・否定						
状況・肯定						
状況・否定		ヨメレン	ヨメレン	ヨメレン	ヨメレン	ヨメレン

可能の種類・肯否＼地域	長崎西	長崎東	熊本西	熊本東	宮崎西	宮崎東
能力・肯定						
能力・否定						
状況・肯定						
状況・否定	ヨメレン	ヨメレン	ヨメレン	ヨメレン	ヨメレン	ヨメレン

可能の種類・肯否＼地域	鹿児島西	鹿児島東
能力・肯定		
能力・否定		
状況・肯定		
状況・否定	ヨメレン	

表 II. 4. 3f ヨーヨム／ヨーヨマンの分布一覧表（『九方基』：1964〜1965年）

可能の種類・肯否＼地域	佐賀西	佐賀東	福岡西	福岡東	大分西	大分東
能力・肯定						
能力・否定						
状況・肯定						
状況・否定						

可能の種類・肯否＼地域	長崎西	長崎東	熊本西	熊本東	宮崎西	宮崎東
能力・肯定						エーノム
能力・否定						
状況・肯定						
状況・否定						エーヨマン

可能の種類・肯否＼地域	鹿児島西	鹿児島東
能力・肯定		エーノム
能力・否定		
状況・肯定		
状況・否定		エーヨマン

は分布がなく、FPJD（表II. 4. 2f）では可能全般に広まっている。1960年代（表II. 4. 3c）の分布を見ると「能力可能」に分布があるので、新たな拡大とは言えない。全国の分布から見ても、この形式は九州のみに分布し、宮崎西は、〜ガナルとの接触地域である。形式が重なり合ったところで、このような分布となったことがわかる。

④ 未然形＋レル（ヨマルル）［表II. 4. 2g、II. 4. 2h、II. 4. 3d］

九州のほぼ全域で安定して「状況可能」を担当している。鹿児島西は1960年代（表II. 4. 3d）にも「状況可能」に分布があり、否定では安定してここまで分布があることがわかる。FPJD（表II. 4. 2h）では、福岡西、大分西、鹿児島西など「能力可能」の否定形へ意味拡張が起きている。長崎ではGAJ（表II. 4. 2g）でその動きがあったが、FPJDでは「状況可能」のみを担当している。

⑤ 可能動詞（ヨムル・ヨメル・ヨメルル）［表II. 4. 2i、II. 4. 2j、II. 4. 3e］

GAJ（表II. 4. 2i）では虫食い状分布だが、FPJD（表II. 4. 2j）になると東部へ上る階段状の分布に変化している。1960年代（表II. 4. 3e）では「状況可能」の否定形が鹿児島西にあったが、GAJとFPJDともに鹿児島に分布がない。九州の西からは衰退し、それも「能力可能」からの衰退が著しい。他方、大分東と宮崎東では、可能動詞は可能の意味全般に広がっている。

⑥ ヨー〜（ヨーヨム）［表II. 4. 2k、II. 4. 2l、II. 4. 3f］

九州の東側に分布の中心がある。1960年代（表II. 4. 3f）には宮崎東と鹿児島東までに「エー〜」の地点がある。GAJ（表II. 4. 2k）とFPJD（表II. 4. 2l）では、鹿児島東からは衰退し、一方、大分東に「ヨー〜」が「能力可能」で分布する。全国分布を見ると、この形式は近畿・中国・四国地方に広く分布があり、そちらからの伝播の西端になっていると考えられる。宮崎東で全面的に受け入れた以外の地域では、一部取り入れるにとどまったものと解釈すべきだろう。

4.2 接触による体系変化の視点から

日高（2008）では、東北地方の可能表現について、福島県の単一形式による可能表現体系が、単純化に向かって隣接地域に取り入れられていく様子を言語地図と体系表を用いて明らかにしている。それにヒントを得て、FPJDの時点での九州地方の可能表現の体系（五段動詞のみ）の分布図を描いたのが、図II. 4. 11である。

図II. 4. 11を見ると、形式にかかわらず、「能力可能」と「状況可能」で形式

152 4章 九州地方の可能表現

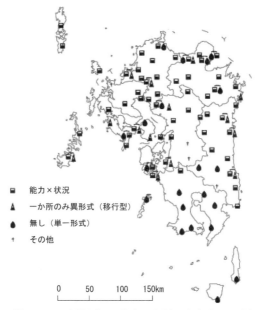

図 II. 4. 11　九州地方の可能表現（形式の意味区別の分布）

図 II. 4. 12　九州地方の可能表現（複雑・不均衡な意味区別地点）

表 II.4.4　意味区別と形式の関係が複雑・不均衡になっている調査地点と形式

FPJD 地点番号	地点名	使い分け形式 能力×状況	使い分けない形式 →単一化傾向の形式
130210-33560	福岡県前原市	キル×□	→未然形＋レル
130873-33792	福岡県北九州市	キル×□	ヨメル
130419-32235	熊本県水俣市	キル×□	→ヨムル
130024-32188	熊本県牛深市	キル×□	ユル
130501-33380	佐賀県鳥栖市	キル×□	→コトガデキル
131506-33443	大分県杵築市山香町	キル×（未然形＋レル）	ヨメル、ヨメレル
131560-32991	大分県豊後大野市三重町	キル×（未然形＋レル）	ヨメル、ヨメレル
130545-33029	熊本県南関町	キル×（未然形＋レル）	ヨメル
131713-33466	大分県国東市安岐町	キル・コトガデキル ×（未然形＋レル）	→ヨメル
131928-32798	大分県佐伯市蒲江町	能力・肯定キル×□	→ヨメル
131605-32334	宮崎県日向市	エー×（未然形＋レル）	→ヨメル
129654-33000	長崎県西海町	能力・肯定エー×□	→ユル
130727-32983	熊本県鹿本町	□×（未然形＋レル）	→ヨメル
131198-33605	大分県中津市	□×（未然形＋レル）	ヨメン、ヨメレン　→キル
131566-32566	宮崎県延岡市	□×（未然形＋レル）	→エー
130085-32796	長崎県諫早市	□×（未然形＋レル）	→ユル
130255-32638	長崎県南有馬町	□×状況・否定（未然形＋レル）	→ユル
128841-32688	長崎県福江市	□×（未然形＋レル）	→ユル
131385-31815	宮崎県宮崎市	□×（未然形＋レル）	→コトガデキル
130130-32118	鹿児島県長島町	□×ガナル	→ユル
129923-31837	鹿児島県里村	否定のみ（未然形＋レル）	ガナル

を使い分ける意味体系が九州地方の半分以上を覆っている。使い分けのない体系のみの地域は、九州南部（鹿児島県全域と宮崎県西南部）にまとまって分布している。また、併用としてだが使い分けがない形式を持つ地点は、長崎県、熊本県、大分県の海岸部に分布する。どこか一か所以外を単一形式で表す「移行型」と思われる体系も、この地域とほぼ重なるが、海岸部だけでなく、佐賀県と福岡県の境にも分布する。さらに、異なる形式の接触地帯である熊本県南部地域と宮崎県南部地域には、対をなさない形式による使い分けが分布する。

154 4章 九州地方の可能表現

表 II. 4. 5 体系「4 その他」の地点と可能表現形式

FPJD地点番号	地点	能力・肯定	能力・否定	状況・肯定	状況・否定	備考
131068-31721	宮崎県都城市	ヨンガデクッ	ヨンコッガラン	ヨンガナッ	ヨンガデケン	ヨンガデクル、ヨンガナル
130824-32401	熊本県五木村	ヨミキッ	ヨミャエン、ヨミキラン	ヨミガナッ、ヨミャナッ	ヨミャエン、ヨマレン	キル×ガナル／可能助動詞／エル
130762-32200	熊本県人吉市	ヨミキッ	ヨミャキラン	ヨマルッ	ヨミャナラン	キル×可能助動詞／ガナル
129923-31837	鹿児島県里村	ヨミガナイ	ヨマレン、ヨミガナラン	ヨミガナル	ヨマレン、ヨミガナラン	否定のみ可能助動詞
129875-33532	佐賀県鎮西町	ヨメル、ヨーヨム	ヨミャエン	ヨマレル	ヨマレン	

　図 II. 4. 12 は、上記した意味の区別と形式の関係が複雑・不均衡になっている地域のみを示したものである。この図を見ると、①異なる形式の接触地点（〜ユルと〜キル、〜ユルと〜ガナル、これら3形式が接触する地域）、②東北海岸部（近畿・中国・四国との接触地域）にこのような地点の分布があることがわかる。可能表現における異なる形式との接触や異なる体系との接触によって体系に揺れが生じ、単一形式化（単純化）を目指す現象と考えられる。表 II. 4. 4 は、図 II. 4. 12 の該当する調査地点の可能表現の形式と、どの形式への移行なのかを表にしたものである。

　これらの地点では、使い分けの体系を持つと同時に、使い分けずに単一形式で表す、あるいは意味区分の一部を残してほかを単一形式で表している。表内の□は、その意味区分のみを担当する形式が欠けていることを表す。宮崎県や大分県の各地点では可能動詞に、長崎県や熊本県牛深市では〜ユルに可能の意味区別がなくなり、可能全般を表す形式になりつつあることがわかる。表 II. 4. 5 は、地図上で「その他」とした地点の可能表現形式を一覧表にしたものである。FPJD地点番号 129923-31837 の鹿児島県里村は、〜ガナルが使い分けなく可能全般で使われているのと同時に、否定形のみでヨマレンが使用されている。

4.3　複雑な地域の実態―大分県の例―

　経年比較により、ある地域では安定的に意味の範囲を守っている形式が、別の場所では従来の意味をこえて「意味の拡張を起こしている」ことがわかった。そ

れでは、どのようなしくみでこのような現象が起きるのだろうか。

2002年に筆者が行った大分県大分郡挾間町（現在の由布市挾間町）での調査結果から（松田2004）、意味拡張が起きるしくみを考えてみたい。この調査は、渋谷（1993）の「可能の条件スケール」（図II. 4. 1）をもとに、西日本各地の可能表現について調査・分析した木部（2004）・九州方言研究会編（2004）と同じ調査票を用いて行った。図II. 4. 13は、その結果である。3世代で形式と意味の関係に変化が見られた。

左側の図II. 4. 13（a）、（c）、（e）は「能力×外的条件（状況）」の対立を見ているが、高年では「能力」の担当がキルだけでなく、二重可能形をはじめとして、いくつかの形式に分散している。中年でキルと（未然形＋レル）にすっきりと区分されたように見えるが、若年では可能動詞、二重可能形（ヨメルル・ヨメレル）、（未然形＋レル）の意味区別がはっきりしなくなっている。

右側の図II. 4. 13（b）、（d）、（f）は「心情・性向×内的条件」の対立を見ているが、高年ではキルと二重可能形が対立するように見える。しかし、中年になると、むしろ両方の意味ともキルが担当するようになったように見える。若年では可能動詞とキルが「内的条件」「心情・性向（性格）」の担当をするという、「対立無し」に至っている。キルは「外的条件（状況可能）」以外の、「能力」「心情・性向」「内的条件」を表す形式となり、可能動詞のほうは、ほぼ「単一形式化」を果たしていることがわかる。

4.4 大分県挾間町での意味拡張、単一形式化の過程

大分県に多く観察される「ヨメルル・ヨメレル」などの二重可能形の登場前には、当然、「ヨムル・ヨメル」という可能動詞が存在しなければならない。したがって、二重可能形の前に可能動詞があり、もともと可能動詞が担当していた意味範囲に、新規なキルが侵入したため、（未然形＋レル）との混交形を生じたと見るのが妥当だろう。キルが「能力可能」と「心情・性向」を担当するのに対して、二重可能形は特定の範囲を持たず、比較的「内的条件」を多く担当しているが、その後、二重可能形は中年の使用がほぼなくなってしまう。分布からも、キルを他所より迎え入れた際の、可能動詞（さらに二重可能形）の衰退前の姿であると考えるべきである。古い形式は、特殊な意味を帯びることが神部（1992）でも用例とともに示されている。特殊な意味とは、可能の意味区分で「能力」と「状況」のどちらとも判断しにくい、「一時的な可能／不可能」（「内的条件」）や

156　4章　九州地方の可能表現

(a) 大分・高年・男性（能力×外的条件）

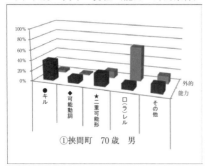

(b) 大分・高年・男性（心情・性向×内的条件）

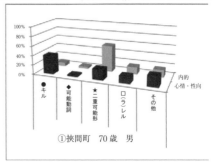

(c) 大分・中年・男性（能力×外的条件）

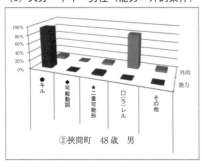

(d) 大分・中年・男性（心情・性向×内的条件）

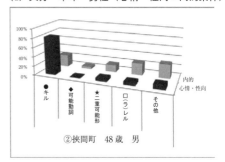

(e) 大分・若年・男性（能力×外的条件）

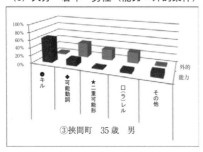

(f) 大分・若年・男性（心情・性向×内的条件）

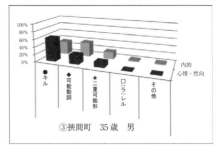

図 II. 4. 13　可能表現の「形式×意味」における世代変化（松田 2004）

話し手の感情を含めた「喜ばしい可能」や「残念な不可能」(「心情・性向」) などが考えられ、図II.4.13(b) の状態に合致する。

　その後、「内的条件可能」を二重可能形で表す体系は安定しなかった (中年)。この原因は、意味の下位区分を三つにするという、いわゆる「3区分」が、より単純な近隣の体系と異なっており、細分化する支えが弱かったことが考えられる。北部や東部で勢力を持つキルは「能力可能」と「心情・性向」を担当として区分域を明確に持つに至った。しかし、(ラ) レルや可能動詞、二重可能形などその他の形式[2]は、「それ以外の可能の意味」に混在することになってしまったため、不安定になる。そのような状態で、共通語や九州南部などですでに安定している「単一形式化」の影響を受け、それぞれの形式が持つ意味を払拭して「単一で使える形式」を求めた (若年)。そこで、かつて能力可能を担当した、共通語形でもある可能動詞が使われるようになったと考えられる。

　可能表現の単一形式化は日本語全体にかかわる大きな流れであるが、中央 (おもに京都・大阪) から多くの可能表現形式を受け入れてきた九州地方では、ある程度の形式の棲み分けも必要であった。瀬戸内海から九州地方の入り口として機能した大分県では、意味区別を細分化することで、増える形式に対応しようとした。一方、九州南部は棲み分けをやめ、単一形式体系になったことで体系を安定させた。共通語 (意味の下位区分なし) の影響もあり、より単純な体系に向かう単一形式化という現象が九州各地でも起きていると考えられる。しかし、北部から中央部にかけては依然として安定した「能力×状況」の体系があり、予断を許さない状態だと言うべきだろう。

　長崎県、佐賀県、宮崎県の体系が揺れている地点でも、大分県と同様の過程を経て、単一形式化 (体系の単純化) の現象に至ったものと推測される。

4.5　可能の意味区分の連続性と形式の関係

　図II.4.13では、形式の対立を見るために「能力可能」と「外的条件 (状況) 可能」を並べた。図II.4.13(c) を見るとわかるように、もっとも対立関係にあるのが、この二つの意味区別である。「心情・性向」は、「能力可能」とほぼ同じ結果を表すことから、この二つの意味区別は近い関係にあることがわかる。「内的条件」は、図II.4.13(d) のように「能力可能」と「外的条件」の形式が両方とも同じ位であることから、それらの中間に位置することがわかる。さらに、図II.4.13(b) と図II.4.13(f) を見ると、「心情・性向」と「内的条件」に、ある

程度のまとまりが見られることがわかる。渋谷 (1993) によれば、「心情・性向」は手前にある「能力可能」を飛び越えては担当できないはずである (図 II. 4. 1)。完全に飛び越えてはいないが、図 II. 4. 13(f) を見ると、明らかに可能動詞と二重可能形が、「心情・性向」と「内的条件」で「能力可能」より強い結びつきを表している。松田 (2013) ではこの矛盾を解決するために、新たな可能の意味構造と形式のモデルを提示した (図 II. 4. 2)。

　可能の意味は、「主体がある動作をできる／できない」で一つにまとめられるものである。つまり、意味の下位区分としての「能力可能」や「状況可能」が、もともと排他的な二項対立概念ではないのである。たとえば、「雨で運転ができない」は「状況可能」の典型例と思われがちだが、雨でも能力があれば運転できるはずだと考えれば、そこに「能力可能」の形式を使う余地が残されている。各地で「能力可能」形式と「状況可能」形式の交替が見られることも、決して互いが排他的ではないことを示唆している。この連続性は、面上でとらえると、新たな形式がその勢力に従って、既存の形式を押しやるような動きとしてとらえることができる (図 II. 4. 2、II. 4. 14)。大分方言の3区分化も鹿児島方言の単一形式化も、連続性を持った可能の意味構造の中で、それぞれの形式が拮抗する図式でとらえることによって、よりわかりやすくなると思われる。

```
A体系　可能の意味：　　　能力　　　×　　状況（外的条件）
　　　　形式　　：　　可能動詞　　　×　　　（未然形＋レル）
　　　　　　　　　　　　　　　↓　　新規形式キルの受け入れ
B体系　可能の意味：能力・心情・性向×内的条件×状況（外的条件）
　　　　形式　　：　　　キル　　×二重可能形×（未然形＋レル）
　　　　　　　　　　　　　　　↓　　近隣の2区分体系の影響
C体系　可能の意味：能力・心情・性向　×　　状況（外的・内的条件）
　　　　　　　　　　　　　　　　　　　⇒その他の可能担当へ
　　　　形式　　：　　　キル　　×　（未然形＋レル）ほか
　　　　　　　　　　　　　　　↓　　単純化体系の影響
D体系　可能の意味：　　　　　　可能全般
　　　　形式　　：　　　　　　可能動詞
```

図 II. 4. 14　大分県挾間町での可能表現における意味体系変化の過程

5. 文法の単純化傾向と九州地方の可能表現（まとめと課題）

　これまで見てきたように、九州地方の可能表現は、有力形式として「能力可能」にユルやキル、「状況可能」に（未然形＋レル）、可能全般を表す単一形式としてガナルを持ち、そのほかにも可能動詞をはじめ、いくつかの形式がそれぞれ可能の意味区分を担当して存在する。経年変化を見ると、それぞれがほとんど勢力を変えずに分布し続けていると言っていいような結果であった。つまり、GAJとFPJDの比較、また1960年代に調査された『九方基』と比べても、大きな差を指摘することはできないのである。

　しかし、FPJDで報告された1地点ずつについての形式は複数回答であることが多く、その「能力可能」「状況可能」「肯定形」「否定形」の体系を見ることによって、九州内で①異なる形式が接触するところ、②複数形式使用の体系と単一形式体系が接触するところ、③東西海岸部の地域、に単一形式化傾向が見られることがわかった（図II. 4. 11、II. 4. 12）。単一形式化（単純化）傾向を示す形式は、それぞれの場所で有力なもの、共通語形かそれに近いものである。ところで、キルと（未然形＋レル）への単一化はほとんど見られなかった（表II. 4. 4）。これは、キルが「能力可能」としての意味が強いこと、（未然形＋レル）は可能専用形式ではないことに関係があるだろう。また、筆者が行った大分県挾間町（現由布市挾間町）の調査・分析結果を挙げ（図II. 4. 13）、九州地方の形式の棲み分け、意味拡張、単一形式化の起きるしくみを探った（図II. 4. 14）。この調査では「性向・心情」や「内的条件」など、さらに意味を下位区分した調査を行っており、そこから明らかになった可能の意味構造の「連続性」を確認した（図II. 4. 2）。

　FPJDで見られる九州地方の可能表現形式は、実に多彩である（図II. 4. 3〜II. 4. 6）。九州地方でこのような多彩な形式が存在する理由として、「地理的特徴」と「可能の意味構造」を挙げることができる。中央（おもに京都・大阪）からの距離が遠いため、それぞれの新形式の勢力（強文化圏の威信）が強くなく、既存（すでに使われている）の形式を凌駕することができなかったことで形式数が増えた。さらに、可能の意味がいくつかの観点から下位区分でき、複数の形式を割り当てることができる構造であることが、多彩で複雑な分布に至った原因であろう。

　中央語の歴史からは、中古までにユル、続いてレル、中世にヨー、ガナル、可

能動詞、近世に入ってコトガデキルというおよその発生順がわかるものの、レル以降の順番は詳しくはわからない。また、キルは中央語で可能の意味を持たないため、発生時期を特定することは難しい[3]。しかしながら、九州の西部にはユルが、東部にはコトガデキルが分布することから、中央語の波は確かに及んでおり、現在、新旧の形式が激しくぶつかり合う境界地帯で、単一形式化が起きていることがわかる。

今回は、一段活用動詞「着る」の地図を描くことができなかった。回答語形の種類が五段動詞以上に多く、整理が難しい。今後、一段動詞の可能表現形式の分布も合わせて見ることによって、今回出した結論を再検討しなければならない。先述したように、奄美・琉球方言と九州地方の可能表現をつなげて考えることも、今後の課題である。

付記

この研究は、2012年12月1日「方言の形成過程解明のための全国方言調査」公開研究発表会「シンポジウム九州・琉球方言の分布と歴史」、日本語学会2013年春季大会での研究発表、九州方言研究会で発表したものをまとめ、書き直したものです。大変貴重な御意見・御教示をくださった方々と調査に御協力いただいた関係の皆様に、この場をお借りして心より感謝申し上げます。

注

1 調査項目の見出しが「読めない」と記載されている。しかし調査票の〈参考〉として、「エエ読マン・ヨオ読マン・ヨメン・ヨメレン」と挙げてあるので、質問文の可能動詞に多少影響を受けても、誘導して本来の語形を得ることはできたと思われる。
2 大分県では、〜ダス、〜コナス、〜ウス（オース）など、可能表現形式が多数観察される。それぞれが「機会可能」「完遂可能」などの狭い範囲の可能の意味を担当することが多いが、その意味をこえて使われる場合もある。
3 2013年に日本語学会春季大会で発表の際、県立熊本大学教授の米谷隆史氏より、1780年代成立の『肥後方言茶談』に「イキキラズ（行くことができない）」というキルを使った文が記録されていることを御教示いただいた。

文献

神部宏泰（1992）『九州方言の表現論的研究』和泉書院
木部暢子（2004）「九州の可能表現の諸相―体系と歴史―」『国語国文薩摩路』48
九州方言学会編（1969）『九州方言の基礎的研究』風間書房
九州方言学会編（1991）『九州方言の基礎的研究　改訂版』風間書房
九州方言研究会編（2004）『西日本方言の可能表現に関する調査報告書』

国立国語研究所編(1999)『方言文法全国地図 4』大蔵省印刷局
坂梨隆三(1969)「いわゆる可能動詞の成立について」『國語と國文学』46-11
坂梨隆三(2006)「第一部　可能に関するもの」『近世語法研究』武蔵野書院
渋谷勝己(1993)「日本語可能表現の諸相と発展」『大阪大学文学部紀要』33 第 1 分冊
竹田晃子(2007)「可能表現形式の使い分けと分布—能力可能・状況可能、肯定文・否定文—」『日本語学』26-11
種　友明・糸井寛一(1977)「大野川流域における可能表現」大分大学教育学部編『大野川—自然・社会・教育—』
種　友明・日高貢一郎(1981)「大分県津江地方の可能表現」『大分大学教育学部研究紀要』5-6
日高貢一郎(1991)「可能表現」大分県総務部総務課編『大分県史　方言篇』
日高水穂(2008)「方言形成における「伝播」と「接触」」山口幸洋博士の古希をお祝いする会編『山口幸洋博士古希記念論文集　方言研究の前衛』桂書房
松田美香(2004)「可能表現の変遷—大分郡挾間町の 3 世代—」『別府大学紀要』45
松田美香(2005)「表現が生まれるとき—可能表現—」『日本語学』24-14
松田美香(2013)「九州方言における可能表現の変遷」『日本語学会 2013 年度春季大会予稿集』

5 中国地方における一段動詞の五段動詞化
―活用体系の平準化における停滞・阻害の事例として―

小西いずみ

1. はじめに

　本章では、活用体系の変化における全国的・歴史的な流れ（巨視的な動態）と局所的・短期的な変化（微視的な動態）との関係を探るケーススタディとして、中国地方における一段動詞の五段動詞化を扱う。特に、次の2点に着目する。
- 仮定形ととりたて否定形の平準化
- ラ行五段化

　日本語諸変種の活用体系は、意思疎通性を担保しつつ合理性（体系の単純性）を高める方向で変化してきたと言える。その背景にしばしば音韻変化があることもよく知られている（大西 1996 など）。中央語史において動詞の活用型は段階的な統合を遂げており、現代諸方言における一段動詞のラ行五段化もその延長上にある。一般に活用体系の変化は、限られた語彙・活用形、限られた地理的範囲で生じた変異が適用範囲を拡張して進むと想定される。特に、ラ行五段化については、語彙的条件として動詞の長さや活用型がかかわるとの報告がある。松丸（2001）によると、高知県幡多方言では、短い動詞のほうが長い動詞より、上一段動詞のほうが下一段動詞より、早くラ行五段化が進んでいる。また、小林（2004）は、ラ行五段化の全国的傾向として、次のような活用形間の序列があること、否定形のラ行五段化は西日本に限られることを指摘している。なお、小林（2004）ではとりたて否定形は対象となっていない。

　　使役形＞意志形≒命令形＞否定形＞過去形

　また、小林（2004）は、ラ行五段化は「それぞれいくつかの核となる地域を中心として、徐々に発達したもの」であり、その地理的拡大のあり方を、全体としては「逆周圏論」的、各地のレベルでは「周圏論」的と評している。

　本章で扱うのは、そうした一般的な変化モデルに単純には整合しない事例である。特定地域の経年変化を微視的に観察し、異なる地点・方途で独立に進んだ合

理化志向の変化が、どのように相互作用したかを考察する。

2. 仮定形ととりたて否定形の平準化

　図 II. 5. 1、II. 5. 2 に『方言文法全国地図』（GAJ、国立国語研究所編 1991・1993）と全国方言分布調査（FPJD、本書の「まえがき」参照）の「起きれば」の略図、図 II. 5. 3 に GAJ の「見はしない」の略図を示す[1]。GAJ は 1979～1987 年に原則 60～75 歳の男性を対象として、FPJD は 2010～2015 年に原則 70 歳以上を対象として調査を実施しており、両者を比較することによりおよそ 30 年間の変化を知ることができる。中国地方 5 県（鳥取、島根、岡山、広島、山口）のほか、隣接する兵庫県全域、香川県・愛媛県の瀬戸内海沿岸、および、福岡県北九州市も含めている。図 II. 5. 1～II. 5. 3 から、一段動詞の仮定形ととりたて否定形を平準化する方向への変化が起きていること、その方途に地域差があることがわかる。まず、広島県安芸南部では、とりたて否定形を基準に仮定形を変化させている（下では「書く」と「起きる」で代表させて示す）。

　kakjaʀ：X＝kakjaʀ-seɴ：okjaʀ-seɴ

　X＝okjaʀ（＜okirjaʀ）

図 II. 5. 1　起きれば（GAJ 126 図より改）

164　5章　中国地方における一段動詞の五段動詞化

図 II. 5. 2　起きれば（FPJD G-046 より）

図 II. 5. 3　見はしない（GAJ 161 図より改）

一方、岡山県、兵庫県北部から鳥取県全域を経て島根県出雲地方までの地域と山口県沿岸部では、仮定形を基準にとりたて否定形をラ行五段化させている。

　　kakja(R)：okirja(R) = kakja(R)-seN：X
　　X = okirja(R)-seN（＜okja(R)-seN）

なお、図Ⅱ.5.1のGAJ、図Ⅱ.5.2のFPJDの分布を比べると、安芸の革新形オキャーの分布域は、広島市・呉市の都市部から島嶼部・農村部に移行しているように見える。また、出雲地方には-rjaが直音化した-ra形も仮定形・とりたて否定形両方で成立している。

3. ラ行五段化

3.1　GAJとFPJDの分布概観

　図Ⅱ.5.4、Ⅱ.5.5にGAJとFPJDの否定形「起きない」、図Ⅱ.5.6、Ⅱ.5.7に同じく命令形「起きろ」、図Ⅱ.5.8、Ⅱ.5.9に意志形「起きよう」の略図を示す。
　否定形では、「オキン」からラ行五段化により成立した形が「オキラン」である。中国地方では、島根県東部（出雲）から鳥取県西部にかけてと、島根県隠岐地方、および、広島県安芸島嶼部（倉橋島）にオキランが分布する。GAJの「起きない」の図には安芸島嶼部にラ行五段化形がないが、74図「見ない」には上蒲刈島にラ行五段化形「ミラン」の回答があり、新しく生じたものとは考えにくい。安芸島嶼部の否定形については後述する。また、図Ⅱ.5.4、Ⅱ.5.5の凡例のうち「オキヘン」～「オキレン」がとりたて否定形「オキワセン」に由来する形であり、うち「オキリャヘン」「オキリャーヘン」「オキリャセン」「オキレヘン」「オキレン」がラ行五段化により成立した形と見られる。これらのラ行五段化したとりたて否定形は、中国地方では鳥取県に見られる。
　命令形では、「オキレ」がラ行五段化によって成立した形である。オキレはGAJでは島根県出雲地方と隠岐地方に、FPJDでは島根県出雲地方と鳥取県西部に見られる。出雲のオキレはGAJでは3地点に見られたが、FPJDでは1地点に減る。
　意志形では「オキロー」と「オキラ（カ）」がラ行五段化した形と言える[2]。否定形・命令形・とりたて否定形にラ行五段化形が現れた出雲では意志形のラ行五段化形がGAJにもFPJDにも現れない。鳥取県西部はGAJにはラ行五段化形がないが、FPJDにオキラ（カ）が2地点現れる。また、他の活用形にラ行五段化形が見られない島根県石見地方（益田市）にオキローが回答されている。

166　5章　中国地方における一段動詞の五段動詞化

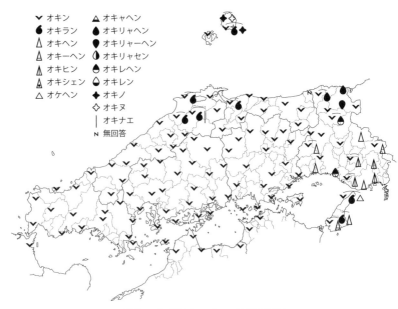

図 II. 5. 4　起きない（GAJ 72 図より改）

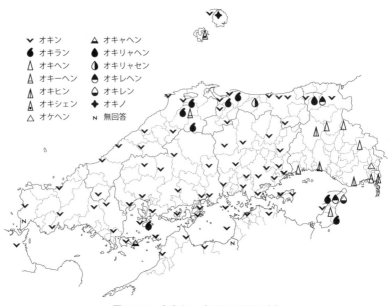

図 II. 5. 5　起きない（FPJD G-001 より）

3. ラ行五段化　167

図 II. 5. 6　起きろ（GAJ 85 図より改）

図 II. 5. 7　起きろ（FPJD G-013 より）

168 5章 中国地方における一段動詞の五段動詞化

図 II. 5. 8　起きよう（GAJ 106 図より改）

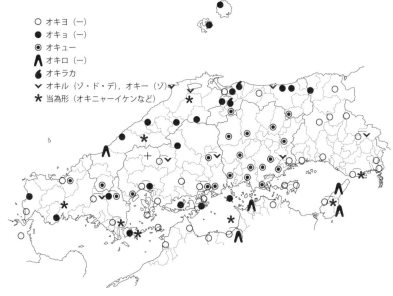

図 II. 5. 9　起きよう（FPJD G-106 より）

3.2 出雲地方でのラ行五段化

出雲地方におけるラ行五段化については、小西（2011）がGAJおよびその準備調査の結果を整理した[3]。表II.5.1および図II.5.10に示す。

出雲地方でのラ行五段化形は否定・命令・使役形ととりたて否定形の場合で地理的分布が異なる。否定形・命令形・使役形では、西部（出雲市など旧簸川郡域。地点P1、①、②）に盛んで、歴史的にもこの地域に先行したと思われる。特に否定形・命令形は西部では安定して現れている。東部の松江市（地点③）は否定形と命令形で差があり、前者では「起きない」を除いてラ行五段化形が回答されているが、後者では「起きろ」のみである。一方、とりたて否定形の場合は、出雲東部・南部にもラ行五段化形が現れている。この分布は2節で触れたように岡山県と連続しており、仮定形を基準にした平準化によりラ行五段化形が生まれたと推測される。なお、出雲地方では、準備調査も含めて意志形のラ行五段化形の回答は皆無である。

小西（2011）でも触れたように、出雲地方におけるラ行五段化が、地理的には出雲市など旧簸川郡域（宍道湖西部域）で先行したという点は、他の資料の記述と照らし合わせてもおおよそ矛盾しない。ただし、活用形、特に意志形のラ行五段化については資料間で整合しない。この点に注意して資料を読み解きたい。

小西（2011）は参照していないが、出雲地方におけるラ行五段化についての現段階で知られるもっとも早い言及は、国語調査委員会編（1906）『口語法調査報告書』である。第12条はまさに古典語の上一・下一段動詞を「四段活用ノ如ク用キル」かと尋ねたものだが、簸川郡の回答に、次のようにある。

「着る」「煮る」「乾る」「放る」「見る」等ハママ（下等社会ニ於テ）将前言ニ於テ四段活用ヲ混用スルモノアリ

（中略：「蹴る」について）

「着らか」「煮らか」「見らか」…等商人ノ児童ニ多シ

この「将前言」や「着らか」「煮らか」「見らか」は意志形にあたるものと見られる。つまり、明治後期において簸川郡の「商人ノ児童」では意志形のラ行五段化形「～ラ（カ）」が用いられていたと見られる。

広戸（1971）は、出雲・隠岐・石見・因幡の動詞活用体系を表に示し、「出雲では一段活用が五段化する傾向がある。特に青少年に多い」（p. 311）と指摘した。この「出雲」とは出雲市であることが明記されている。広戸の表では、「起きる」「捨てる」の命令形として、オキー、スィテーとともに、オキレ、スィテ

表 II.5.1　出雲方言の一段動詞・「来る」の否定形・命令形・使役形・とりたて否定形

		P1 出雲市	① 佐田町	② 平田市	③ 松江市	P2 宍道町
否定	見ない	ミン／ミラン	ミン／ミラン	ミン	ミン／ミラン	ミン
	寝ない	ネン／ネラン	ネン／ネラン	ネラン	ネン／ネラン	ネン／ネラン
	起きない	オキン／オキラン	オキン／オキラン	オキン／オキラン	オキン	オキン／オキラン
	開けない	アケン／アケラン	アケン	アケン	アケン／アケラン	アケン
	来ない	コン／コラン	コン／コラン	コン／コラン	コン／コラン	コン
命令	見ろ	ミー／ミレ	ミー／ミレ	ミー／ミレ	ミーダガ	ミー
	起きろ	オキー／オキレ	オキー／オキレ	オキー／オキーヤ／オキレ	オキー／オキーダガ／オキレ†	オキー
	開けろ	アケー／アケレ	アケー／アケレー	アケー／アケレ	アケー／アケーダガ	アケー
	任せろ	マカシェー／マカシェレ	マカシェー／マカシェレ	マカシェー	マカシェー	マカセ
	書かせろ	カカシェー／カカシェレ	カカシェー／カカシェレ	カカシェー	カカシェー	カカセ
	来い	コエ	コエ	コエ	コエ／クーダ／クーダガ	コイ
使役	開けさせる	アケサシェー／アケラシェー	アケサシェー	アケサシェー	アケサシェー	アケサセー
	来させる	コサシェー／コラシェー／キサシェー／キラシェー	コラシェー／キラシェー	コサシェー／キサシェー	コサシェー／コラシェー／キサシェー	コサセー
とりたて否定	見はしない	ミャーシェン／ミヤシェン／ミリャーシェン／ミラシェン	ミャーシェン	ミーシェン／ミリャシェン／ミラシェン	ミーヒン／ミラシェン／ミラヘン	ミーシェン
	来はしない	キャーシェン／キャシェン	キャーシェン	コーシェン／クリャシェン	クリャシェン／クラシェン	クーセン

P1～P3：準備調査の地点、①～⑥：本調査の地点
†：212図「起きろ（きびしく）」の回答から補ったもの

3. ラ行五段化   171

（GAJ準備調査・本調査結果より。ゴシック体がラ行五段化形）

④ 木次町	⑤ 広瀬町	⑥ 横田町	P3 横田町
ミン	ミン	ミン	ミン
ネン	ネン	ネン	ネン
オキナエ オキン **オキラン**	オキン	オキン	オキン
アケン	アケン	アケン	アケン
コン	コン	コン	コン
ミー	ミー	ミー ミーヤ	ミー
オキーヨ **オキレ**	オキー	オキー オキーヨ オキーヤ	オキー
アケー	アケー	アケー アケーヤ	アケー
マカシェー	マカシェー	マカシェーヤ	マカシェ
カカシェー	カカシェー	カカシェー カカシェーヤ	カカセ
コエ	コイ	コエヨ コエヤ	コエ
アケサシェー	アケサシェー	アケサシェー	アケサセー アケサシャー
キサシェー	キサシェル キサシェー	キサシェー	キサシェー キサシャー
ミャーシェン	**ミリャシェン**	ミャーシェン **ミリャーシェン**	ミャーシェン
キャーシェン	**クリャシェン**	キャーシェン **クリャーシェン**	キャーシェン

172　5章　中国地方における一段動詞の五段動詞化

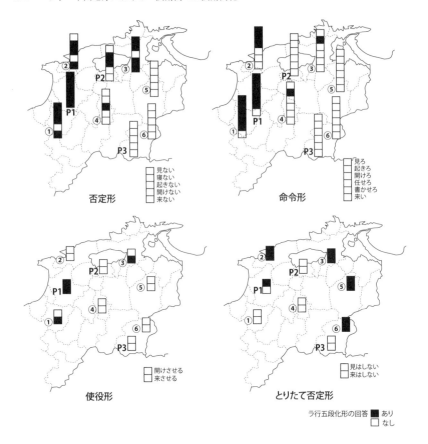

図 II. 5. 10　出雲地方におけるラ行五段化形（小西 2011 より改）

レというラ行五段化形、同じく「推量意志形」としてオキョ、スィチョとともに、オキラ、スィテラというラ行五段化形が記されている。「起きる」「捨てる」「来る」の否定形はオキン、スィテン、コンでラ行五段化形は記されていない。使役形やとりたて否定形の記述はない。なお、「する」の「推量意志形」としてショとともにサというサ行五段形がある。

　最近のものでは、有元・友定編（2008）、平山・友定編（2008）の出雲方言の概説に、一段動詞の否定形・命令形・意志形、「来る」の否定形・命令形におけるラ行五段化および「する」のサ行五段化傾向についての記述がある。出雲地方のどの地域と限定した記述があるわけではないが、これらの書は、宍道湖西部域で得られたデータに大きく依拠しているようである。

一方、加藤（1935）は、出雲地方中部に位置する旧大原郡の動詞活用体系を早い時期に記述したものだが、たとえば「起きる」は、オキン（否定）、オキョ（未来）、オキテ（連用）、オキマスィ（現在）、オキーコト（連体）、オキ（命令）と活用するとされており、一段動詞や「来る」のラ行五段化（および「する」のサ行五段化）にあたる形は見られない。

諸資料を合わせみると、出雲方言における（とりたて否定形を除く）ラ行五段化は、次のように進行してきたと考えられる。

① 萌芽的段階

旧簸川郡域で、短い上一段動詞における意志-ra がまず成立し、命令 -re も成立した。

② 語彙・活用形の拡大（・縮小）段階

語彙的には長い動詞や下一段動詞に拡大。活用形としては否定 -raN、使役 -raseR に拡大。意志 -ra は停滞または衰退。

③ 地理的拡大

ほぼ否定形-raN に限定して、東部（松江市など。GAJ がこの段階）を経て、南部（奥出雲。FPJD がこの段階）に拡大。

一般的なモデルではラ行五段化は、語彙・活用形・地理的分布においてそれぞれに拡大の過程をたどると想定されるが、出雲地方ではそのようには進んでおらず、先行したはずの意志形のラ行五段形が停滞または衰退し、また地理的分布を拡大していく過程で否定形のみが選択されるという現象が起こっている。ラ行五段形の成立自体は、意志形→命令形→否定形・使役形という順と見られ、小林（2004）が明らかにした全国的分布の序列ともおおよそ整合する。

少なくとも命令形-re の成立、および、意志形-ra の停滞・衰退には、出雲方言域における音韻体系・音韻変化が関与していると推測される。前者についてはすでに小西（2011）で言及した。出雲方言は、語中の /ri, ru/ 拍において /r/ が脱落するという音韻特徴を持ち、動詞基本形（終止・連体形）語尾-ru もこの現象により、表 II. 5.1 にもあるように、ケー（蹴る）、ミー（見る）、アケー（開ける）などとなる。一段動詞では、この現象によって、基本形と命令形がともに、ミー（見る・見ろ）、アケー（開ける・開けろ）など、同音となる。命令形における五段化形-re 成立の動機には、基本形と命令形の同音衝突の回避があったと思われる[4]。

ただし命令形-re が地理的に拡大せず、成立時期は後と思われる否定形-raN

のほうが地理的に拡大している背景についてはわからない。そもそもこの命令形は待遇的にぞんざいな形であり、使用者の属性・使用場面が限定され、使用頻度が低いことがかかわっているかもしれない。

意志形-raの停滞・衰退の背景には、仮定形-rjaの直音化があったと思われる。図II.5.1、II.5.2にもあるように、出雲方言域の一段動詞では仮定形-rjaが直音化して-raという形が生じている。この直音化した仮定形は、意志形のラ行五段化形と同形である。つまり出雲地方西部では活用体系の平準化の一環として意志形-raが成立したが、それよりも広い地域において音韻変化により仮定形-raが成立し、そのために意志形-raの地理的拡大は進まず、出雲地方西部でも優勢形になりにくいのだと思われる。鳥取県西部では出雲方言と異なり意志形-raが使われることもこの推測の傍証となる。鳥取県西部のラ行五段化が出雲方言の影響なのか自律的な変化なのかを判断する材料がないが、鳥取県西部では仮定形の直音化は起こっておらず、そのために意志形の-ra成立・安定を妨げる要因がないのである。

以上のように出雲方言では、r脱落や拗音の直音化という音韻変化がラ行五段化の動機となったり阻害要因となったりして、活用形の変異が繰り返し生成されているようだ。

3.3 安芸島嶼部のラ行五段化

安芸島嶼部の場合、GAJでは上蒲刈島（旧蒲刈町）にミラン（見ない；74図）、FPJDでは倉橋島（旧倉橋町）にオキラン（図II.5.4参照）が確認できるのみだが、『瀬戸内海言語図巻』（藤原ほか 1974）44図「見らん・見れ」を見ると、特に少年層（1950年前半の女子中学生）の図で、周防大島、安芸の江田島〜倉橋島、備後の向島〜因島（〜愛媛県の弓削島等）に否定形-raNや命令形-reが断続的に分布している。『瀬戸内海言語図巻』調査時ののち、周防大島や備後では否定-raNや命令-reが保持されず、安芸島嶼部では保持はされているものの、分布域や活用形を拡張することはなかった。2節で見たように、安芸内陸では仮定形において、-rja(R)＞-ja(R)の変化が起こっている。これ自体は、とりたて否定形との平準化という点でも体系の単純化ではあるものの、もともとrで始まる形からrを脱落させた形への変化、つまりラ行五段化に逆行した変化と言える。仮定形-rja(R)は基本形-ruとともに他のラ行五段化形を成立させる際の基準形であり、この仮定形における-ja(R)の成立は、安芸方言においてラ行五

段化の活用形の拡大、地理的な拡大を妨げる一因となったと考えられる。

注

1 作図には国立国語研究所による電子データとイラストレータ用プラグインを利用した。
2 「オキラカ」の「カ」は疑問・不定の終助詞。出雲地方や鳥取県西部では意志形が au＞aR の音韻変化を経て「カカ(ー)」(書こう；GAJ 109 図) などの形になっており、オキラはこれに平準化した形と言える。
3 公開された資料 (国立国語研究所 1979・1981-1983) のほか、未公開の調査結果を国立国語研究所の許可を得て用いている。
4 彦坂 (2001) は九州西部方言における命令形のラ行五段化にも同様の動機が働いたとしている。

文献

有元光彦・友定賢治編 (2008)『出雲弁検定教科書』ワン・ライン
大西拓一郎 (1996)「活用の類と統合―全国方言の活用の通時的対応のモデル―」言語学林 1995-1996 編集委員会編『言語学林 1995-1996』三省堂
加藤義成 (1935)「中央出雲方言語法考」『方言』5-4
国語調査委員会編 (1906)『口語法調査報告書』国定教科書共同販売所 (1986 年復刊、国書刊行会)
国立国語研究所 (1979)『方言法の全国的調査研究―準備調査の結果による分布の概観―』(科学研究費報告書)
国立国語研究所 (1981-1983)『方言文法資料図集 (1)』『同 (2)』『同 (3)』国立国語研究所
国立国語研究所編 (1991)『方言文法全国地図 2』大蔵省印刷局
国立国語研究所編 (1993)『方言文法全国地図 3』大蔵省印刷局
小西いずみ (2011)「出雲方言における「一段動詞のラ行五段化」に関する覚書」『論叢国語教育学』7
小林 隆 (2004)『方言学的日本語史の方法』ひつじ書房
迫野虔徳 (1998)「九州方言の動詞の活用」『語文研究』85
彦坂佳宣 (2001)「九州における活用型統合の模様とその経緯―『方言文法全国地図』九州地域の解釈―」『日本語科学』9
平山輝男・友定賢治編 (2008)『島根県のことば』明治書院
広戸 惇 (1971)「方言の実態と共通語化の問題点 8　鳥取・島根」東条　操監修『方言学講座 第三巻　西部方言』東京堂
藤原与一・広島方言研究所 (1974)『瀬戸内海言語図巻　上巻』東京大学出版会
松丸真大 (2001)「ラ行五段化の語彙的拡散―高知県幡多方言の 3 体系比較から―」『地域言語』13

6 大井川流域における言語変化
― 30 年前の調査結果との比較から ―

木川 行央

1. はじめに

　大井川流域の方言については、隣接地域との言葉の違いが大きいことや、東海地方において唯一の無型アクセントの地域であることで有名な最上流の井川および井川を含む上流域の方言を中心に多くの先行研究がある（岩井 1941、木川 2006b、寺田 1954・1955・1957、堀井 1961、望月 1954、山口 1955・1957、山名 1943 ほか）。また、語彙については、本川根町（以下市町村名は特に断らない限り、平成の大合併以前の市町村名を用いる。図 II. 6. 1 参照）の井沢 (1960)、島田市の坂野 (1962)、岡部町の佐藤 (1967)、さらに静岡県全県を対象とした静岡県師範学校・静岡県女子師範学校編 (1910) や内田 (1936・1937・1941)、静岡県方言研究会・静岡大学方言研究会編 (1988) などの方言集・方言辞典がある。また、言語地理学的研究としては、国立国語研究所編 (1966-1975) のほかに木川 (1997-2006a) がある。後者は、以下に述べる 1974 年から 1983 年にかけて静岡大学方言研究会の行った安倍川および大井川流域の言語地理学的調査の結果をまとめ、解釈を加えたものである。なお、中條編 (1982) には、旧静岡市全域を対象とした言語地図が示され、その解釈が加えられている。同書で用いられた資料は、木川 (1997-2006a) および本章で用いた資料と同じである。この静岡大学方言研究会による調査の後、当地域において同様の言語地理学的調査は行われていない。

　本章は、上記静岡大学方言研究会による調査から 30～40 年を経た同地域の状況を見るために 2012 年から 2015 年にかけて行った大井川流域での言語地理学的調査の結果の一部を示すものである。

2. 調査地域概要

　大井川は赤石山脈間ノ岳（あいのだけ）に端を発し、駿河湾に注ぐ全長 160 km の川である

2. 調査地域概要 177

図 II. 6. 1 調査地域

が、その長さに比して流域面積は狭い。これは、上・中流は急流で険しい渓谷を作り、平野部は下流の扇状地性の平野のみである点による。

大井川周辺は、古くから西日本と東日本の境界であった。たとえば、向坂（2007：p. 46）は、「土器が持つさまざまな情報から、日本海側では親不知海岸が、長期にわたり大きな文化的障壁となっていた（中略）、太平洋側では東西交流が比較的進んでいたとはいえ、大井川辺（小夜の中山～大崩）[1]を境に、西と東で大きく違いを見せていた」としている。また、野本（1979：p. 91）でも、「歴史時代以前の弥生中期ごろまでは、大井川が文化圏、生活圏の境をなしていたことがあった」とし、現在の静岡県内における民俗・芸能において、ヘラ鍬の型や神楽の系統・天神雛(びな)（西の焼ビナ、東のねりビナ）などが大井川の東と西で異なるとしている。

行政区分としては、最上流域の井川は駿河国であり[2]、その後も静岡市に編入されるまで、東の安倍川流域と同様安倍郡であったが、井川以南の地域は、大井川が駿河国と遠江国の境界となっており、明治以降も左岸が志太郡、右岸が榛原郡と川が郡境となっていた。しかし、1955～1956 年にかけ、右岸の上川根村と左岸の東川根村、右岸の中川根村と左岸の徳山村、右岸の下川根村と左岸の笹間村および伊久美村の一部が合併して、それぞれ、榛原郡本川根町・中川根町・川根町という、大井川の両岸にまたがる町ができ、榛原郡は左岸にまで広がった。また、1961 年には島田市が榛原郡初倉村を編入し、島田市も大井川の両岸にまたがる市となった。さらに、2005 年本川根町と中川根町が川根本町となり、同年金谷町が島田市と合併、2008 年には川根町が島田市に編入、また調査地域外の旧榛原郡相良町と榛原町が 2005 年に牧之原市に、2004 年旧榛原郡御前崎町が旧小笠郡浜岡町と合併し、御前崎市になった。その結果、現在榛原郡は、川根本町と吉田町のみとなった。また、志太郡は、上記のように中・上流域の村が榛原郡となり、島田・藤枝・焼津が市制をひき、さらに 2008 年大井川町は焼津市に、2009 年岡部町は藤枝市に編入されたため、現在存在しない。

次に、この地域の交通の歴史について、浅井（1967）・野本（1979）等によってたどると、次のようになる。

下流の平野部には東西に東海道が走っているが、大井川は、江戸時代、架橋・通船が禁じられていたため、川を渡るには川越し人夫を頼まなければならなかった。大井川に橋が架けられるのは明治以降のことになる。ただし川の近くの村人はたらい船の使用が黙認されていた。また、井川には刎橋(はねばし)があり利用されてい

た。さらに、下流域では、地元の人々が徒歩で渡ることもあったようである。

　大井川の上流域と下流域すなわち南北を結ぶ経路は、通船が禁じられていたこと、川の流れが急で蛇行していることにより、上流と下流を結ぶ船は用いられなかった。また道路は長く整備されず、川沿いに進む場合、川原を歩いたり、峠を越えたりしなければならなかった。そこで、江戸時代、さらに明治以降も、上流域に住む人々は直接下流に向かうのではなく、峠越えによって、静岡・藤枝・森町へ出るというルートを多く利用していた。したがって、商圏も、大井川上流域や笹間川上流は静岡、川根町の大井川右岸地域は西に隣接する森町、笹間川以南の山間部は藤枝の商圏に含まれていた。この峠越えのルートは、高瀬舟の登場や、その後の鉄道・道路の整備に伴い、重要性は減少していく。ただし、高木（2012：p. 264）によれば、近世において中・上流域全体が峠越えを主としていたというのは正確ではなく、「中流域への物資搬送は金谷・嶋田宿から日常的に行われていた」という[3]。

　下流域と上流域を結ぶ手段としては、まず1871年に高瀬舟が就航する。しかし、井川と本川根町の間にある難所の接岨峡を越えることはできず、井川と下流域を直接結ぶことはできなかった。その後、1931年に、金谷から本川根町千頭に至る大井川鉄道[4]が全通する。しかし、鉄道でさらに上流域へ行くには、大井川鉄道井川線が開通する1959年まで待たねばならなかった。このほかに、1926年に藤枝を起点とする川根電力索道が企画され、藤枝の滝ノ谷から、現在の中川根町地名を経由して本川根町沢間に至る索道が敷設されたが、1939年には廃線となっている。鉄道以外では、下流と中・上流域を結ぶ道路が次第に整備されていく。また、本川根町千頭から富士城峠を経て静岡市の清沢地区から旧市内へ抜ける道路や、川根町笹間から清笹峠・清沢地区を経て旧市内へ向かう道路、また西に向かっては、川根町家山から周智郡森町に至る道路など昔の峠越えのルートも整備され、東西を結ぶ交通路も再び利用されるようになってきた。井川地区については、上記の鉄道があるが、現在も峠を越えて静岡に出るのが一般的である。

　ちなみに、英国駐日公使館の通訳官から書記官、のちに駐日特命全権公使となるアーネスト・サトウが1881年の夏、東京から長野県、静岡県西北部の水窪、秋葉から大井川筋に入り、山梨県奈良田を経て東京に帰るという40日弱の旅をしている。そのときの秋葉から静岡までのルートは、秋葉街道で中川根町長尾に出、そこから北上して、井川まで行き、その後大日峠を越えて、安倍川筋に行く

というものであった。この旅の日記が残っているが、それによれば、この行程で、たらい船に乗ったり、刎橋を渡ったりしている。山道の状態にも言及しているので、道路が整備されていない当時の状況をうかがい知ることができる（サトウ 1992）。

　なお、1960年代まで上流と下流を結ぶ川沿いの通行として行われたものに、川狩りがある。大井川上流域は江戸時代、幕府の御用材を切り出したり、紀伊国屋文左衛門がここに木材を求めたりするなど、木材の重要な供給源であった。しかし、この木材を下流に川を使って運ぶ際、大井川は急流であり、かつ曲流しているので筏を組んで流すことができない。そこで、木を組まずそのまま川に流し、作業者がそれについて行く、これが川狩りである。この作業者は、川沿いに川を下り、島田まで行った。

　このほかにも、下流域の人が茶摘みなど農作業の手伝いに上流域へ行くなど、下流と上流を行き来する人々があった。このように、上流域が東西の地域とのみ交流があり下流域と隔絶していた、とは言えない。

3. 調査について

　静岡大学方言研究会は、1974年から1976年にかけて、今回の調査地域の東にあたる安倍川流域と大井川最上流の井川（その当時の静岡市全域）で言語地理学的調査を実施した。その後、1977年から1983年にかけ、井川を除く大井川流域の調査を行っている。大井川流域の調査は、安倍川流域の調査で使用した調査票に語彙項目などを追加した調査票を使用しているので、井川については、他の大井川流域で実施した調査項目の結果がない場合がある（以下、1974-83年調査、井川を含まない場合を1977-83年調査という）。

　今回の調査は、2012年に現在の川根本町、2013年に現在の島田市、2014年に静岡市井川および現在の藤枝市・榛原郡吉田町と焼津市に編入された旧大井川町の一部、2015年に旧大井川町を含む現在の焼津市で実施した（以下、2012-15年調査）。この調査は基本的に、1974-83年調査の調査地点において実施することを試みたが、協力者が見つからないなどのため、調査地点数は、1974-83年調査よりも少ない（詳細は太田 2017（次章）を参照）。調査票は1977-83年調査で使用した調査票を一部修正して使用した。

　なお、本章では、このほかに2004年に本川根町小長井（図II.6.1参照）で実施した1910年生まれから1990年生まれまでの68名[5]に対する面接調査（以下、

小長井調査)、本川根中学校において実施したアンケートおよび面接調査[6]（以下、本川根中学校調査）の結果も適宜参照する（木川 2006b）。

4. 方言形の分布域の変化

　1974-83年調査の結果を見ると、複数の語が似たような分布域を示すことがある。語の分布域の境界線が似たところを走る語が見られるということである。以下では、1974-83年調査・1977-83年調査で、大井川が境界線となるもの、井川と本川根町の間に境界線が引かれるもの、本川根町と中川根町の間に境界があるもの、下流扇状地の要の部分にあたる伊久美川・相賀谷川あたりに境界線があるものについて、それが今回の調査でどのように変化したかを見ていく（ただし、本章では、境界を厳密に考えず、その境界線から若干外れるものがある場合も含めて見ていく）。その後、分布域が拡大した語について確かめていく。

4.1　言語境界線としての大井川

　2節で述べたように、大井川は行政的な境界であった上、交通の難所でもあった。上述のように、民俗・芸能の境界ともなっている。また、周知のように、この地域は日本の東西方言の対立を示す事象の一部の境界線となる地域である。そこで、大井川自体が言語の境界線となっていることが予測される。しかし、実際に大井川が等語線となる例はほとんどない。たとえば、東西方言の違いとして有名な打ち消しのンとナイの境界線がこの地域周辺にあるとされる。しかし、1974-83年調査（図II.6.2）でも、西日本方言的なンは大井川の左岸にも分布し、大井川流域全体としては上流域はノーが、中下流域はンが主流となっており、大井川が境界線になっていない（中條編1982によれば東の静岡市内でも藁科川流域にンの分布が見られる。なお、上流域に分布するノーについては後述）。ただし、1974-83年調査では本川根町にナイが多く見られ、中川根町でも大井川沿いの地点にナイが分布している。その一方、大井川沿い以外の中川根町およびそれ以南ではナイがそれほど多くない。この分布状況から、本川根町のナイについては、大井川下流から伝播したものではなく、静岡市内から伝播してきたものと考えることができる。また中川根町についても静岡市内からの伝播ないし、本川根町からの伝播と考えられる。今回の調査（図II.6.3）では、ナイを回答した地点が下流域を中心に増えており、上流域では井川にもナイが多くなっている。これらから見て、ナイは分布域が広がったということができる。ただし、この分布域の

182 6章 大井川流域における言語変化

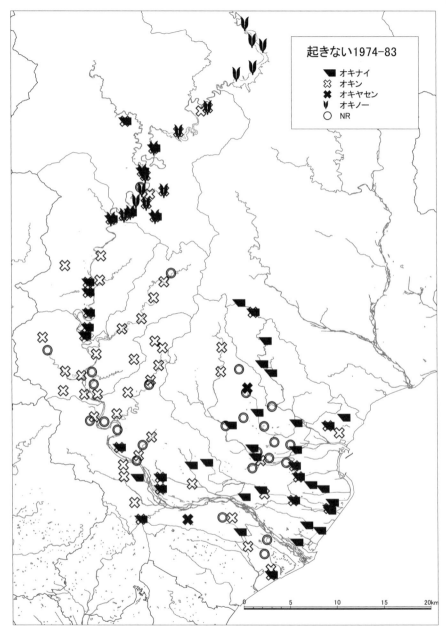

図 II. 6. 2 起きない (1974-83年調査)

4. 方言形の分布域の変化 183

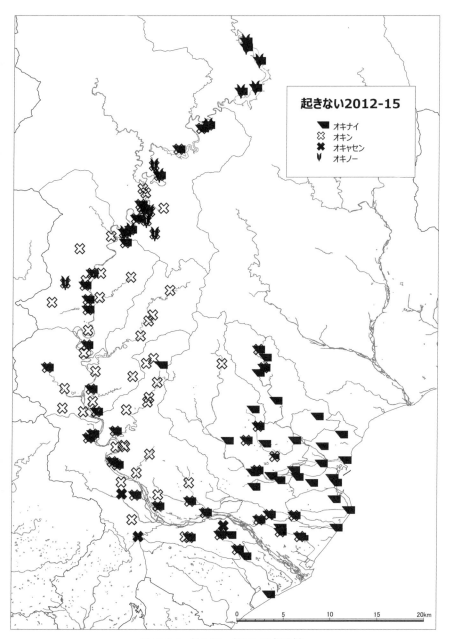

図 II. 6. 3 起きない（2012-15年調査）

拡大は、下流域から地を這って伝播した結果であると考えるのは難しい。上記のように、本川根町は静岡市内から伝播したと考えられ、さらにそこから伝播した地域の存在も考えられる。また、井川も静岡市からの伝播と考えたほうがよかろう。あるいは共通語化と考えるのが妥当かもしれない。下流域における増加は、静岡市からの伝播とも考えられるが、やはり共通語化が進んだ結果と考えるのが妥当であろう。

　この変化を本川根町小長井でみると、1974-83年調査でも2012-15年調査でもノーとンが回答されている。一方、2004年の小長井調査では、ンを使うとする人が多いが、ナイを使うとする人も年齢が下がるにつれ多くなっており、特に女性ではナイを使うとする人の割合が多い。また、本川根中学校調査ではンとナイ両方使うとする回答が多いが、さらに母音を融合させたネーを使うとする回答も多数あった。これは、共通語化というより、東京語（東京の若者語）化の現れと言えよう（木川2006b）。

　このように、当地域の周辺に境界線のある東西方言の違いとして有名な現象も、大井川が境界線とはなっていない。しかし、大井川が境界線となる事象がまったくないわけではない。今回の調査項目の中では、「いびき」を表すイグチがある（図Ⅱ.6.4。この地図ではイグチに、ゴロタイグチ、ネグチを含む）。1974-83年調査では、井川地区と本川根町に各1地点分布するが、それ以外は川根町以南に集中する。そして、井川地区の1地点を除きすべて、大井川の左岸に分布している。中條編（1982）によれば安倍川流域では、イグチは安倍川の上流にまで分布するので、この状況から見ると、イグチは静岡の旧市内から安倍川上流方面、そして西に向かって伝播していったと考えられる（本川根町および井川のイグチは、下流域からの伝播ではなく、安倍川流域からの伝播と考えられる）。その西方向への伝播が大井川で止まっているということになるわけである。このイグチが大井川の西には分布しないという結果は、静岡県方言研究会・静岡大学方言研究会編（1988）でも確認できる。『日本言語地図』によれば、イグチは四国・山口・九州北部にも見られ、さらに山梨に分布するが、静岡県内においては大井川が境界線となっているわけである[7]。さて、大井川左岸にのみ分布するというのは、2012-15年調査でも同様である。つまり、30年経っても西あるいは北へ伝播していくという動きは見えず、むしろ下流域では回答された地点数が減少している。このように方言形の分布域の拡大が見られないという現象は、以下に述べる他の分布と一致するものである。

4. 方言形の分布域の変化　　185

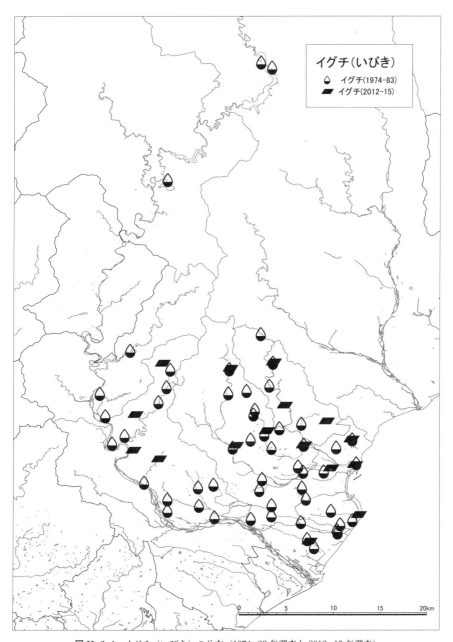

図 II. 6. 4　イグチ（いびき）の分布（1974-83 年調査と 2012-15 年調査）

4.2　井川地区に分布する語

　井川は、山梨県の奈良田や長野県の秋山郷などと並んで、中部地方における言語の島と言われる地域であり、静岡市内や大井川下流域に見られない、さらには全国的にも珍しい言語事象があることで有名である。しかし、井川にのみ分布する事象もないわけではないが、井川の周辺地域でも見られる事象が多く、それらの中心、あるいはそれぞれの事象の分布域が重なるのが井川であると言える。語の分布についても、同様である。ここでは、大井川流域において、井川地区およびそれに隣接するごく限られた地点にのみに分布する語を取り上げる。

　1974-83 年調査において、大井川流域ではほぼ井川と本川根町最北端にのみ見られる語に、「ひきがえる」のドンビキ、「片足跳び」のイチモンドリ、「杉菜」のドコドコツナギ（ドコドコツンギ・ドコドコスギ等を含む）、「どくだみ」のドクジャミがある。中條編（1982）によればこの 4 語のうち、ドンビキとドコドコツナギは隣接する玉川地区にも分布する語（玉川地区にはドコドコツナギが、土筆を指す地点、土筆も杉菜も両者とも指す地点がある）であるのに対し、イチモンドリは安倍川流域には見られない語である。また、ドクジャミは、井川から峠を越えたところにある西河内川流域の口坂本に分布が見られるが、この口坂本は、もと井川村である。図 II. 6. 5 に 1974-83 年調査におけるドンビキとドクジャミの分布を示す。

　2012-15 年調査（図 II. 6. 6）では、ドンビキは井川の調査地点 5 地点すべてで回答が得られたが、ドクジャミは井川では 1 地点のみになっている。ただし、1974-83 年調査では見られなかった本川根町に 2 地点見られる。その他、ここには示さないが、ドコドコツナギは 4 地点から 3 地点に減ってはいるが回答されている。一方イチモンドリはどの地点でも回答がなかった。この結果だけから言えば、井川以外にも分布域を持つ語は、その分布を保っているが、井川にほぼ限定されている語形は消滅の方向にあるということになる。

4.3　本川根町以北に分布する語

　井川だけではなくその南、本川根町にまで分布する語には、「蝮」を表すクソヘビ、「蝶」を表すカーブリ類（カーブリ・カンブリ・チョッチョカーブリを含む）、そして打ち消しに用いられるノーがある。ノーは図 II. 6. 2、II. 6. 3 のように、1974-83 年調査では井川地区・本川根町と中川根町の北部にあるが、これは 2012-15 年調査でもほぼ同様である。ただし中川根町での回答が最北端の地点で

はなく山間部の集落になっている。また、小長井調査によれば、ノーは1957年生まれの男性まで使用するとしているが、女性は1931年生まれまでで、男女差があるようである。本川根中学校調査によれば中学生も数名が使用するとしているが、アンケート調査であるため知識としての回答である可能性が高い。ただ、本川根町の若年層も知識としてはノーという形式を知っているということは言えよう（木川2006b）。

　クソヘビとカーブリ類の1974-83年調査の結果が図II. 6. 7、2012-15年調査の結果が図II. 6. 8である。クソヘビは1974-83年調査の時点で中川根町最北端と島田市内に各1地点あるが、それ以外は本川根町以北にまとまって分布している。カーブリ類は1974-83年調査でも回答のあった地点数はさほど多くないが、クソヘビは多くの地点で回答されている。しかし、2012-15年調査ではクソヘビが4地点、カーブリ類はチョッチョカーブリが1地点見られるのみである。小長井調査でも、クソヘビを知っているかという質問に、知っているという回答は1927年生まれの女性1名のみであり、また言語地理学的調査と同様の質問をした「蝶」ではカーブリ・チョッチョカーブリとも回答がなかった。これらの結果を見ると、ノー以外の、クソヘビ・カーブリは消滅しかけていると言ってよい。中條編（1982）によってこれらの語の隣接する地域での分布を見ると、クソヘビは、玉川地区および大川地区の北部に、カーブリ類・ノーは玉川地区・大川地区さらに梅ヶ島・大河内地区に分布している。これから見ると、上述の井川地区に分布する語とは異なり、隣接地域に分布する語でもその分布が極端に少なくなっている語もあることがわかる。隣接地域における分布やその広さが方言形残存の理由とは言えないということである。

4.4　伊久美川・相賀谷川以北に分布する語

　扇状地の要の部分にあたる伊久美川あるいは相賀谷川以北に分布する語には、井川まで分布する語、井川には分布せず本川根町まで分布する語、本川根町以北には分布しない語など、さまざまあるが、ここでは、本川根町まで分布し、井川には分布しない語を示す。例として、「こおろぎ」を表すカンナッコ類（カンナッコのほか、カンナッチョ・カンノッコ等を含む）、「かまきり」を表すオガマジ類（オマガジ・オマガンジ・オンガジロなどを含む）を挙げる（1974-83年調査の結果が図II. 6. 9、2012-15年調査の結果が図II. 6. 10）。この2語の分布域は今回の調査でも、ほとんど変わらないが、いずれも回答された地点数が減少して

188　6章　大井川流域における言語変化

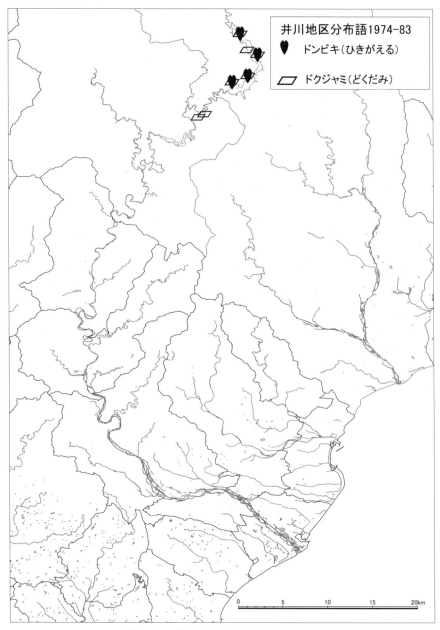

図 II. 6. 5　井川地区分布語（1974-83 年調査）

4. 方言形の分布域の変化 189

図 II. 6. 6 　井川地区分布語（2012-15 年調査）

190　6章　大井川流域における言語変化

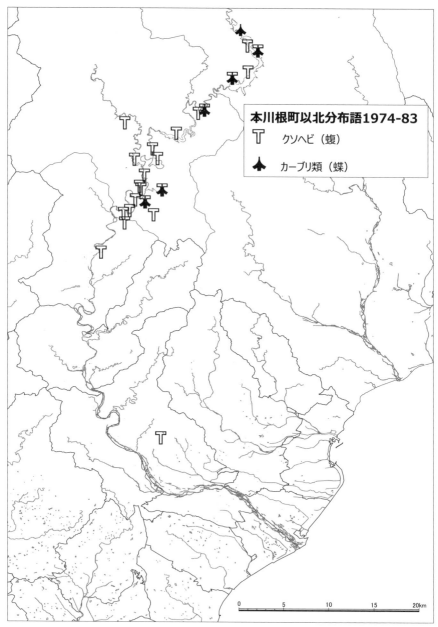

図 II. 6.7　本川根町以北分布語（1974-83年調査）

4. 方言形の分布域の変化 191

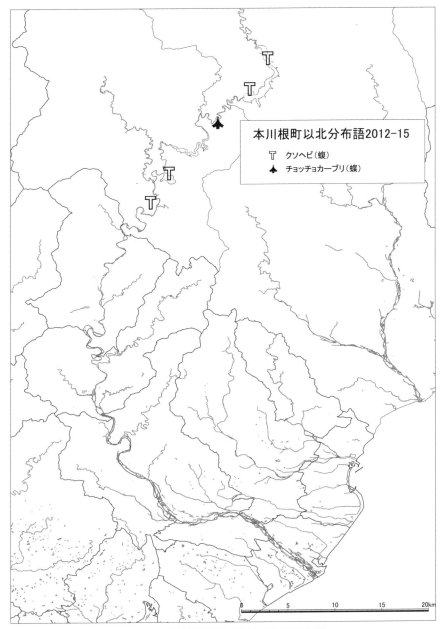

図 II.6.8　本川根町以北分布語（2012-15 年調査）

6章 大井川流域における言語変化

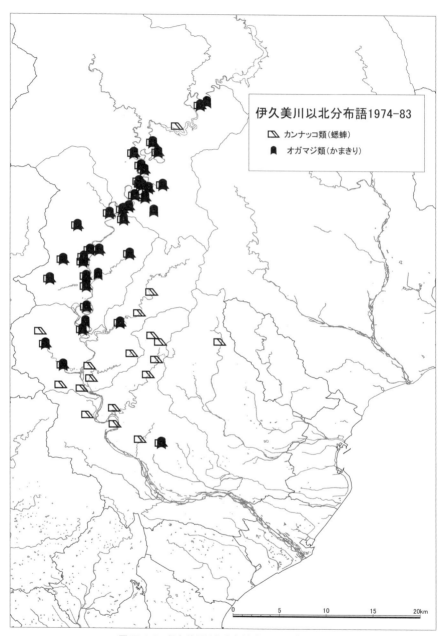

図 II.6.9 伊久美川以北分布語（1974-83年調査）

4. 方言形の分布域の変化　193

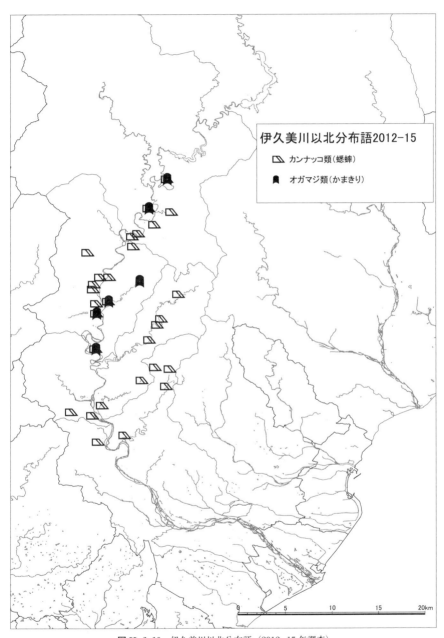

図 II. 6. 10　伊久美川以北分布語（2012-15年調査）

いる。しかし、カンナッコ類よりも、オガマジ類のほうがより減少している。また、カンナッコ類は1974-83年調査では藤枝市北部に1地点見られるが、2012-15年調査では大井川沿いの地域のみに限られる。

中條編（1982）によって両語の分布をさらに広い範囲で見てみると、いずれも安倍川流域では、藁科川流域のみに見られる。まずカンナッコ類は、藁科川の上流域にカンナゴが、中流域にカンナッチョが広く分布している。このカンナッチョ・カンナゴは安倍川本流域には見られないので、おそらく大井川流域の影響を受けたものと考えられる。また、オガマジ類は、藁科川流域ではオンガメという語が分布する。この語はオガマジ類と同じく動詞「拝む」に由来すると考えられること、そして安倍川流域にはほかに「拝む」由来の語が見られないことから、やはり大井川流域の影響を受けたものと考えられる。

小長井調査では、カンナッチョという語形を知っていると回答したのは1938年生まれまで、オガマジという語を知っているという回答は1933年以前の生まれまでで、それ以下の世代は、語形自体知らないということであった（木川2006b）。

このように、カンナッコ類、オガマジ類ともに藁科川流域を含む比較的広い分布域を持つ語であるが、2012-15年調査でカンナッコ類のほうがより多くの地点で回答が見られる理由は明確ではない。いずれにせよ、小長井調査の結果に見るように、両語ともすでに消滅の時期にあると言えよう。

1974-85年調査でこの2語と似た分布を示すものに、「ひきがえる」を表すバックイ類（バックイのほか、バックリ・バックラ、さらにヒキタバックイ・ヒコンバックイなどバックイ・バックリが後接する形式を含める）がある。この類の語はカンナッコと同様2012-15年調査でも多くの地点から回答が得られた。ただし、1974-83年調査では上記のようにさまざまな語形が見られたが、2012-15年調査ではバックラがなくなり、ヒコタバックイ・ヒクタバックイのようにバックイ・バックリが後項となる複合形の種類が少なくなるなど、バリエーションが減っている。この語が上の2語と異なるのは、バックイ類が安倍川流域では藁科川流域に1地点にしか見られない（中條編1982）点である。しかし、小長井調査では、1967年生まれからも使用するという回答があり、本川根中学校調査でもわずかではあるが、知っているあるいは使うという回答があった（木川2006b）。また、大井川本流域以外でも、バックイ類は1974-83年調査で藤枝市に3地点、岡部町に1地点見られ、2012-15年調査でも藤枝市・岡部町のそれぞ

れ 1 地点から回答が得られた。さらに 1974-83 年調査ではバックイ類が見られなかった本川根町最北部でも用いるという回答が得られている。つまり、当地域の東に広い分布を持たない語でも現在までその勢力をある程度維持し、かつわずかではあるが、方言形が分布域を広げているまれな例である。この理由としては、2012-15 年調査の調査でも、見たことがないという話者があったり、最初の回答として、ショクヨーガエル（食用蛙）などがあったりするなど、「こおろぎ」「かまきり」に比べ共通語形が広まっていない、あるいは語と物の関係がはっきりとしていないので共通語形に置き換えられないという点が考えられる。

4.5　伊久美川・相賀谷川以南に分布する語

　伊久美川あるいは相賀谷川以南に分布する語として、「金蛇」を表すヘービバンバー類（ヘービバンバー・バンバーヘービ・ヘービバーサン・ヘービノバーサンなどを含む）、「こおろぎ」を表すシュートンドン類（シュートンドン・シュートン・ヒュートンドン・ヒュートンドなどを含む）の図を示す（1974-83 年調査の結果が図 II. 6. 11、2012-15 年調査の結果が図 II. 6. 12）。これらの語はいずれも藤枝市、岡部町、焼津市にも分布しており、さらに静岡市南部に連続している（中條編 1982）。2012-15 年調査でも、これらの語の分布域の外縁はほとんど変化がない。しかし、その地点数は減少しており、特にシュートンドン類に顕著である。また、下流の島田・藤枝・金谷の中心部周辺の減少が目立ち、伊久美川以北への伝播はほとんど見られない。

　これらと同様の分布を示すものに「肩車」を表すカタクマがある。この語も分布域の外縁は変化がないが、回答のあった地点はシュートンドン類以上に少なくなっている。1974-83 年調査ではこの語も静岡旧市内にまで分布する広い分布域を持つ語であった（中條編 1982）。また、江戸時代、大井川の川越しの方法として肩車があるが、これをカタクマと言っていたという（島田市史資料編等編さん委員会 1992 等）。すなわち語形自体は古くからあり、一定の勢力を持っていたが、上流へ伝播することはなく、かつ現代ではその分布を減らしているわけである。

4.6　分布域が拡大している語

　上で見てきたのは、30 年が経過して、その使用がなくなるか、地点数が減少しても基本的に分布域（少なくともその外縁）がさほど変化していない語であっ

196 6章　大井川流域における言語変化

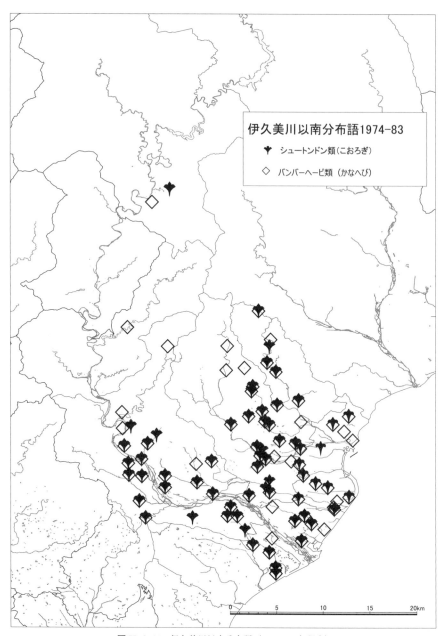

図 II.6.11　伊久美川以南分布語（1974-83年調査）

4. 方言形の分布域の変化　　197

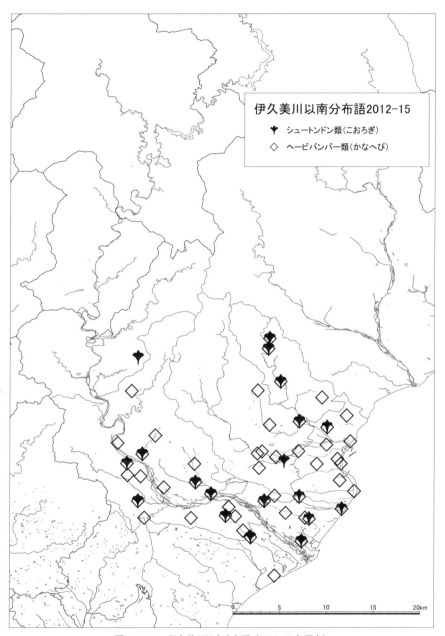

図 II. 6. 12　伊久美川以南分布語（2012-15年調査）

198　6章　大井川流域における言語変化

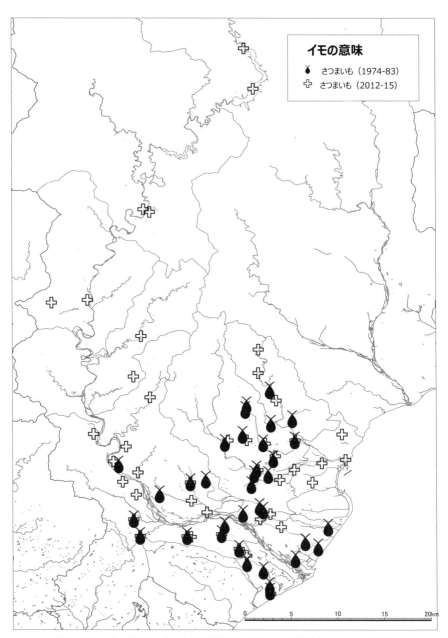

図 II. 6. 13　イモが「さつまいも」を指す地点（1974-83 年調査と 2012-15 年調査）

た。すなわち 1974-83 年調査に見られた方言形が分布する地域を拡大した例はあまりないということである。これは、言い換えれば、使われなくなった方言形の代わりに用いられるようになったのが、他の方言形ではなく共通語形であるということを意味する。しかし、わずかであるが、分布域が拡大した事象もある。

　たとえば、単にイモといったときに指す芋を「さつまいも」とする地点が、1974-83 年調査では、伊久美川以南であったのが、2012-15 年調査では上流でもこの回答が多く現れるようになっている（図 II. 6. 13）。川根町などは、1974-83 年調査の時点での分布域に隣接しているが、中川根町・本川根町・井川は連続しておらず、また各町・地域の中心にまず伝播したというわけでもなさそうである。したがって、地を這うように広まったとは考えにくい。イモが「さつまいも」を指すとする人が増加しているというのは、小長井調査、本川根中学校調査でも確認できる（木川 2006b）。1974-83 年調査では、本川根町は、イモは「さといも」を指していた。しかし小長井調査では、1940 年代生まれから「さつまいも」であるとする回答が増加する。さらに中学生では「さつまいも」であるとする回答がもっとも多い。「さつまいも」について多いのは「じゃがいも」で、今後イモは「じゃがいも」であるとする世代に取って代わられる可能性もあろう。この項目は地域の栽培状況や食生活に関係すると言われるが、「さつまいも」が増えたことを裏づける資料は現在のところ、見当たらない。しかし、「さといも」の栽培や消費が減少した可能性が考えられる。

　このほかに、名詞に後接する推量を表す形式のダラを用いるとする地点も増加している（図 II. 6. 14）。伝統的な方言では、名詞に後接する推量を表す形式はズラであり、ダラは国立国語研究所編（2002）などによれば、愛知県に分布する。大井川流域におけるダラが愛知県など西から伝播してきたものか、あるいは、より分析的な表現に独自に変化させたのかは不明であるが、この地域でダラが勢力を広げていることは確かである。図 II. 6. 14 はダラを回答した地点を示しているが、その多くはズラとの併用である。現在ズラからダラという分析的表現への変化が進行中であると言えよう。小長井調査でも 1930 年代生まれからダラを使用するという回答が現れる。2012-15 年調査の協力者と同じ世代である。さらに本川根中学校調査ではズラの回答がなく、ダラがもっとも多い。なお、中学生の、ダラ以外の回答としてはッショ、ダローがある（木川 2006b）。

　これら以外に、上記のように「ひきがえる」のバックイ類、「ごきぶり」のゲジ・ゲジゲジ、「とうもろこし」のモロコシ、「かかと」のアクツの回答も多くな

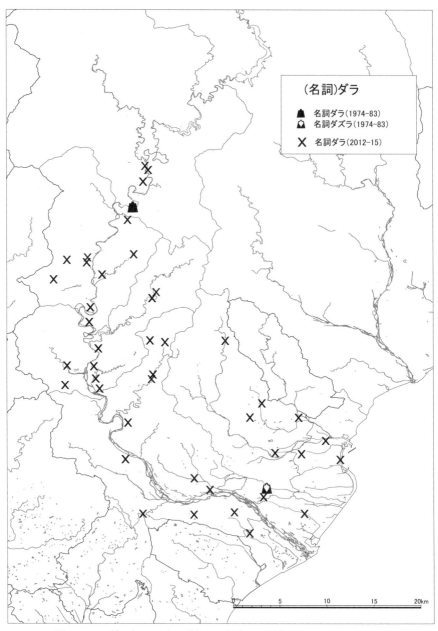

図 II.6.14 （名詞）ダラ（だろう）の分布（1974-83 年調査と 2012-15 年調査）

4. 方言形の分布域の変化　　201

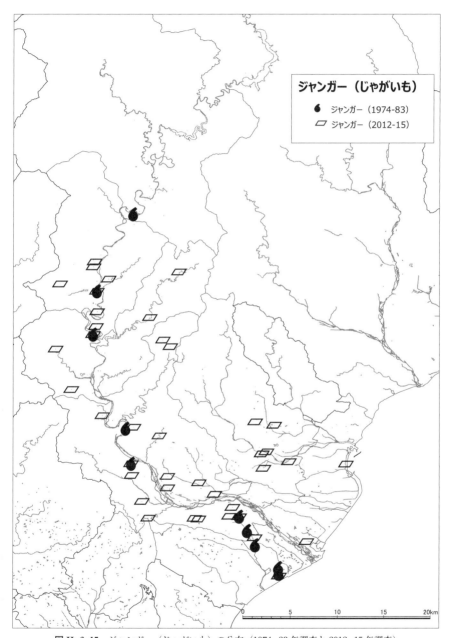

図 II. 6. 15　ジャンガー（じゃがいも）の分布（1974-83 年調査と 2012-15 年調査）

っている(「ごきぶり」「とうもろこし」「かかと」については次章(太田 2017)を参照)が、分布域が大きく拡大したとは言いがたい。

　このほかにも 1974-83 年調査では見られなかった、あるいはごく少なかった語形で、回答が増えたものがある。たとえば、「じゃがいも」を表すジャンガーである(図 II. 6. 15)。これは、1974-83 年調査では 10 地点であったものが、2012-15 年調査では 38 地点に増えている。しかし、1974-83 年調査での分布域は、中川根町以南であったが、2012-15 年調査でもこれに変化はなく、分布域が拡大したわけではない。ジャンガー以外にも、「みみず」を表すメンメー(1974-83 年調査では現れず、2012-15 年調査で島田市に 5 地点)、「さつまいも」を表すサッツー(1974-83 年調査では中川根町に 1 地点、2012-15 年調査では中川根町のほか、金谷町、島田市に点在)も地点数を増やしている。これらの形式は、それぞれメメズ・ジャガイモ(ないしジャガタラ)・サツマイモ(ないしサツマ)の語頭 2 拍の間に特殊拍を挿入し、さらに語末に長音を添加した形であるという点で共通する。これらの語は幼児語的など、同じ項目の他の語形とは文体が異なる可能性がある。また、2012-15 年調査では、この形式を確認したことも影響があったものと考えられる。さらなる検討が必要である。

5. む　す　び

　以上 1974-83 年調査と 2012-15 年調査の結果の比較より、以下の点が指摘できる。

　まず、大井川流域は伊久美川周辺、すなわち下流の扇状地の要の部分、下流の平野部とその北の山間部の境界あたりに多くの語の分布の境界線が引かれる。また、最上流の井川地区とその南の本川根町(北部は井川地区と同じ現象が見られることもあるが)の間、本川根町と中川根町の間にもまとまった境界線が走っている。それ以外に本章では提示しなかったが、藤枝市と岡部町にまとまりを持つ語もある。これらの境界線は、30 年以上の間隔をおいても残っており、分布域に大きな変化は見られない。しかし、方言形の回答数は極端に減少している場合が多い。ある方言形が使われなくなるとき、他の方言形が取って代わるのではなく、共通語形が使用されるようになっている。特にこの変化が目立つのは、下流の平野部、その中でも各市町の中央部である。すなわち、分布域の拡大、縮小は少なく、それぞれの分布域の中で、その地域の中央部からその方言形が消滅していく(伊久美川以北では中央部から消滅していくという傾向は明確とは言いにく

いが）ということである。分布が拡大したものとしては打ち消しのナイ、推量を表すダラ、イモの指す意味などがあるが、いずれも地を這うように伝播してきたものとは言いがたい。

　どのような方言形が残り、どのような方言形が消滅していくのかを説明することは難しい。隣接する地域の影響は当然考えられるが、それだけでは説明できない。今後、この点についての考察を深めるとともに、個々の語について分析を加えていきたい。

注

1　小夜の中山は金谷町とその西の掛川市の、大崩は焼津市と静岡市の境界にあたる。したがって、ここで言う「大井川辺」は大井川流域を意味し、今回の調査地域と同じ地域を指すと考えられる。

2　江戸時代には、現在の川根本町北部の犬間が駿河に含まれるか、遠江に入るかという争議があり、国境は必ずしも明確ではなかった時期がある（静岡市編 1979）。

3　なお、ここで言う「中流域」とは、本川根町の「千頭以南より島田・金谷宿の山塊までをいう」（高木 2012：p. 26）。

4　現在、社名は「大井川鐵道」と表記。

5　うち本川根町出身 30 名、中川根町・川根町出身 12 名、その他 22 名、不明 4 名。なお、本章で小長井調査に言及するときは、特に断らない限り、本川根町出身者の結果について述べる。調査は語彙・文法・アクセント・意識項目。語彙については、なぞなぞ式の質問と、1974-83 年調査で回答のあった方言形についての知識および使用についての意識の質問からなる。

6　アンケートは全生徒 75 名を対象としたが回収されたのは 74 名、面接調査は小長井を含む藤川と藤川に隣接する田代、藤川の川向かいにあたる千頭在住の生徒 34 名。なお、質問は小長井調査と同じ項目であるが、語彙・文法・意識項目は提示した選択肢から選んでもらい、アクセントの調査は面接で行った。

7　全国的に見て、西日本にも分布するということで周圏論的な解釈も考えられる。すなわち、この地域のイグチも西日本のイグチと同様、関西あたりからの伝播であるという見方である。しかし、この地域における分布から見ると、西からの地を這った伝播とは考えにくい。独自に作り出したものか、静岡旧市内あたりが先に取り入れたものが伝播したものと考えるのが妥当であろう。木川（2002）参照。

文献

浅井治平（1967）『大井川とその周辺』いずみ出版

井沢隆俊（1960）『本川根方言考』本川根町教育委員会

岩井三郎（1941）「静岡県井川村方言の考察」『方言研究』4

内田武志（1936）『アチックミューゼアム彙報第 6　静岡県方言誌分布調査　第 1 輯（動植物

篇)』アチックミューゼアム
内田武志（1937）『アチックミューゼアム彙報第 14　静岡県方言誌分布調査　第 2 輯（童幼語篇)』アチックミューゼアム
内田武志（1941）『アチックミューゼアム彙報第 25　静岡県方言誌分布調査　第 3 輯（民具篇)』アチックミューゼアム
太田有多子（2017）「大井川流域の言語―経年調査から言葉の広がりをたどる―」（本書，第 II 部 7 章）大西拓一郎編『空間と時間の中の方言―ことばの変化は方言地図にどう現れるか―』朝倉書店
木川行央（1997-2006a）「大井川・安倍川流域の言語地理学的研究（1）～（7）」『静岡・ことばの世界』1～7
木川行央（2002）「大井川・安倍川流域の言語地理学的研究（5）」『静岡・ことばの世界』5
木川行央（2006b）『静岡県下「言語の島」における言語変容に関する基礎的研究』（科学研究費報告書）
国立国語研究所編（1966-1975）『日本言語地図 1-6』大蔵省印刷局
国立国語研究所編（2002）『方言文法全国地図第 5 集　表現法編 2』大蔵省印刷局
坂野徳治（1962）『静岡県島田市方言誌』三琳書屋
サトウ、アーネスト（1992）『日本旅行日記 1』（庄田元男訳）平凡社
佐藤義人（1967）『駿河・岡部の方言と風物』大学書林
静岡県師範学校・静岡県女子師範学校編（1910）『静岡県方言辞典　附音韻法・口語法』吉見書店
静岡県方言研究会・静岡大学方言研究会編（1988）『図説静岡県方言辞典』吉見書店
静岡市編（1979）『静岡市史　近世』静岡市
島田市史資料編等編さん委員会（1992）『大井川の川越し』島田市教育委員会
高木茂明（2012）『近世大井川流域の交流を探る』羽衣出版
寺田泰政（1954）「大井川流域の打消しの言い方」『言語生活』36
寺田泰政（1955）「静岡県井川村方言の音韻」近畿方言学会編『東条操先生古希記賀論文集』近畿方言学会
寺田泰政（1957）「大井川流域方言の概観」『国語研究』6
中條　修編（1982）『静岡方言の研究』吉見書店
野本寛一（1979）『大井川―その風土と文化―』静岡新聞社
堀井令以知（1961）「大井川上流井川村方言の考察見」『愛知大学綜合郷土研究所紀要』7
向坂鋼二（2007）「静岡県の西と東―考古学からみる―」地方史研究協議会編『東西交流の地域史：列島の境目・静岡：地方史研究協議会第 57 回（静岡）大会成果論集』雄山閣
望月信彦（1954）「安倍川の P 音」『言語生活』32
山口幸洋（1955）「井川村方言の語法実際」近畿方言学会編『東条操先生古希記賀論文集』近畿方言学会
山口幸洋（1957）「静岡県井川村方言の音韻現象について」『近畿方言双書 6　方言論文集』
山名邦男（1943）「（千頭）静岡県下のアクセント」『音声学協会会報』74・75

7 大井川流域の言語
―経年調査から言葉の広がりをたどる―

太田有多子

1. はじめに

　静岡大学方言研究会が1970～1980年代に調査し、それをまとめた地図集として「静岡市方言地図」[1]と「大井川・安倍川流域言語地図」[2]がある。これらの資料に対する経年調査を、2012～2015年に行った（以下、2012-15年調査）。本章では、この調査資料をもとに、先の調査から30～40年経た大井川流域での言葉の変化について考える。

2. 調査と調査地域

2.1　調査地域

　調査地域は、静岡県の大井川上流域から下流域、さらに大井川東側にある瀬戸川流域までの丘陵地や平野部であり、現在の榛原郡川根本町[3]、島田市[4]、藤枝市[5]、榛原郡吉田町、焼津市[6]、静岡市葵区井川地区である。調査地点は、原則、静岡大学方言研究会が1977年から1983年にかけて行った大井川流域での調査（以下、1977-83年調査）、および1974年から1976年にかけて行った大井川上流域での調査（以下、1974-76年調査）に合わせた（表II.7.1）。そして、図II.7.1には、安倍川下流域にある静岡市中心地（市役所所在地）に記号×、本章で注目する大井川流域の一集落「千頭」に記号○を記入した。なお、先の資料と比較するために、言語地図の行政区分、行政名は、1970～1980年代のままとした。

2.2　調査項目

　調査項目は、静岡大学方言研究会調査の調査票をもとに、語彙71項目（2012年調査のみ67項目）[7]、文法34項目、音声12項目を選び、調査票を作成した。本章では、その中から語彙5項目を取り上げる。

206　7章　大井川流域の言語

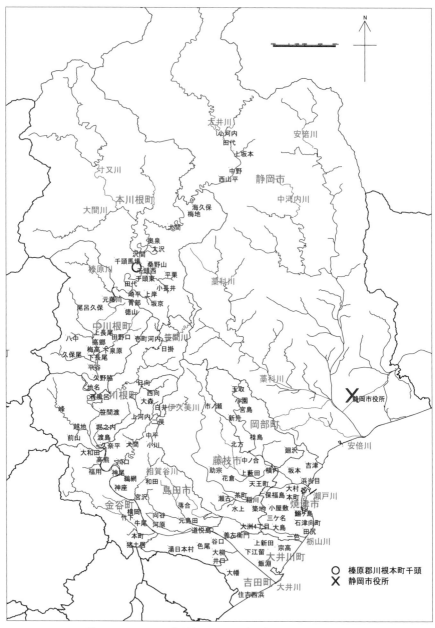

図 II. 7. 1　2012-15年調査における調査地点および静岡市中心地

2.3 話者の条件

　話者の条件は、当該地点の生まれ育ちの 70 歳台としたが、地点によっては 60 歳台、80～90 歳台を含むこととなった[8]。それでも、条件に合う話者を人選でき

表 II.7.1　調査地点比較一覧

地点番号	地点名 (1977-83 年調査)	地点名 (2012-15 年調査)	地点番号	地点名 (1977-83 年調査)	地点名 (2012-15 年調査)
	榛原郡本川根町 (19 地点)	榛原郡川根本町 (17 地点)	29	久野脇	久野脇
			30	徳山	徳山
1	海久保	海久保	31	田野口	田野口
2	梅地	梅地	32	壱町河内	壱町河内
3	大間	×	33	下泉原	下泉原
4	犬間（本川根）	犬間（本川根）	34	地名	地名
5	奥泉	奥泉		榛原郡川根町 (17 地点)	島田市川根町 (12 地点)
6	池の谷	×			
7	大沢	大沢	35	石風呂	石風呂
8	沢間	沢間	36	湯島	×
9	千頭馬場	千頭馬場	37	峰	峰
10	千頭西	千頭西	38	越地	越地
11	千頭東	千頭東	39	家山	×
12	崎平	崎平	40	大和田	大和田
13	桑野山	桑野山	41	前山	前山
14	小長井	小長井	42	日掛	日掛
15	平栗	平栗	43	二俣（川根）	×
16	田代	田代（本川根）	44	石上	×
17	上岸	上岸	45	日向	日向
18	青部	青部	46	桑の山	×
19	坂京	坂京	47	笹間渡	笹間渡
	榛原郡中川根町 (15 地点)	榛原郡川根本町 (15 地点)	48	堀之内	堀之内
			49	一色（川根）	上河内
20	藤川	元藤川	50	渡島	渡島
21	尾呂久保	尾呂久保	51	久奈平	久奈平
22	上長尾	上長尾		榛原郡金谷町 (8 地点)	島田市金谷町 (8 地点)
23	八中	八中			
24	高郷	高郷	52	高熊	高熊
25	梅高	梅高	53	福用	福用
26	下長尾	下長尾	54	神尾	神尾
27	久保尾	久保尾	55	横岡	横岡
28	平谷	平谷	56	牛尾	牛尾

表 II.7.1 （続き）

地点番号	地点名 （1977-83年調査）	地点名 （2012-15年調査）	地点番号	地点名 （1977-83年調査）	地点名 （2012-15年調査）
57	竹下	竹下	91	住吉東浜	住吉西浜
58	本町（金谷）	本町（金谷）		志太郡大井川町 （7地点）	焼津市旧大井川町 （4地点）
59	猪土居	猪土居			
	島田市 （27地点）	島田市 （22地点）	92	上泉	上新田
			93	下江留	下江留
60	西向	西向	94	宗高	宗高
61	大森	大森	95	吉永	×
62	白井	白井	96	高新田	×
63	二俣（島田）	二俣	97	飯淵	飯淵
64	中平	中平	98	下小杉	×
65	小川	小川		藤枝市 （26地点）	藤枝市 （15地点）
66	犬間（島田）	犬間（島田）			
67	川口	川口	99	市ノ瀬	市ノ瀬
68	鍋島	×	100	中里	×
69	鵜網	鵜網	101	上大沢	×
70	神座	神座	102	北方	北方
71	相賀和田	相賀和田	103	西方	×
72	杉沢	×	104	中ノ合	中ノ合
73	宮沢	宮沢	105	高田	×
74	×	×	106	花倉	花倉
75	渡口	×	107	中田	×
76	落合	落合	108	上藪田	上藪田
77	東光寺	×	109	助宗	助宗
78	向谷	向谷	110	寺島	×
79	河原2丁目	河原	111	原	×
80	元島田	元島田	112	五十海	天王町
81	道悦島	道悦島	113	本町（藤枝）	茶町
82	湯日本村	湯日本村	114	平島	×
83	谷口	谷口	115	横内	横内
84	大柳	大柳	116	瀬古	瀬古
85	色尾	色尾	117	稲川	稲川
86	井口	井口	118	志太	×
	榛原郡吉田町 （5地点）	榛原郡吉田町 （2地点）	119	築地	築地
			120	内瀬戸	水上
87	大幡	大幡	121	高岡	×
88	神戸	×	122	源助	善左衛門
89	片岡	×	123	忠兵衛	大洲4丁目
90	住吉東村	×	124	弥左衛門	×

表 II. 7. 1　（続き）

地点番号	地点名 （1977-83 年調査）	地点名 （2012-15 年調査）	地点番号	地点名 （1977-83 年調査）	地点名 （2012-15 年調査）
	志太郡岡部町 （6 地点）	藤枝市岡部町 （6 地点）		— —	本町（焼津） 鰯ヶ島
125	玉取	玉取	139	大住	×
126	小園	小園	140	中根	×
127	宮島	宮島	141	道原	石津向町
128	新舟	新舟	142	大島（焼津）	大島
129	羽佐間	桂島	143	田尻	田尻
130	岡部	廻沢	144	惣右衛門	×
	焼津市 （15 地点）	焼津市 （13 地点）	145	一色（焼津）	一色
			地点番号	地点名 （1974-76 年調査）	地点名 （2012-15 年調査）
131	吉津	吉津		静岡市葵区井川地区 （5 地点）	静岡市葵区井川地区 （5 地点）
132	小浜	×			
133	坂本（焼津）	坂本			
134	石脇	×	146	小河内	小河内
135	浜当目	浜当目	147	大島（井川）	田代（井川）
136	大村新田	大村	148	中野	中野
137	保福島	保福島	149	西山平	西山平
138	柳新屋	小屋敷	150	坂本（井川）	上坂本
—		三ケ名			

［注］地点番号は静岡大学方言研究会調査時のものである。2012-15 年調査では、焼津市で新たな調査地点として 3 地点を追加した。

ず、未調査となった地点が、榛原郡川根本町（旧本川根町）で 2 地点、島田市で 10 地点（旧榛原郡川根町 5 地点、島田市 5 地点）、榛原郡吉田町で 3 地点、焼津市で 8 地点（旧志太郡大井川町 3 地点、焼津市 5 地点）、藤枝市で 11 地点ある。

2.4　調査方法

　調査方法は、「語彙」では、おもに LAJ の質問文を利用したなぞなぞ式、「文法」は翻訳式、「音声」は選択式のアンケートによる面接調査である。

3.　大井川流域の交通

　まずは、調査地域を流れる大井川の特徴について述べる。大井川は、静岡県最北端、山梨と長野の県境にある間ノ岳の源流から、寸又川、大間川、榛原川、長

210　7章　大井川流域の言語

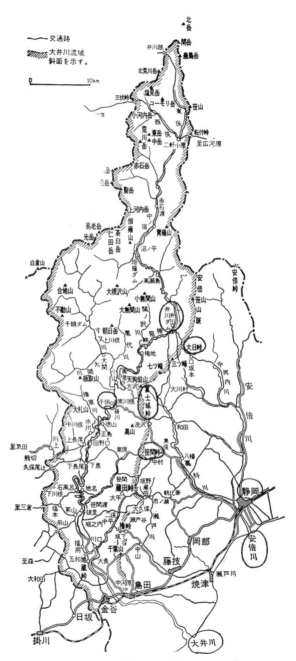

図 II.7.2　大井川流域付近要図（浅井 1972 より[9]）

尾川、笹間川、家山川、伊久美川等の支流を集めて、現在の榛原郡川根本町、島田市を抜けて、榛原郡吉田町と焼津市旧大井川町の境となって駿河湾に注ぐ延長168 km の川である。そして、古くはこの川が西側の遠江、東側の駿河を隔てる国境だった。そのため、川を跨いで広がる川根本町も古くは、大井川西側が榛原郡上川根村、東側が志太郡東川根村であり、遠江と駿河に分かれていたが、1956年に合併し、榛原郡本川根町になり、さらに 2005 年には榛原郡中川根町と合併して川根本町となった。後述、おもな峠越えルートの説明で利用する『大井川とその周辺』(浅井 1972) 掲載の大井川流域付近の地図 (図 II. 7.2) にも、1956年以前の村名である「上川根」や「東川根」の地名も入っている。

　大井川は、ダムが建設される以前は、山から切り出した木材を直接川流し (川狩り) できるほどの豊富な水量の川であり、流れも急であり、ほとんどの箇所で川沿いを歩くのも困難だったという。大井川の西側に流れる天竜川は、長野県諏訪湖を源流とする川だが、上流域に平野や盆地のある貫通谷[10]を形成し、川沿いの秋葉街道 (信州街道) は長野県飯田市に通じており、利用する人も多かった。それに対して、大井川は源流域の険しい谷が、さらに奥への交通を阻む閉塞谷[11]を形成しており、上流域の井川地区より奥にはほとんど民家がなかった。このような大井川の閉塞谷という地形的条件も、江戸幕府には江戸防衛政策の一つ「渡船架橋 (井川以外) 徒渉を許さず」を可能にしたようである。地形と政策によって大井川沿いの道は通行困難なままであったが、大井川上流域には豊富な森林があり、井川は安倍金山の一つであり、他地域からの人の往来は頻繁だったという。そして、他地域からの人の出入りを助けたのが大井川の東側を流れる安倍川である。安倍川は、静岡県と山梨県の境にある大谷嶺を源流とし、静岡市内へ流れる川である。安倍川も、古くは、上流域では川沿いの南下が困難なため、その東側の峠越えで山梨県身延町や南部町との行き来が多かったようだが、中〜下流域では、駿河の中心地駿府に至る道として、安倍川とその支流沿いの道が多く利用されたという。大井川流域では、この安倍川との間にあるいくつかの峠越えで、大井川上流域や中流域に入るルートを利用して、多くの人々が行き来したようだ[12]。浅井 (1972) を参考にして、安倍川と大井川の間にあるおもな峠越えルートをまとめた。

　　[おもな峠越えルート]
　　　① 駿府 ―〈藁科川沿い〉―〈富士城峠〉― 小長井 (藤川) ―〈大井川をたらい舟で渡河〉― 千頭

② 駿府 ―〈藁科川沿い〉―〈笹間峠〉― 下泉 ―〈大井川をたらい舟で渡河〉― 下長尾 ―〈久保尾辻〉― 浜松市春野町（旧周智郡）【秋葉神社参詣】

③ 駿府 ―〈藁科川沿い〉―〈笹間峠〉― 日掛 ― 粟原 ― 壱町河内 ― 田野口【駿府商人による商圏】

④ 駿府 ―〈藁科川沿い〉―〈笹間峠〉― 地名 ―〈大井川をたらい舟で渡河〉― 石風呂 ― 周智郡森町【藤枝からの裏街道】

⑤ 駿府 ―〈安倍川沿い〉―〈中河内川沿い〉― 口坂本 ―〈大日峠〉― 井川

4. 方言分布の経年比較

4.1 比較する資料

　2012-15年調査は、静岡大学方言研究会が行った大井川流域言語調査の30～40年後の言葉の変化を探るためのものだが、大井川上流域の「井川地区」については、当研究会が1974～1976年に安倍川流域とともに調査を行っている。そのため、2012-15年調査資料と比較するのは、(1) 1977-83年調査の大井川流域資料と、(2) 1974-76年調査の大井川上流域「井川地区」資料である。(1)、(2)は調査時期の異なる資料だが、ここでは合わせて言語地図を作成し、これを「大井川 1974-83」とする。ただし、「井川地区」資料のない項目の言語地図は「大井川 1977-83」となる。また、項目によっては、(3) 1974-76年調査の安倍川流域資料も見るため、(1)～(3)を合わせた言語地図を「大井川・安倍川 1974-83」とする[13]。

　本章ではこれらの地図と2012-15年調査資料から作図した「大井川 2012-15」を比較し、大井川沿いの通行より安倍川支流からの峠越えが多かったという時代に大井川中～上流域に広がっていた言葉が、架橋や道路の整備、鉄道の開通によって、交通が整備された大井川流域の現在では、どのようになっているのかを見ていく。

　なお、当該地域の言葉の分布特徴を見ていく上で、大井川の河口にある榛原郡吉田町、旧志太郡大井川町、島田市南部、旧榛原郡金谷町南部を大井川下流域とし、島田市北部、旧榛原郡金谷町北部、川根町、中川根町を中流域とし、旧榛原郡本川根町、静岡市葵区井川地区を上流域とする。

4.2 まむし（蝮）

　図Ⅱ.7.3は、大井川・安倍川1974-83の「まむし（蝮）」である。図Ⅱ.7.3で、クソヘビが大井川中～上流域（旧中川根町田野口以北）に分布し、安倍川では支流藁科川上流域と中河内川沿いに分布している。これが、大井川上流域と安倍川上流の支流域に分布していることから、まずは大井川と安倍川それぞれの下流から上流に伝播し、その後にマムシが広がり、上流域にクソヘビが残存したと考えられる。しかし、クソヘビが下流域にまったく出現していないことから、木川（2001）、中條（1982）はクソヘビとマムシの新古関係に対する判断が難しいと述べている。これは、大井川、安倍川ともに、川沿いの通行が困難なため、下流から上流の集落に向けての伝播ではなく、それぞれの川の上流域の峠越えによる伝播も考えられるからである。かつては、安倍川も上流域では、川沿いの南下が困難であり、峠越え（十枚峠、刈安峠、地蔵峠など）による隣国の甲斐、現在の山梨県南部町や身延町との行き来が盛んだったという。図Ⅱ.7.3では、クソヘビが安倍川本流域に見られず、その支流の中河内川、藁科川上流に分布しており、安倍川下流域の静岡市中心部からの伝播か、東隣の山梨県からの峠越えの影響なのか判断できないが、安倍川支流の藁科川沿いに笹間峠を越えて大井川上流にある千頭へ行くルートや、安倍川支流の中河内川沿いに大日峠を越えて大井川上流にある井川へ行くルート、そして、それぞれのルートの先にある大井川流域に分布している。安倍川支流の藁科川沿いから山間部の中心的集落である旧本川根町千頭に至る道（現在国道362号）である［おもな峠越えルート］①が、古くから物資運搬の重要な交通路だったこと、さらに、安倍川上流にある支流中河内川から大日峠を経て、大井川上流域の井川に至る［おもな峠越えルート］⑤が陸の孤島と言われた井川への重要な交通路だったことなどから、クソヘビが大井川と安倍川の上流域に、それぞれに下流域からの広がりが残ったと考えるよりも、大井川上流域の分布は、安倍川支流の峠越えによるかかわり、つまり旧時代の峠越えによる交流圏の反映と考える。それに対して、大井川2012-15の「まむし（蝮）」（図Ⅱ.7.4）でのクソヘビの出現は、大井川上流域に4地点（井川地区西山平、坂本、旧本川根町大沢、千頭馬場）のみであり、30～40年前に大井川上流域で21地点まとまって出現していたクソヘビの衰退をみる。

4.3 みみず（蚯蚓）

　大井川・安倍川1974-83の「みみず（蚯蚓）」（図Ⅱ.7.5）では、メメズが大

214 7章 大井川流域の言語

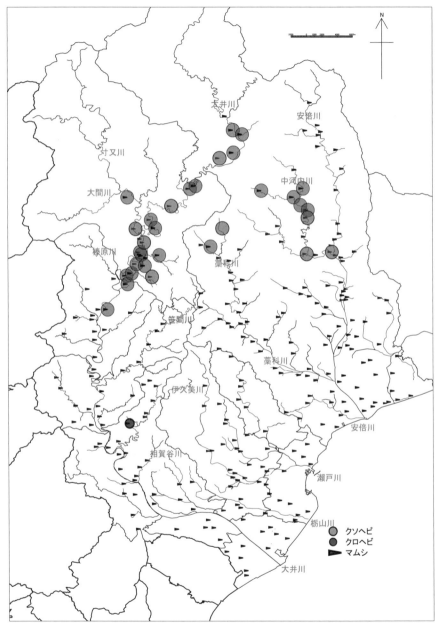

図 II. 7. 3 「まむし (蝮)」(大井川・安倍川 1974-83)

4. 方言分布の経年比較　215

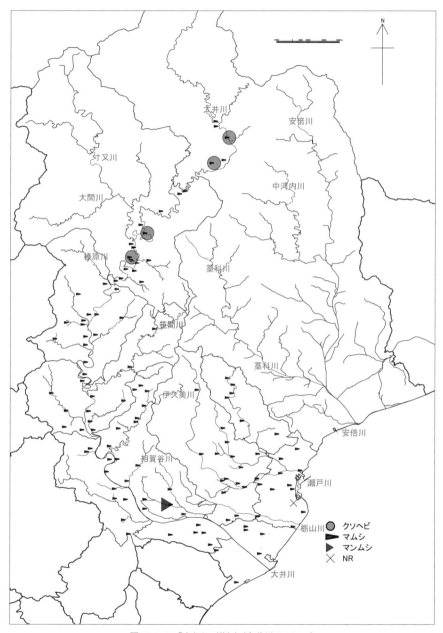

図 II. 7. 4 「まむし（蝮）」（大井川 2012-15）

216 7章 大井川流域の言語

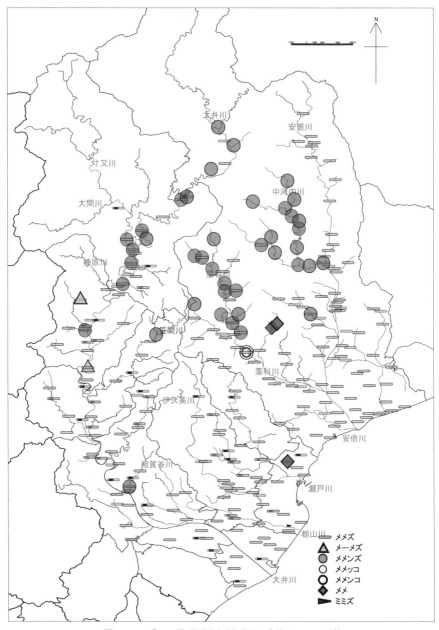

図 II. 7. 5 「みみず(蚯蚓)」(大井川・安倍川 1974-83)[14]

4. 方言分布の経年比較　217

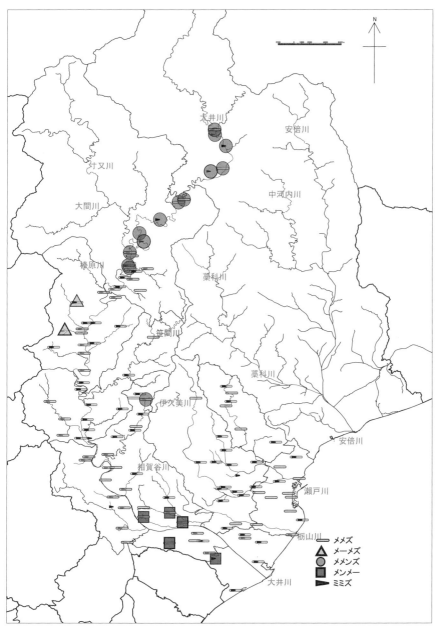

図 II. 7. 6 「みみず（蚯蚓）」（大井川 2012-15）

井川と安倍川双方の下流から上流全域に分布しているが、メメンズは大井川下流域に1地点（島田市宮沢）見られるものの、ほとんど大井川中～上流域（川根町日掛、旧中川根町梅高以北）と安倍川支流の藁科川上流域や中河内川流域に分布している。これも、藁科川から富士城峠を越えて大井川上流にある千頭に入る［おもな峠越えルート］①や、中河内川から大日峠を越えて大井川上流にある井川に入る［おもな峠越えルート］⑤に分布している語形である。メメンズの分布域は広く、［おもな峠越えルート］②の伝播もたどれるようだ。「みみず（蚯蚓）」も大井川・安倍川 1974-83 の「まむし（蝮）」（図II.7.3）のクソヘビの分布に似た項目の一つであり、メメンズによって安倍川支流域から大井川中～上流域にかかる交流圏を反映させている資料と考える。大井川 2012-15 の「まむし（蝮）」（図II.7.4）で、クソヘビは大井川上流域で4地点しか出現しなかったが、大井川 2012-15 の「みみず（蚯蚓）」（図II.7.6）では、大井川上流域でのメメンズの出現が13地点で、30～40年前の11地点とほとんど変わっていない。大井川上流域と安倍川支流域の峠越えによる交流圏の反映をそのまま現在に残す資料と言えないだろうか。ただ、クソヘビの場合は、その下品なイメージが、早い衰退に拍車をかけたが、メメンズは共通語形ミミズや、それが変化したメメズに似た語形のためか、ほとんど衰退することなく、使用されているようだ。なお、下流域（島田市元島田、河原、道悦島、湯日本村、吉田町大幡）に見られるメンメーは30～40年前には出現していなかった語形であるが、図II.7.5の藁科川の支流に2地点、および焼津市に1点見られるメメと関連する語形と考えるならば、平野部からの広がりだったかもしれないが、それも共通語形ミミズと同等の勢力で分布しているメメズに圧倒されている。

　一般に、河川流域では、下流域から上流域に向けてさかのぼる形で、言葉が伝播していくことが多い。大井川流域でも、古くは川沿いの通行が困難だったとはいえ、下流域から上流域に向けての言葉の伝播もあったと思われるが、先に述べたように、大井川上流域では、安倍川やその支流から峠越えをしての人の行き来が多く、言葉の多くも峠越えで大井川流域に伝播したと考える。先の「まむし（蝮）」のクソヘビや「みみず（蚯蚓）」のメメンズが、大井川中～上流域の集落と安倍川支流域の集落との交流圏による広がりと考えるが、さらにそれにかかわる集落「千頭」の存在とその影響力を見ていく。千頭は大井川上流域の一集落であるが、古くから大間川流域などで伐採された材木の集積地であったことから、外から人や物資が集まる集落となり、その後、言葉の広がりにも大きく影響する

4.4 かかと（踵）

　大井川 1977-83 の「かかと（踵）」（図II.7.7）では、大井川中〜上流域（島田市北部、金谷町北部、旧中川根町、旧本川根町）にアクトが広がり、大井川下流域（島田市南部、金谷町南部、吉田町、大井川町）から平野部や瀬戸川丘陵部の藤枝市、岡部町、焼津市にアクツが広がっている。これだけを見ると、先にアクトが広がり、その後にアクツが平野部から大井川沿いを北上しているかのようだ。LAJ の解説でも、「ともに、過去のある時期に、その領域は関東地方を介して連続していたと考えられるが、アクト類が古く、アクツ類が新しいものと思われる」とあった。大井川 2012-15 の「かかと（踵）」（図II.7.8）を見ると、中〜上流域に分布するアクトと下流域から平野部、瀬戸川丘陵部に分布するアクツの様相は、30〜40年前とあまり変わらない。しかし、静岡市中心部から平野部に広がって、大井川下流域から北上するかと思われたアクツだが、島田市南部（落合、谷口）や金谷町南部（本町）にも出現したアクトによって、逆にアクツが押し戻され、アクトがわずかながら南下している形だ。また、図II.7.7で島田市北部の伊久美川上流域（白井、中平）や川根町の笹間川上流域（日掛、二俣）まで広がっていたアクツが、図II.7.8では見られなくなっている。[おもな峠越えルート]②〜④にもある笹間峠越えで東側より広がってきたと思われたアクツが消滅しているために、かなり後退しているように見える。アクツよりアクトが広がろうとしていたのか。本来なら下流域の平野部からの広がりに新勢力があると考えられるが、ここでは上流域に広がる語形に勢力を見る状況となっている。そこで、あらためて大井川上流域にある山間部の中心集落「千頭」の存在を考える。千頭の奥の山岳地帯は江戸期には幕藩営林となり、その伐出や運材が大井川とその支流を利用して行われた。かつて当地域では、比較的大きな集落として藤川村小長井があったが、御用材の伐出が増すに従い、御林守りとしての、また伐出の拠点としての千頭にも権力が増し、山間部の中心的集落となっていく。安倍川と大井川の間にはいくつかの峠越えの山道があるが、[おもな峠越えルート]①の利用は多く、静岡市中心部から人や物資が小長井を経て千頭に入ったように、さまざまな情報も千頭に入り、そこからさらに大井川流域の周辺集落へ広がり、千頭は山間部における文化の中心地となったと考える。そのため、千頭を含む地域で広がったアクトは、平野部から下流域に、または安倍川支流から峠越

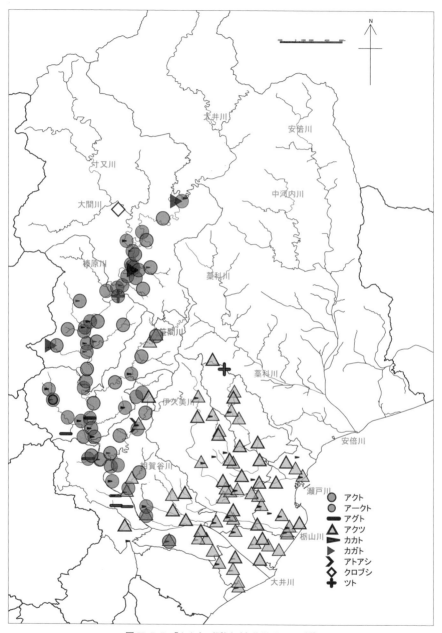

図 II. 7. 7 「かかと（踵）」（大井川 1977–83)[15]

4. 方言分布の経年比較　221

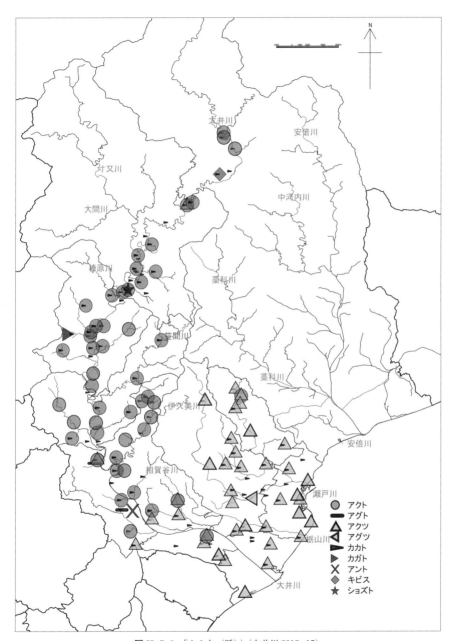

図 II. 7. 8　「かかと（踵）」（大井川 2012-15）

えで大井川中〜下流域に広がっていたアクツを押し返すほどの勢力になり得たのであろう。先の大井川 2012-15 の「みみず（蚯蚓）」（図 II.7.4）でメメンズが30〜40 年前と変わらない広がりを残しているが、これも千頭を経由した広がりの強さと見る。

　ところで、次の 2 資料は、静岡大学方言研究会調査では、安倍川やその支流域から大井川上流域にかけて広がっていた語形が、30〜40 年後の調査で、さらに大井川下流域からも広がるという様相を見せているものである。

4.5　とうもろこし（玉蜀黍）

　「とうもろこし（玉蜀黍）」では、モロコシとトーキビに注目する。まずは、大井川・安倍川 1974-83 の「とうもろこし（玉蜀黍）」（図 II.7.9）で、安倍川上流域とその支流の中河内川流域や藁科川流域に広がっているモロコシが大井川上流域にも分布しており、これも安倍川支流からの峠越えによる広がりだと考えられる。それに対して、大井川中〜上流域に広く分布しているトーキビはどうであろうか。大井川下流域が通行困難であったことを考えると、これも安倍川支流からの峠越えによる大井川流域への広がりと見てよいのではないだろうか[16]。先に、トーキビが広がっていたところへ、モロコシが同じく大井川上流域に入ってきたと見ることができる。そして、モロコシは平野部の焼津市や藤枝市にも分布しており、こちらは安倍川下流域の静岡市中心部から周辺に広がったと考えられるが、大井川 2012-15 の「とうもろこし（玉蜀黍）」（図 II.7.10）を見ると、さらに大井川下流域の大井川町（飯淵）、島田市南部（井口、谷口、元島田）、金谷町南部（本町、牛尾、横岡）にまで広がっている。安倍川とその支流の峠越えで大井川上流域に入ったトーキビ、さらにモロコシには、30〜40 年を経て、広がりも衰退もほとんど見られないが、大井川下流域では、川沿いの交通整備が進んだためか、大井川 1974-83 では大井川近くでとどまっていたモロコシが、大井川 2012-15 で川沿いに北上している。「とうもろこし（玉蜀黍）」の大井川 1977-83 と大井川 2012-15 を比較して、静岡市中心部から広がった言葉が、古くは安倍川とその支流の峠越えで、大井川上流域に入り、そこから大井川流域に広がったこと、新しくは大井川下流域から入って、そこから大井川上流に向けて広がったことを知り得た。

4.6 ごきぶり（御器被り）

「ごきぶり（御器被り）」では、ゲンジキとゲジもしくはゲジゲジの広がりに注目する。大井川 1977-83 の「ごきぶり（御器被り）」（図 II. 7. 11）では、まずゲンジキ（ゲジキ含む。以下略）が大井川上流域を除く、大井川中〜下流域、さらには東側平野部から丘陵部に分布している。それに対して、ゲジ・ゲジゲジの広がりはさらに広く、大井川上流域にまで広がっており、一見、ゲンジキとゲジ・ゲジゲジの新古を判じることができない。強いて言えば、ゲジ・ゲジゲジの後からゲンジキが大井川を北上しているようだが、よく見ると、ゲジ・ゲジゲジは大井川下流域から中流域の金谷町、島田市の大井川沿い集落まで広がっているものの、川根町や中川根町南部までの大井川沿いでは出現していない。それが、再び中川根町平谷から上流域の本川根町に出現している。川根町内に出現している4地点（日掛、二俣、日向、桑の山）は、笹間峠から笹間渡に至る大井川支流の笹間川沿いの集落であるため、大井川沿いだけを見ると、ゲジ・ゲジゲジが、大井川の上流域と下流域に分かれて分布しているのがわかる。次に、大井川 2012-15 の「ごきぶり（御器被り）」（図 II. 7. 12）では、大井川流域におけるゲンジキの分布域は、中流域の中川根町を北限とし、上流域の本川根町、井川に出現していないという点では、大井川 1977-83 とほとんど変わらない。それに対して、ゲジ・ゲジゲジは大井川中流域の中川根町南部（地名）や川根町（前山、上河内、石風呂、笹間渡）にも広がっている。さらに、大井川 1977-83 では、大井川中〜下流域の本流沿いにしか出現していなかったが、大井川 2012-15 では、島田市の伊久美川上流や相賀谷川沿いにも出現している。明らかに、大井川 1977-83 よりもゲジ・ゲジゲジの分布が広がっている。このように大井川流域に広がったゲジ・ゲジゲジをどのように考えるか。

次に、話者の内省報告を取り上げる。大井川 1977-83 のゲンジキとゲジ・ゲジゲジを併用している地点の中で、大井川中流域（中川根町平谷、川根町二俣、日向）では「ゲンジキのほうが古い」との報告があった。ここは、ゲンジキの北限にあたるため、さらに上流域にも分布するゲジ・ゲジゲジのほうが新しいということになるのか。大井川 2012-15 では、中川根町地名よりも下流域（川根町笹間渡、上河内、島田市鵜網、元島田、吉田町住吉西浜、大井川町飯淵、藤枝市大洲4丁目）、その東側平野部（焼津市大島、小屋敷、本町）で「ゲンジキのほうが古い」との報告が出た[17]。また、大井川下流域では、大井川 1977-83 よりゲジ・ゲジゲジの出現が多く、ゲンジキの減少も見てとれることから、ゲジ・ゲ

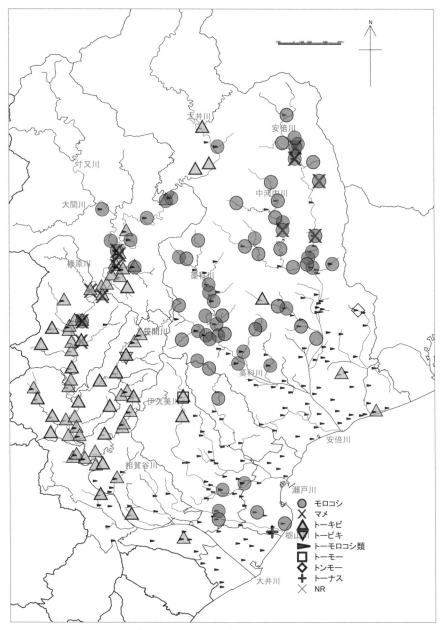

図 II.7.9 「とうもろこし（玉蜀黍）」（大井川・安倍川 1974-83）

4. 方言分布の経年比較　225

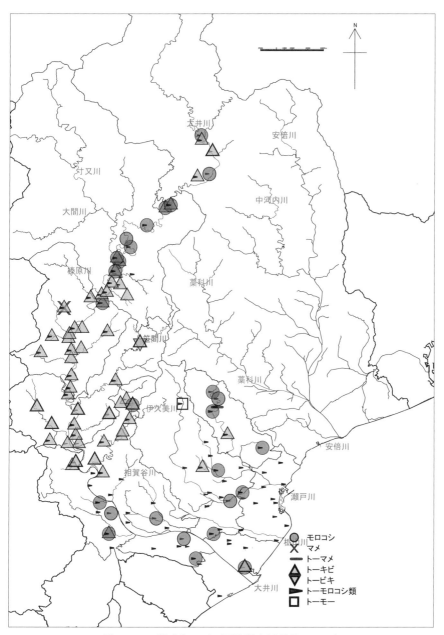

図 II. 7. 10 「とうもろこし（玉蜀黍）」（大井川 2012-15）

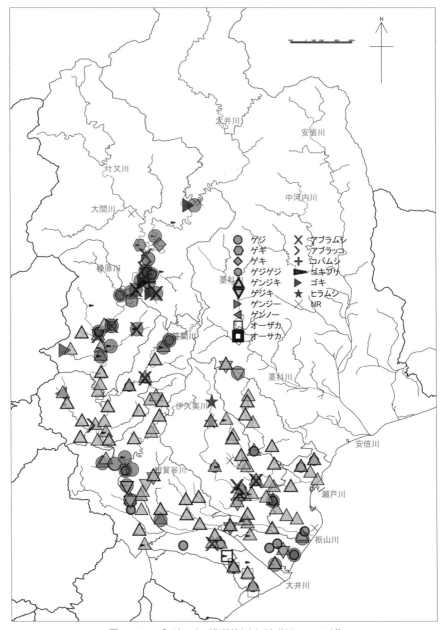

図 II. 7. 11 「ごきぶり（御器被り）」（大井川 1977-83）[18]

4. 方言分布の経年比較　227

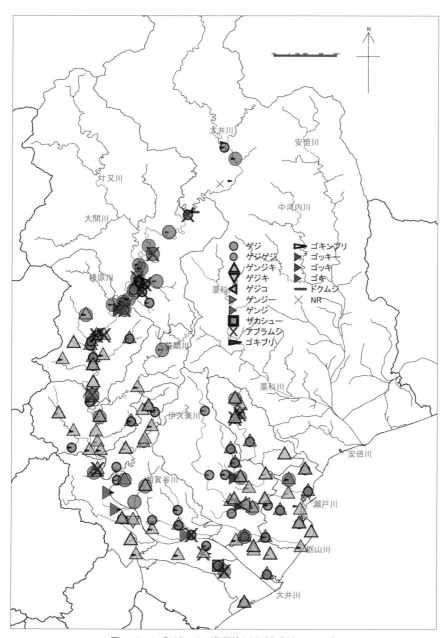

図 II. 7. 12 「ごきぶり（御器被り）」（大井川 2012-15）

ジゲジがゲンジキよりも新たな勢力となって広がっていることがわかる。

　これらのことから、ゲジ・ゲジゲジは大井川上流域にまで広がっている語形だが、実はゲンジキが古く、ゲジ・ゲジゲジが新しいと考えられる。では、なぜゲンジキが大井川上流域に出現していないのだろうか。上流域にゲンジキの出現がないのは、早くに消滅したか、伝播しなかったのか。これについては、古くゲンジキも安倍川とその支流の峠越えによって大井川上流域へ伝播したと考えるが、上流域はごきぶりを目にすることの少ない地域だったため、その名称が広がらなかったようだ。ごきぶりは寒さに弱い昆虫のため、話者から「昔、今よりも寒さが厳しかった山間部ではあまり見ない昆虫だった」との報告もあった。したがって、ゲンジキが広まった頃には、大井川上流域にはまだごきぶりが繁殖しておらず、ゲンジキが広まらなかったのかもしれない。その後、ごきぶりの繁殖とともに新たに伝播してきたゲジ・ゲジゲジが定着したのではないだろうか。

　1974-76年調査の項目に「ごきぶり（御器被り）」がなく、安倍川とその支流におけるゲジ・ゲジゲジに関しては、大井川1977-83と大井川2012-15から推測するばかりだが、まずは安倍川とその支流から峠越えで大井川上流域に侵入し、大井川1977-83で、大井川上流域から下流に向かって広がったが、その後下流域からも大井川沿いに北上し始め、大井川2012-15によって、さらに北上したゲジ・ゲジゲジが大井川上流域のそれとつながったのではないかと考える。言葉の多くが、かつては安倍川とその支流の峠越えで大井川上～中流域へ入り、大井川流域に広がったが、その後は、大井川沿いの交通整備によって、平野部から大井川下流域を川沿いに北上し、広がるようになったと考える。「ごきぶり（御器被り）」も、大井川1977-83と大井川2012-15を合わせ見ることによって、大井川上流域と下流域での言葉の伝播のあり様を知り得た資料である。

5. む　す　び

　大井川・安倍川1974-83では、大井川上流域に、その下流域よりも古い語形が広がっていると考えつつも、一方に静岡市中心部から安倍川とその支流の峠越えによって、直接大井川上流域に入る伝播の可能性が考えられていた。それが、大井川2012-15と比較することで、いくつかの項目で安倍川とその支流の峠越えによる伝播の流れが確かめられたのではないかと考える。そして、大井川沿いの交通が整備された後も、勢力を持って大井川上流域に分布する語形には、静岡市中心部からの伝播であることに加えて、山間部の中心集落「千頭」を経ての広

がりであることが勢力の要因と考える。静岡市中心部とつながる千頭の存在は、大井川上流域の山間部において思いの外に大きかったと考える。千頭は山間部の一集落ではあるが、江戸期から昭和期に至るまで、その背後にある山林管理の中心であり、昭和期の千頭営林署は全国最大の規模であった。古くは大井川の水流を利用し、ダム建設後は鉄道を利用して林業が栄えた地である。昭和6年の大井川鐵道開通後は千頭側に多くの商店が建ち並び、「千頭は山家のお江戸」とまで言われた。そのため、静岡市中心部から多くの人や物資、そして情報が、安倍川とその支流を経て、千頭に入り、さらに千頭を経由して周辺集落に広がった。経済面で静岡市と密接に結びついていた千頭の集落としての規模の大きさは、周辺集落への影響力の大きさになり、それが大井川上流の言葉の広がり方に反映されていたと考える。今回の調査対象話者の多くが、昭和10年代生まれであり、明治末期から始まったダム建設に伴い、大井川沿いの交通が徐々に整備され、昭和3年には大井川に島田-金谷をつなぐ国鉄鉄橋が完成し、金谷-島田間に乗合バスの運行も始まり、昭和6年には大井川鐵道が金谷から千頭まで開通し、その後は大井川沿いに人の往来がますます盛んになった時期と重なっていく。そのため、川沿いの交通が整備される以前の大井川上流域に分布していた語形の流れや勢力を、さらに交通整備後は、上流域での広がりに遅れる形で、平野部から大井川沿いに北上していく流れや勢力を確認できたと考える。

　大井川2012-15で今回取り上げた項目では、ほとんどの地点において、すでに併用語として共通語が出現しており、今後は静岡市中心部から安倍川支流を経て伝播した語形や、大井川沿いに北上した語形を追っていくことができるのか注視したいところである。

付記

　2012-15年調査にご協力くださいました榛原郡川根本町、島田市、藤枝市、榛原郡吉田町、焼津市、静岡市葵区井川の話者の方々、また、調査を軌道に乗せてくださいました「榛原郡川根本町教育委員会生涯学習課」「島田市いきいきクラブ連合会」「藤枝市教育部生涯学習課生涯学習センター」「さわやかクラブやいづ連合会」始め紹介者の方々へも、改めて感謝を申し上げます。

注

1　「静岡市方言地図」は中條編（1982）に掲載。
2　「大井川・安倍川流域言語地図」は木川（1997-2006）に掲載。
3　平成の大合併で、榛原郡本川根町、榛原郡中川根町は2005年に榛原郡川根本町となる。

4 平成の大合併で、榛原郡金谷町は2005年に、榛原郡川根町は2008年に島田市に編入される。
5 平成の大合併で、志太郡岡部町は2009年に藤枝市に編入される。
6 平成の大合併で、志太郡大井川町は2008年に焼津市に編入される。
7 2013-15年調査で「黒子」「旋毛」「松毬」「天道虫」の4項目を追加する。
8 2012-15年調査話者119名（男性104名、女性15名）の年代別人数は、60歳台9名、70歳台78名、80歳台30名、90歳台2名であった。
9 図II.7.2の河川名や地名への囲み印は筆者が記した。
10 天竜川のような「上流部に平野や盆地があって、多くの人々の住む河谷を「貫通谷」と呼ぶことにする。」（浅井 1972：p. 15）
11 大井川のような「上中流部に平野も住民も乏しく、行きづまりになっている河谷を「閉塞谷」と名付けよう。」（浅井 1972：p. 15）
12 「このようにして明治以前の大井川は上下流を結ぶために必ずしもよい通路を造り得なかった。むしろ隣接他流域の気田川・太田川・安倍川・藁科川・瀬戸川等が大井川上流部のためによい交通路を提供してくれた。」（浅井 1972：p. 96）
13 安倍川流域および大井川上流域「井川地区」の調査資料（1974-76年調査）は分布図の形でしか残っていないため、静岡大学方言研究会作成の「静岡市方言地図」からの再作成図である。
14 「静岡市方言地図」（1974-76年調査）では、併用語のミミズは除かれていたため、大井川・安倍川 1974-83の安倍川流域にはミミズの記号はない。
15 「静岡市方言地図」（1974-76年調査）に「かかと（踵）」の分布図がないため、「井川地区」のデータはない。
16 大井川上流でのトーキビとモロコシの新古に関しては、木川（2002）も「（略）かつては井川地区や本川根町でもトーキビが用いられていた、そこへ安倍川流域から伝播してきたモロコシが用いられるようになっている、と考えるのが妥当であろう。」と述べている。
17 大井川 2012-15で、「ゲンジキのほうが古い」との報告は、ほかに瀬戸川上流域の岡部町玉取からも得ている。
18 「静岡市方言地図」（1974-76年調査）に「ごきぶり（御器被り）」の分布図がないため、「井川地区」のデータはない。

文献

浅井治平（1972）『大井川とその周辺　三版』いずみ出版
木川行央（1997-2006）「大井川・安倍川流域方言の言語地理学的研究（1）～（7）」『静岡・ことばの世界』1～7
木川行央（2006）「本川根町小長井・静岡市井川における言語変化」『静岡県下「言語の島」における言語変容に関する基礎的研究』（科学研究費報告書）
木川行央（2013）「大井川上流域における言語変化―30年前の調査結果との比較から―」『神田外語大学大学院紀要　言語科学研究』19
国立国語研究所編（1966-1974）『日本言語地図 1-6』大蔵省印刷局

静岡県編（1996）『静岡県史　別編2　自然災害誌』
中條　修編（1982）『静岡方言の研究』吉見書店
本川根町史編さん委員会編（2003）『本川根町史　通史編3　近現代』
本川根町史編さん委員会編（2005）『本川根町史　通史編2　近世』

8

新潟県北部に残存する
ガ行入り渡り鼻音の実相と分布
― 代表2地点の世代別調査による経年比較 ―

大橋 純一

1. はじめに

　新潟県北部の方言は、それ以北の北奥方言、以東の南奥方言、以南の越後方言と接して複雑な様相を呈する。特に阿賀野川の右岸北部は「阿賀北地域」とも呼称され、そこで話される言葉の多くが東北方言の特色を過渡的に示す[1]。そのことについては地元住民の間でもおおむね自覚的であり、調査の際、「阿賀北の言葉は東北弁」といった内省が聞かれることもしばしばである。

　しかしそうした中、各接触方言との干渉により、逆に当域方言本来の特色を一層際立たせる方向に働くものがある。本章に取り上げるガ行入り渡り鼻音がそれである。

　すでに『日本言語地図1』などからもうかがえるように、東日本で [ᵑg] または [g̃] の痕跡をまとまった形で残すのは当域のみである[2]。それはひとつには、当域が東北方言的な [ŋ] の地域と越後方言的な [g] の地域とが接する特殊環境にあることと無縁ではないものと思われる。つまりその実態は、以北・以東で生じた [ŋ] 化（東北化）と以南で生じた [g] 化（越後化）との狭間にあって、そのどちらにも変化しかねて取り残された、いわゆる古態残存の姿を反映しているものと解することができる[3]。

　そのような状況下で特立すると思われる当域の [ᵑg]（[g̃]）であるが、一方で、そうした事情を背景とする現象であればこそ、それ以降の動態については関心が深く、かつ予断を許さないところがある。各接触方言と拮抗して今なおその痕跡を色濃く残しているのか、それとも各勢力に押しやられていち早く淘汰されてしまっているのか。もはや全国的にもほとんど類例のない [ᵑg]（[g̃]）の実相と分布を、上記のような背景を持つ新潟県北部において追跡することは、音声変化の実際やその理法一般を解明する上でもきわめて重要な示唆を与えてくれるものと思われる。

以上のような問題意識をふまえ、筆者はすでに2003年に、当時の行政区画を単位とする音声の分布調査を行っている[4]。またその成果の一部を大橋（2004a）をはじめ、関連的に大橋（2004b・2008）などによっても明らかにしている。この調査（以下、前調査）以来、約10年の歳月が経過した。筆者は、その間にも実相と分布に段階的な変化が生じているであろうことを想定し、同地域を対象とする地理的・年代的な調査を現在進めているところである（大橋2015など）。本章は、その一環として、以下に記す2地点の世代別調査を取り上げ、前調査との経年比較を通してその動態の一端を探るものである（数字は前調査時の地点番号）。

- 04：岩船郡朝日村大須戸およびその周辺（現村上市）
- 16：北蒲原郡加治川村下中およびその周辺（現新発田市）[5]

2. 前調査結果の概要とその中の上記2地点の位置

まずは大橋（2004a）より「図4　新潟県阿賀北地域方言事象分布地図」を再掲し、前調査時に明らかとなった事項の概要を確認しておく（図II. 8. 1）。ここからうかがえることは、おもに次のような点である。

① 当域に現れる実相のタイプには、大きく"非鼻音系"のものと"鼻音系"のものとがあり、"鼻音系"はさらに"鼻濁音［ŋ］／入り渡り鼻音［ᵑg］／小入り渡り鼻音［˜g］"に細分類される（分布図では入り渡り系鼻音を一括して［ᵑg］で示しているが、実際には［ᵑg］に対し、鼻音の介入幅が相対的に弱い［˜g］の段階がある）[6]。

② 以上を分布の上から見ると、全語ほぼ［ᵑg］（［˜g］）で現れるものが7地点[7]、他音との揺れを示しながらも［ᵑg］（［˜g］）で現れるものが12地点ある。また全語ほぼ［ŋ］で現れるものが3地点に過ぎない一方、［g］は阿賀野川以南を中心に、全語それで徹底するものが14地点みとめられる。

③ 以上からは、［ᵑg］（［˜g］）の分布が今なお当域に数多くみとめられること、しかしその多くが他音との揺れを示す現状にあること、対立する［ŋ］と［g］とでは［g］のほうが優勢であることなどがうかがえる。

本章で取り上げる2地点（04・16、以下、朝日村・加治川村）は、図II. 8. 1の概要からも見てとれるように、朝日村が②で言うところの「全語ほぼ［ᵑg］（［˜g］）で現れる」地点、加治川村が「他音（当地点の場合は［g］）との揺れを示しながらも［ᵑg］（［˜g］）で現れる」地点のひとつである。つまり前調査時に

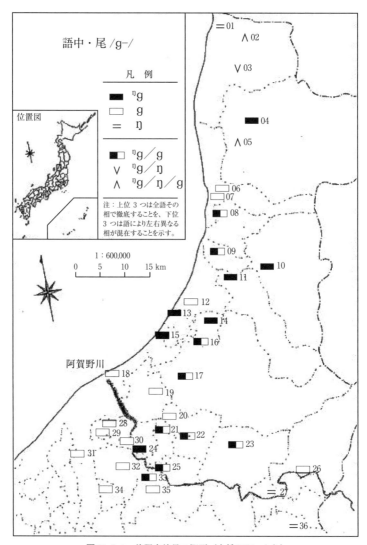

図 II.8.1 前調査結果の概要(大橋 2004a より)

おいて、典型的に [ŋg]([˜g])の痕跡がみとめられた地点と、その現れ方に揺れがみとめられた地点を対象とし、その双方での変容のあり方を対比的に追跡することが本章の狙いである。具体的には、前調査時に [ŋg]([˜g])一色であっ

た朝日村ではその痕跡もやはり持続的であるのか、変化があるとすればそれは [ŋ] 化なのか、それとも [g] 化なのか、またすでに [g] との揺れのあった加治川村では [g] 化が先行し、朝日村との差が一層明確なものとなっているのか、そこに [ᵑg]（[g̃]）の維持や [ŋ] 化という余地はないのか、それらを総合して当域の地理的・年代的な現状はどのようであるのか、といったことがおもな観点となる。

3. 調査・分析

　調査は次の地点・話者を対象に行った。つまり前調査段階の話者が現在80〜90代と仮定できることから、それに続く世代を10代刻みに、併せて6世代（各3〜6名）を対象とするものである[8]。
- 朝日村：2013年5〜9月、70〜20代計28名調査
- 加治川村：2014年5〜9月、70〜20代計25名調査

　調査語には、前調査から削除したものと本調査から新しく加えたものとがある。また /g/ が特殊音に後接する語（たとえば「入学式」/njuRgakusiki/）や複合語（たとえば「雨傘」/amagasa/ のように複合結果として /g/ が生じたもの）など、ある見たい観点があり、特別の意図を持って設けた調査語もある。ここでは、前調査からの経年変化を2地点の世代別調査により鳥瞰することを意図しているため、当該音節が体系的にそろっており、前調査と本調査とで項目が一致する次の調査語を限定的に扱う。
- /ga/：鏡、いが、磨く、上がる、うがい
- /gi/：釘、杉、鍵、山羊、おはぎ
- /gu/：継ぐ、嗅ぐ、漕ぐ、うぐいす
- /ge/：蔭、とげ、髭、お告げ、上げる
- /go/：籠、顎、午後、囲碁、苺

　調査は質問法により、1語につき2回以上の発音を求める形で行った。また一通りの発音を終えた時点で「カンガミ（鏡）とは発音しないか」などの内省を聞き、その内省をふまえて再度すべての発音を求める形で行った（よって全語少なくとも3度以上の発音が得られたことになる）。

　実相は、基本的には筆者の聴覚判断により、まず大きく破裂音系か鼻音系かに分類し、鼻音系についてはさらに [ŋ] か [ᵑg] かの違いを注視する方針で聞き取りを行った。よって注6にも記したとおり、これ以降本章では、[ᵑg] や [g̃]

（または［ŋg］）をその度合いに応じて聞き分けることはせず、鼻音の介入があるものについてはすべてを［ᵑg］に統一して表記することにする。

　ただし次の4節のように、実相の客観的な検証のために、音響分析を用いてその特徴を細かく見きわめる場合がある。大橋（2004a）などとの比較も考慮し、その場合は前調査までと同様、音響分析ソフトの「音声録聞見」を使用する。

4. 音響分析による実相の検証

　本調査時にみとめられた実相のタイプを上記の見地から整理し、音響分析により、各事例を図Ⅱ.8.2に対照してみる。

　ここで分析の指針となるのは［ŋ］と［g］の二つであるが、ケント・リード（1996）によれば、その音響的特徴は、それぞれ次のような点に固有の特質をみとめることができるという。つまり［ŋ］が母音にも似た複数のスペクトルピーク（中でも低周波での強い共鳴）であり、［g］が閉鎖に伴う無音のギャップ（ただし有声音に付随して生じる低周波のエネルギー帯域を含む）である。図Ⅱ.8.2のスペクトログラムは、「蔭」/kage/または「籠」/kago/の実相を例に、各発音に要した持続時間（横軸・msec）と周波数（縦軸・kHz）の関係を視覚的にとらえたものであるが、上記に即するならば、まず［ŋ］と［g］の差が低周波からその上方にかけての音響模様によって、さらに［ᵑg］との差が時間幅（つまりは介入調音の有無）によって規定されることになる。

　それに従い、まず図Ⅱ.8.2(d)のスペクトログラムを見ると、前母音/a/の末部から/g/にかけての調音箇所に無音状況を表す短時間のギャップが、またその下方に有声音の証左となる低周波のエネルギー帯域が介在していることがわかる。つまりその各特質は、典型的な［g］のそれを示しているものと判断される。一方、図Ⅱ.8.2(a)のスペクトログラムにおいて同様の箇所を見ると、図Ⅱ.8.2(d)で無音区間となって現れた閉鎖部分の大半に低〜高周波にかけてのスペクトルピークが介在すること、中でも低周波に強い共鳴を示しつつ［g］（つまりは破裂）の始点へと直接していることがわかる。加えてその時間幅も図Ⅱ.8.2(d)などと比べれば確実に大きく、その実相が介入調音を伴う［ᵑg］であることを典型的に物語っている。なおそれは、時間幅に多少の差はあっても、図Ⅱ.8.2(b)、(c)に関してもほぼ同様のことが指摘される。

　すると図Ⅱ.8.2(a)〜(d)の対照により、当域の現状には地点や性別にあまりかかわりなく、しかも比較的下位の世代にもまたがって、広く［ᵑg］の痕跡の

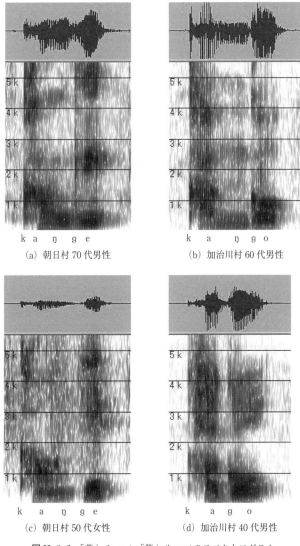

図 II. 8. 2 「蔭」/kage/・「籠」/kago/ のスペクトログラム

あることがわかる。またその一方で、若い世代を中心に [g] の出来が確実であること、逆にいずれの地点・世代にも [ŋ] の存在はみとめがたいことなども同時にうかがえる。すなわち、ごく大雑把ながら、前調査との経年比較において、

［ᵑg］が存外にも維持されていること、またそこに変化があるとすれば、その志向される方向は［g］であり、［ŋ］ではない現状が把握される。

以下には、その具体的な維持と変容の実際を、地域差や世代差、音環境などに着眼しながら見ていく。

5.［ᵑg］および［g］の地点・世代別出現状況

5.1 全体状況

上記に見てきたとおり、対象の2地点で現在確認できる語中 /g/ の実相は、［ᵑg］の介入鼻音に段階的な諸相があるとは言え、結論的には［ᵑg］か［g］かのいずれかである。またその実状を言えば、全語3回以上の発音の中で、ある個人・語においては［ᵑg］もしくは［g］が一貫して発音され、またある個人・語においては［ᵑg］と［g］がランダムに発音されて一定しないというものである。よってここでは、各個人・各語の発音で、すべて［ᵑg］に現れたものをA、［g］に現れたものをC、［ᵑg］と［g］のいずれにも現れたものをBとし、その各々の出現の割合を世代別に見比べてみる（図II.8.3）。なおそのとき、どの個人がどの語においてA〜Cなのかの詳細は問わない[9]。あくまで世代ごとの実態をトータルで見て、その割合を対比するものとする。

すると、まず（a）朝日村の70・60代において突出してAの出現割合が高い。つまり70代で約70％、60代で約60％のものが［g］にはならず、一貫して［ᵑg］に発音されたということである。そのAは50代になると大幅減の様相を呈するが、その目減り分はBの台頭によって相殺され、結果、AとBの合計では前世代までとさほど変わらない状況が維持されることとなっている。一方、40代以下には、Aはもとより、前世代に台頭したBの痕跡もみとめられず、おおよそこの世代を境に、当地点の［ᵑg］をめぐる様相は一変したことがうかがえる。既述のとおり、前調査で朝日村は、対象地点の中でも「典型的に［ᵑg］の痕跡がみとめられた地点」のひとつだった。つまりそうした典型地点では、70・60代で［ᵑg］の痕跡を色濃く示し、50代でも引き続き［ᵑg］に現れることを多とするものの、同世代でひとたび［g］との揺れが頻繁化すると、その衰退はきわめて唐突かつ急速なものであったことがわかる。

一方、（b）加治川村を見ると、40代以下で一律にCが現れることについては上記と同じであるが、70〜50代にかけての実態が朝日村とは著しく異なる。まず当地点で特徴的なのが、最上位世代である70代においてAとBの出現割合が

70~20：世代（～代）
A：[ŋg]　　B：[ŋg]／[g]　　C：[g]

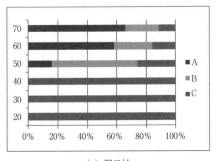

(a) 朝日村

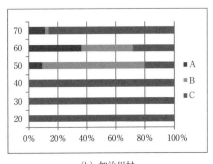

(b) 加治川村

図 II. 8. 3　実相の世代別状況

大きく減退することである。その割合はAとBを合わせても全体の13.9%に過ぎない。さらにそのパーセンテージの実質も、（当地点の70代は6名が対象であったが）、他5名が徹底してCを発音する中、わずか1名がCのほか、語によってはAまたはBを発音することによって生じているものである。つまり大勢が[g]一色である中、特定話者が語によりかろうじて[ŋg]を発音するのであり、痕跡をたどる上では綱渡りの状況であることがうかがえるのである。朝日村とは対照的に、加治川村は、前調査時点ですでに「[ŋg]の現れ方に揺れがみとめられた地点」のひとつだった。よって上記のような減退の事態も、当地点の経年的な動きからすれば、また典型地点である朝日村との対照からすれば、不可避のこととして合理的な説明がつきやすいということが言える。しかしその穏当な理解をそう記したそばから阻むのが、次の60代および50代におけるA・Bの動きである。グラフからも明瞭なように、前調査から衰退を加速させたと見られる[ŋg]の痕跡が、60代において大きく右方向に振り戻されている。またBが主体ではあるものの、AとBの合計では、さらにその下位世代にあたる50代において当地点の最大値（80%）が示されることにもなっている。加えてその最大値（50代：80%）は朝日村のそれ（50代：74.2%）をも凌ぐことから、単純な見立てでいうと、[ŋg]は、もともと揺れの著しい加治川村においてこそ持続的であったとも解されうることになる。いずれにしても、こうした地点・世代をまたがり、増減入り組んで現れる割合の比が、当事象の単純ではない現状を物語るので

ある。

　さて、両地点の世代別状況を上記のように単純化して見る限りでは、その動きはいかにも不可解と言わざるを得ないが、内実を少し細かく探っていくと、それぞれに意味あることとして、以下のような点が把握されることになる。

5.2　[ŋg] と [g] の揺れの実際

　ここで注目したいのが、実際に [ŋg] と [g] のいずれにも現れて一定しないBのタイプである。図II.8.4では、既見の図II.8.3における分布の内訳（70～50代、A～C）よりそのBに相当するものを抽出し、それの初回発音（①）と最終回発音（②）の現れ方（[ŋg]→A、[g]→C）を世代別に上下に見比べている。3節にも既述したとおり、本調査では各語まず2回以上の発音を求め、一通りの発音を終えた時点で内省を聞き、その内省をふまえて再度の発音を求めている。よってそれらの経緯からすれば、初回発音がより無条件下（無自覚的）での、最終回発音がより特定条件下（自覚的）での実相であると受け止められよう。

　その観点からまず（a）朝日村を見ると、各世代いずれも、初回発音の①と最終回発音の②とでそれほど際立った実相の差がない。50代でやや落差の大きい様が見てとれはするが、ここではそのこと以上に、初回発音ですでに40％近くのものがA（つまりは [ŋg]）に現れていることの意味を重視すべきであろう。初回発音時には、各話者ともに、それが何を問われての発音であるかの認識がな

①：初回発音　②：最終回発音

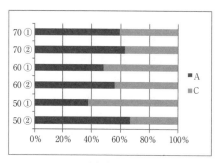

(a) 朝日村

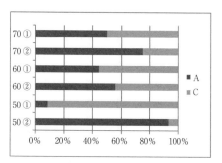

(b) 加治川村

図II.8.4　[ŋg] と [g] の揺れの実際

いままに［ŋg］または［g］を回答している。つまり上の言葉を借りるならば、より"無条件下（無自覚的）"にありながら、40％近くが早々に［ŋg］を回答していることが注目されるのである[10]。同じ観点からすると、朝日村では70代で60％前後、60代で50％前後が初回発音ですでに［ŋg］を回答している。基本的に揺れの段階を表すBのタイプにもかかわらずである。これらからすれば、当地点の［ŋg］の痕跡は、およそ50代あたりまでは特別にその存在を求めるまでもなく、またとりたてて聞き返しや誘導の手段に頼るまでもなく、ごく自然にたどりうるということが言える[11]。

　その一方で、(b) 加治川村を見ると、朝日村が示すような安定した［ŋg］の出現は少なからずみとめられない。初回発音と最終回発音で差があることについては、最上位世代の70代からしてまずそうである。その事態は60代でやや立て直される観もあるが、次の50代になると再び押し戻され、もはや常識的な揺れの範囲を超越する形で両発音が大きく乖離していくことがわかる。つまりそれは、初回発音で10％弱、最終回発音で90％強が［ŋg］に現れるという差である。果たしてこれらの差が生じる理屈として、ここではどのような事情を想定すべきなのであろうか。

　前述のとおり、本調査の経緯からすると、初回発音はより無条件下（無自覚的）での回答であったことが推測できる。また同じ理由から、最終回発音はより特定条件下（自覚的）での回答であったことが推測できる。すると当地点の60代などは、約半数で前後する両発音の出方などからしても、いわゆる自覚・無自覚の差にかかわらず、おおむね安定して［ŋg］を発音する段階にあることがうかがえる。その点では、両発音に多少の実態差はあっても、上位世代の70代に関しても似たような状況が想定されてよい。

　問題となるのが50代である。しかもそれは、他世代との比較からも際立ってそうなのであるが、一方で、ここに生じていることはむしろ単純であり、その解釈に選択の余地はない。つまり初回発音で10％弱に過ぎなかった［ŋg］が最終回発音で90％強に現れるその事態にこそ、（もう少し実質的な言い方をすれば、内省をふまえた再度の発音で［ŋg］の出方が一変するその事態にこそ）、当世代のおかれている実態の本質があると言える。おそらく当世代の大多数は、自身の日常的な発音習慣の中で、/g/が［ŋg］である必然や志向性のようなものは持ち合わせていないのではないか。それを証拠に、同世代でA（全発音が［ŋg］）またはB（その中でも特に初回発音が［ŋg］）を発音するのは特定の1話者に限ら

れている。言い換えるならば、残る全話者は少なくとも A を発音することはなく、C（全発音が［g］）または B（その中でも特に初回発音が［g］）となることを基調としつつ、内省を問われてはじめて合点がいったかのように、最終回発音で突然に［ŋg］を回答し始めるのである。すなわち、これらの話者にとって［ŋg］は、すでに発音実態のない理解語的な対象でしかなく、したがってその反応も、求められてすぐに A（全発音が［ŋg］）や B（初回発音が［ŋg］）が回答されることは基本的にあり得ない。しかし一方で、その存在が理解語的な知識レベルへと置換されている当人たちであるからこそ、ひとたびその内省が問われ、発音の趣旨が自得されるとなると、他地点や上位世代にも増して、徹底した［ŋg］の回答が帰納されることになるのだと思われる。

　それに対して、その上の 2 世代および朝日村の各世代（70〜50 代）は、程度の差は大きいとは言え、各個人自らが規則的に［ŋg］を発音する素地を持つものと想定でき、実際にそのように発音される現状にもある。よって揺れを呈する B 相当の語ではあっても、初回発音の①と最終回発音の②とで、加治川村の 50 代に見られるような落差は生じにくいものと考えられる。すなわち朝日村の実態、ならびに加治川村における凹凸著しい一見不可解に見える実態も、両地点の上記のような事情を勘案することにより、おおよそ首肯できる動きのものとして理解されるのである[12]。

5.3　音環境別の傾向

　これについてはすでに前調査結果に即して、また本調査結果に関することとしても、度々言及してきている（大橋 2004a・2015）。その中でも、各報告に重複して傾向が指摘されるのが、下記に引用するような音節に関する事項である。

- 当該音節が /ge/ /go/ /ga/ の場合に［ŋg-］となるものが多い。
- /gi/ /gu/ の音節に限って破裂音［g-］が現れ、中でも /gi/ の場合にその傾向が著しい。

（大橋 2004a：p. 35）

- 広母音音節の中にとりわけ［ŋg］を安定的に発音するものがある。
- 狭母音音節の /gi/ が突出して［g］に現れやすい。

（大橋 2015：p. 36）

　つまり要約すれば、当該音節末の母音広狭により［ŋg］の出方が規制される場合があること、それは特に狭母音音節において、中でも /gi/ の場合に著しいこ

とがその特徴である。以下にはこの観点から、対象の2地点にも同様の傾向が指摘し得るかを検討してみる。

表II.8.1と表II.8.2には、朝日村・加治川村の70〜50代より、それぞれ既見のA〜Cが分散して現れる話者1名を例にとり、各回の発音の様子を記号に置き換えて記している。1〜5の数字は発音の回数とその順序を表す。語や人により、それは3回であったり4〜5回であったりするが、ここではその調整はせず、すべてを発音の得られたとおりに記す。表の各右端には、実態を総体的にとらえて評価・比較できるように、それぞれの発音状況を先のA〜Cに分類して記している。また世代の区分のほか、着眼する音節末（母音広狭）の目安として、その境界となる箇所をそれぞれ太線で区切って記している。

ここで70〜50代に限って見るのは、それ以下の世代が一律にCを示す段階にあり、すでに経年的な比較を行う余地がないことによる。また各々特定の1話者に限るのは、同世代の中にも種々のタイプがあり（たとえば全語Cに現れるもの、あるいはそのほとんどがAに現れるものなど）、仮にそれらから実態の平均を得たとしても、その世代に通底する傾向は把握しがたいと考えられたことによる。よってここでは、各世代からできるだけA〜Cが分散して現れる事例をひとつずつ取り上げ、それらの比較を通して上記の傾向の有無を探ることにしたい。ただし加治川村の70・50代の場合、A〜Cのいずれにも現れるのは特定の1話者に限られることから（5.1、5.2節を参照）、これらに関しては、自動的にその2話者が対象となる。

以上に基づき、まず表II.8.1の朝日村を見ると、およそ表の左上部（つまり/gi//gu/の狭母音音節）のあたりに、また世代でいうと70・60代を中心に、まとまって「−」の分布する密度が高い（よって並行してCの出現割合も高い）。もちろん「鍵」であったり、「嗅ぐ」「漕ぐ」であったりと、/gi/や/gu/の音節でも単独にAに現れるものがあり、細かくは個別の語の事情などを考慮すべき点もあろう。しかし当2世代の場合、/ge/〜/ga/の広母音音節にはCに現れるものが「お告げ」1例しかなく、逆にそのことが/gi/と/gu/の音節の特異性を象徴的に物語っているとも言える。狭母音音節が [ŋ] に現れにくいのは、「当該音節が口蓋化することで/gi/（[筆者注] および/gu/）の調音が破擦的性質を帯びることとなり、それに付随して鼻音介入の素地が相対的に弱まりがちだった」（大橋 2015：pp. 36-37）ことによるのであろう。つまりこれらを総合すると、朝日村の特に70・60代に関しては、先に大橋（2004a・2015）などに指摘さ

表 II. 8. 1　70〜50代の複数回発音の事例（朝日村）

音節	調査語	70代 1	2	3	4		60代 1	2	3	4	5		50代 1	2	3	4	
/gi/	釘	*	-	-	*	B	-	-	-	-		C	-	-	*	-	B
	杉	-	-	-	-	C	-	-	-	-		C	-	-	-	-	C
	鍵	*	*	*		A	*	-	-	-	-	B	*	*	*		A
	山羊	-	-	-		C	-	-	*	*		B	-	-	-		C
	おはぎ	-	-	-		C	-	-	-	-		C	-	-	-		C
/gu/	継ぐ	-	-	-		C	-	-	*	-	-	B	-	*	*	*	B
	嗅ぐ	*	*	*		A	*	*	*	*		A	*	*	*		A
	漕ぐ	*	*	*		A	*	*	*	*		A	*	-	*	*	B
	うぐいす	*	-	-	-	B	-	-	-	-		C	-	-	-		C
/ge/	蔭	*	*	*	*	A	*	*	*	*	*	A	*	*	*	*	A
	とげ	*	*	*		A	*	*	*	*		A	*	-	*		B
	髭	*	*	*		A	*	*	*	*		A	*	-	*		B
	お告げ	-	-	*	*	B	-	-	-			C	-	-	-	-	C
	上げる	*	*	*	*	A	-	*	*	*		B	*	*	*		A
/go/	籠	*	*	*		A	*	*	*	*		A	*	*	*		A
	顎	*	*	*		A	*	*	*	*		A	*	*	-	*	B
	午後	*	*	-	-	B	*	*	*	*		A	-	*	*	*	B
	囲碁	*	*	*		A	*	*	*	*		A	*	-	-	-	B
	苺	*	*	*		A	*	-	*			B	*	*	-		C
/ga/	鏡	*	*	*		A	*	*	*			A	*	*	*		A
	いが	*	*	*		A	*	*	*	*		A	*	-	*	-	B
	磨く	*	-	*		B	-	-	-	-		A	-	-	*	*	B
	上がる	*	*	*	*	A	*	*	*	*	*	A	*	*	-	*	B
	うがい	*	*	*		A	-	*	*			B	-	*	*	*	B

[ᵑg] : *　　[g] : -

れた事項と原理面も含めて、相当程度に一致する傾向があると言える。一方、50代も大局的には以上に準じるものと考えられるが、当世代では「-」が広く /gi/ /gu/ 以外の音節にも現れており、上記とまったく同じ枠組みでとらえられるかは若干微妙である。ただし、それらの音節（/gi/ /gu/）に「-」の出現がより優勢であることには相違なく、ここでは大きく、先行する /gi/ と /gu/ の動きに

表 II. 8. 2　70〜50代の複数回発音の事例（加治川村）

音節	調査語	70代 1	2	3	4	判定	60代 1	2	3	4	判定	50代 1	2	3	4	5	判定
/gi/	釘	*	-	*		B	-	-	*	*	B	*	*	*	*		A
	杉	*	*	*		A	-	-	-	-	C	*	*	*			A
	鍵	*	*	*		A	-	-	-	-	C	*	*	*			A
	山羊	*	*	*		A	*	-	*		B	*	-	*	*	*	B
	おはぎ	*	*		*	B	-	-	-	-	C			*	-		B
/gu/	継ぐ	-	-	-		C	-	-	-	-	C	*	*	-			B
	嗅ぐ	*	*	*		A	*	*	*		A	*	*	*			A
	漕ぐ	*	*	*		A	-	-	-	-	C	*	-	*	*		B
	うぐいす	-	-	-		C	*	-	-	-	B	-	-	-			C
/ge/	蘖	*	*	*	*	A	*	*	*	*	A	*	*	*	*		A
	とげ	*	*	*	*	A	*	*	*		A	*	*	-	*		B
	髭	*	*	*		A	*	*	*		A	*	*	*			A
	お告げ	-	-	-		C	*	*	*	*	B	-	-	-			C
	上げる	*	*	*		A	*	*	*		A	*	*	*			A
/go/	籠	*	*	*	*	A	*	*	*	*	A	*	-		*		B
	顎	*	*	*		A				*	A	*	*	*			A
	午後	*	*	*		A	-	*	*		B	-	-	-	-		C
	囲碁	-	-		*	B	*	*	*		A	*	-	*			B
	苺	-	-	*	*	B	-	-	-	-	C	-	-	-			C
/ga/	鏡	*	*	*		A	-	*	-	-	B	*	*	*	*		A
	いが	*	*	*		A	-	*	-	-	B	*	*	*			B
	磨く	*	*	*	*	A	-	*	-	-	B	*	*	*	*		A
	上がる	*	*	*		A	*	*		*	A	*	*	*			A
	うがい	-	-	-		C	*	*	*		A	-	-	-			C

［ŋg］: *　　［g］: -

/ge/〜/ga/ が追随し、肉薄しようとする過程の姿であると受け止めておきたい。

次に表 II. 8. 2 の加治川村を見てみる。すると一見して三者三様の印象が強く、これらについてはその受け止め方が少し厄介である。まず中間世代の 60 代は、上記に指摘されたのと同様、/gi/ と /gu/ の場合に「-」の出現が顕著であり、おおよそ朝日村の傾向と歩調を合わせるものと受けとれる。しかしそれより上の

70代を見ると、その /gi/ と /gu/ にも＊（そしてその総体である A）が出来し、むしろそれが主体ともなっていること、またそのことに伴い、音節末（母音広狭）というそもそもの着眼の意味が薄れるほどに、A～C の各発音が音節間を縦断する形で分散して現れていることがうかがえる。またその下の 50 代になると、今度は /gi/ と /gu/ に「−」があまり現れず、逆に /ge/～/ga/ のほうにそれが優勢である傾向さえ指摘できる。さらに見方を変えると、当世代で「−」に現れるのは「うぐいす」「お告げ」「苺」「うがい」など、3 拍語が中心であることに加え、どちらかと言えば使用の場や頻度が制限される傾向のものが多い。するとこれらは、音節末の差を要因に生じている現象というよりは、拍数やそれに付随する語の使用頻度などに由来する現象と見るべきものなのかもしれない。

以上をまとめると、/gi/ や /gu/ の狭母音音節がそれ以外に先行して［ŋg］を落としていく傾向は、（たとえば朝日村の 70・60 代に見える傾向がそれであるが）、これまでの調査（大橋 2004a・2015）と同様、まずは確実に指摘し得るとしてよさそうである。ただしその動きは、（たとえば加治川村のそれが象徴的であるが）、必ずしも世代が降るにつれて、または事象の揺れや衰退の度が進むに従ってより鮮明化していくといった性格のものではないこと、それよりは、広母音音節が先行する狭母音音節の変化を追随していくようなものであったり、拍数や個別の語の事情などに変化理由の比重がシフトしていきがちなものであったりすることがうかがえる。つまり［ŋg］が、その性質をどういった序列により推移させていくかの具体的様相が、地点別・世代別の比較により、またそれと前調査との経年的な比較により、上記のようにたどられるのである。

6. 周辺地域の実態

周辺地域の実態については、現時点の調査の範囲において指摘できることを、その見通しも含めて簡単に触れておくことにしたい。

まず大きく結論めいたことを言えば、前調査以来、［ŋg］の実相は、対象域全体で急速に衰退していく状況下にはなく、むしろ多くの地点で何らかの痕跡の実態がある。もちろんそこには個人差があり、すでに理解語的な段階にある話者、また上位世代にありながら、かつてその地域が［ŋg］であったことの片鱗さえうかがえない話者も同居する。さらに世代差は一層大きく、70～50 代にかけて［g］の端緒があり、40 代を境にそれへと一変していく事態は、先の代表 2 地点と同様、どの地点にもおおよそ共通する動きとみとめられる。そうした点では、

この痕跡は今後も一定程度維持されていくことが確実と思われるが、一方で、地点内に多様な段階者が同居する状況、ひいてはそれが徐々に［g］の度合いを強めていく状況も並行して維持・拡大していくことが予測され、その今後に関しては不透明なところが大きいと見ておいたほうがよい。

なお本章では、前調査をもとに、「典型的に［ŋg］がみとめられた地点→04（朝日村）」と「その現れ方に揺れがみとめられた地点→16（加治川村）」を中核に据えつつ、現状の比較を行っているが、その各周辺がそれらと同様の実態にあるかと言えば、必ずしもそのようには見なされない。図Ⅱ.8.1に立ち返ってあらためてその地理関係を見られたい。すると、本章で対象とする16（加治川村）などは揺れを呈する典型地点にほかならないが、たとえばそのすぐ西方にある15（聖籠町）では、70〜50代を中心として、逆に安定した［ŋg］の実態が明確に確認されている。またそれに類する事態は、そのはるか上方の08（神林村）、下方の21（水原町）といった地点にも飛び火的にうかがえた。これらからすると、当域全体における［ŋg］の消長は、各々の中核地点を軸に、それらから連続・派生して生じていくものばかりではなく、変化の原理や序列は性格を一にしながらも、むしろその対象域内において、各地点がそれぞれの歩みの中で遅速し、自らの実態を個別に結果させている面が大きいものとみとめられる。

また一方、各接触方言で対立し、それぞれに影響力を持つかに見えた［ŋ］と［g］であるが、前調査段階で［g］であった地点は本調査でも例外なく［g］である反面、［ŋ］であった地点で現状もそうである地点は管見の限りでは確認されていない。つまりそのすべては［g］に現れるものであり、従前からの［ŋ］の地点は、その鼻音要素を維持することも、また当然ながら渡り的な［ŋg］に転訛することもなく、かつて東京その他の方言がそうであったのと同様、徹底した破裂音化の道を共通にたどりつつあることがうかがえる（大橋 2007を参照）。

このようであり、当域の現状は地点や世代ごとに浮動の要素が少なくなく、詳細は今後の調査の進展によってより明確化することであろうが、現段階の実態把握とその見通しを大局的にでも述べておくとすれば、大方以上のようになる。すなわち、［ŋ］と［g］とが接して［ŋg］を呈していた当域の現状は、そうした地理条件の中で、それぞれ共通する変化の方向性を持ちながらも、相互に影響し合うというよりは、むしろ地点単位に、さらに細かくは個人単位に、各々上記のような実態を示す段階にあることがうかがえるのである。

7. む　す　び

　本研究は、新潟県北部に残存するガ行入り渡り鼻音の実相と分布を、約10年前に実施した全区画調査との比較により明らかにすることを眼目としている。その一環として、本章では、前調査時にみとめられた［ᵑg］の典型地点（朝日村）とそれの揺れを呈する地点（加治川村）の世代別調査を取り上げ、前調査との経年比較を通して、その動態の一端を探ろうとした。具体的には①各地点・各世代に現れる語中 /g/ の実相を音響分析により検証し、②それらの地点別・世代別の出現状況、および③それの音環境別による傾向を明らかにした。またそのことに即して、④周辺地点をはじめとする対象域全体の傾向やそれを含めた今後の見通しについても、現時点の調査範囲の中で指摘し得ることを述べた。それらから明らかになった事項を項目ごとに要約すれば、以下のようになる。

① 各実相の鼻音要素と破裂音要素を音響分析により抽出し、対象の2地点に現在、広く［ᵑg］の痕跡がみとめられることを検証した。またそれは地点や性別にあまりかかわりなく、比較的若い世代にもまたがって痕跡があること、一方で、前調査まではバリエーションのひとつだった［ŋ］が、いずれの地点・世代にもみとめがたい現状にあることも明らかにした。これらのことは、［ᵑg］が対象地点において未だ痕跡を色濃く残す段階にあること、また一方、そこに変化があるとすれば、その志向される方向は［g］であり、［ŋ］ではない現状を物語っていると言える。

② 上記の実相の出現には、各語複数回の発音の中で、［ᵑg］もしくは［g］が一貫して現れるタイプのもの（A・C）と、［ᵑg］と［g］がランダムに現れて一定しないタイプのもの（B）とがある。まず典型地点の朝日村では、70～60代にA、50代にBを主体とする［ᵑg］の出現があり、40代を境にC（つまりは［g］）へと一変していく動きが明確である。それに引きかえ、加治川村では、70代でAとBが大きく減退する一方、60～50代にそれらが反転していく（にもかかわらず40代でCへと一変する）動きがみとめられ、実相変化の基本的なところで朝日村との差が際立つ結果となっている。これについては、Bに現れるものの揺れの実際を詳細に見ることにより、残存する［ᵑg］の実体が発音習慣としてのものなのか、すでに発音実態のない知識レベルとしてのものなのかの差に一因のあることが考えられる。つまり以上は、朝日村の場合がA～Cの変化を世代の降順により規則的に

たどれる動きであるのに対し、加治川村の場合が不規則的であると同時に、知識レベルへの置換も先行する動きであること、しかしそのいずれもが40代を境として一律に［g］を示す段階にあることを物語っている。

③ ［ŋg］の痕跡をめぐっては、当該音節末の母音広狭が多少なりともかかわり得る。それはすでに前調査時点（大橋 2004a ほか）で指摘のあったことであるが、本調査でも同様、特に朝日村の70～50代において広母音音節が［ŋg］、狭母音音節が［g］に現れる傾向が顕著である。狭母音音節が［ŋg］に現れにくい背景には当該音節の口蓋化（それに伴う破擦音化）の事情が関係するものと考えられ、大橋（2004a）ほかとの比較からも、当事象の変化過程にある程度共通する傾向とみとめられる。ただし、加治川村ではむしろ拍数や語の使用頻度などに現象が規制される面も見られ、こうした音環境による傾向は、世代が降るにつれて、または事象の揺れや衰退の度が進むに従ってより鮮明化していくといった性格のものではないこともうかがえる。

④ 大局的に見ると、［ŋg］の実相は現在、対象域全体で急速に衰退していく状況下にはなく、むしろ多くの地点で何らかの痕跡の実態がある。ただし5節でタイプ分けしたA～Cをもとに傾向を見ると、必ずしもA（またはB・C）を中核とする地点の周辺に同タイプの地点が連続して分布するとは限らず、むしろその分布は飛び火的であったり、各地点独自のものであったりもする。その点では、当域の今後は、近接する地点どうしが影響し合って消長を決めるというよりは、それぞれが共通する方向性を持ちながらも、むしろ地点ごとに、［ŋg］の維持と衰退の動きが個別に展開していくことが予測される。

付　記

本研究はJSPS科研費23242024、26370525の助成を受けたものである。調査にあたっては、朝日村役場の稲葉真知子氏、元加治川村議会議員の大沼文佑氏をはじめ、多くの方々にご協力を賜った。記して深謝申し上げる。

注

1　新潟県北部（阿賀北地域）は、従来、諸家の方言区画論でも東北方言と位置づけられることが多かった。たとえば東条（1954）や藤原（1962）は東北方言、都築（1949）や平山ほか編（1992）は北奥羽方言に含めて当域を分類している。

2　その他、『新潟県言語地図』（大橋 1998）の［MAP10 嗅ぐ］を見ると、阿賀北の中北部域を中心にカグとカグ゜の分布が相半ばする中、カング・カング゜・カンクなどの分布が散在す

ることがわかる。また加藤（1958）では、北蒲原郡水原町小浮の例（[ⁿg]）を挙げつつ、「[ŋ]の等語線の西側までの各地点ともこれに準ずる」（p. 21）こと、「[ⁿg]の分布している東北限は（中略）、村上市附近まで」（p. 21）であろうことが論じられている。なお、『日本言語地図1』（国立国語研究所編1966）の第1図「鏡」では山形県内陸中部の2地点にも［ⁿg］（［ⁿg］）の分布が見えるが、第2図「藤」では同2地点を含めて［ŋ］であり、阿賀北に比べてその現象が安定的でないことがうかがえる。また加藤ほか（1994）や大橋（2004b）では、福島県の浜通り地区に一部［ⁿg］（［ⁿg］）の痕跡があることが報告されているが、その周辺一帯が［ŋ］の地域であること、また当該地域内でも、［ⁿg］（［ⁿg］）と［ŋ］とが混在して現れる場合があることなど、阿賀北のそれとはかなり様相が異なることがうかがえる。

3　[ⁿg]（[ⁿg]）のそれ以降の変化については、金田一（1954）が指摘しているように、「地方によっては、鼻音を振り落して[g]音となり、地方によっては、鼻音の要素と有声音の要素とを一音に融合させて[ŋ]音になった」（p. 123）ことが想定できる。つまり当域では、以南の越後方言が前者、以北・以東の東北方言が後者の道筋をたどって対立していることが考えられる。

4　調査は2003年7〜9月にかけて、阿賀野川以北の27地点、以南の9地点、計36地点の高年層（原則60代後半〜70代）を対象に行った。なおこの36地点は、新潟県の2003年当時の行政区画に従い、各区画より最低1地点をとることを条件に選定したものである。

5　世代別の調査を実施するにあたり、可能な限り前調査と同一地点を対象とすることを心がけたが、市町村合併の経緯もあり、実際には道ひとつ隔てて地点名が異なるといったことが少なくなかった。04・16ともに、「〜およびその周辺」とあるのはそのためである。

6　2節に記すとおり、"鼻音の介入があるもの"には［ⁿg］（入り渡り鼻音）と［ⁿg］（小入り渡り鼻音）の2段階があるほか、厳密には[ŋg]とも表記され得るほどにその度合いが著しいものもある。また実際、大橋（2004a・2015）では、そうした程度差の中にこそ当事象の衰退過程を知る手がかりがあると考え、特に［ⁿg］と［ⁿg］の差を意識的に分別して扱った。しかし本章では、そうした実相差を詳細に見きわめることよりも、単純に介入鼻音があるかないかの側面に焦点があるため、3節以降は上記のような諸相を分別せず、すべてを［ⁿg］に統一して表記することにする。

7　この図では、話者が複数回の発音を経て、最終的にそれと納得したものが［ⁿg］〜[g]のいずれなのかを問題にしている。したがって凡例の■や＝にしても、各語複数回ある発音のすべてが［ⁿg］や[g]に現れたことを意味するわけではない。要するに■は、調査語のすべてを最終的に［ⁿg］と本人が判断したことを、またたとえば∨は、最終的に［ⁿg］と判断する語と[ŋ]と判断する語の両方があったことを意味する。ここで「全語ほぼ［ⁿg］（［ⁿg］）で現れるもの」といった言い方をしているのはそのためである。

8　各地点の話者の内訳は次のとおりである（／の左が男性、右が女性の話者数）。
　　04朝日村：70代（4/2）、60代（1/3）、50代（3/3）、40代（2/2）、30代（2/1）、20代（3/2）
　　16加治川村：70代（5/1）、60代（3/1）、50代（2/3）、40代（2/2）、30代（2/1）、20代（1/2）

9 したがって、特にBの場合、[ŋg]と[g]の各出現頻度には焦点をおかず、[ŋg]にも[g]にも現れ得るという実相パターンそのことが問題となる。

10 その点では、もともと[ŋg]の発音習慣のあった当世代が、その内省を問われ（そのことにより求められている発音の趣旨を悟り）、あらためて自覚的に[ŋg]を発音した結果が、グラフの①と②のような差となって現れているものと理解される。

11 後掲の表 II. 8. 1 を一覧するとよくわかることであるが、この[ŋg]と[g]とで揺れを呈するBの語は、朝日村の場合、その多くが[ŋg]を主体として現れているものである。つまり発音結果から評価すれば、それは確かにBのパターンにほかならないが、その実体はAに近く、いかにも揺れの印象を助長する[g]は、その時々の発音調子により生じている音声現象としての要素が強いものと解される。

12 とは言え、加治川村の場合、A・Bに現れることがほとんどない70代の状況から、大半がそれに現れる60代の状況へと推移する動きが未だ首肯しがたい。おそらく当地点の70代は、またひょっとすると60代でも個人差が大きく、対象者が代われば当該の2世代間で、以上とは逆の状況を示すようなことがあったのではないかと思われる。特に70代に関しては、話者をさらに幅広く求め、上記のような可能性についても検証してみる必要がある。

文献

大橋勝男（1998）『新潟県言語地図』高志書院

大橋純一（2004a）「新潟県阿賀北地域における語中・尾ガ行音」『社会言語科学』7-1

大橋純一（2004b）「福島県相馬市方言における語中ガ行入り渡り鼻音」『国語学研究』43

大橋純一（2007）「ガ行鼻濁音の実態と評価の変遷」加藤正信・松本　宙編『国語論究第13集　昭和前期日本語の問題点』明治書院

大橋純一（2008）「言語接触地域における /-i/ /-u/ の実相と分布―新潟県北部方言の場合―」今石元久編『音声言語研究のパラダイム』和泉書院

大橋純一（2015）「新潟県北部言語接触地域における方言音声の経年比較―1 高年層話者のガ行入り渡り鼻音の実態に即して―」『秋田大学教育文化学部研究紀要　人文科学・社会科学自然科学』70

加藤正信（1958）「新潟県における東北方言的音韻と越後方言的音韻の境界地帯」『国語学』34

加藤正信・斎藤孝滋・半沢　康・亀田裕見（1994）「福島県小高町における方言の共通語化に関する社会言語学的調査報告」『日本文化研究所研究報告　別巻』31

金田一春彦（1954）「音韻」東條　操編『日本方言学』吉川弘文館

ケント、レイ・D、リード、チャールズ（1996）『音声の音響分析 The Acoustic Analysis of Speech』海文堂

国立国語研究所編（1966）『日本言語地図1』大蔵省印刷局

都築通年雄（1949）「日本語の方言区別けと新潟縣方言」『季刊国語』3-1

東条　操（1954）「序説」東条　操編『日本方言学』吉川弘文館

平山輝男・大島一郎・大野眞男・久野　眞・久野マリ子・杉村孝夫編（1992）『現代日本語方言大辞典』明治書院

藤原与一（1962）『方言学』三省堂

9

蛇の目と波紋
―野草や小動物の方言を例に―

大西拓一郎

1. はじめに

いわゆる a–b–a 型（a–b 型を含む）の方言分布を蛇の目型と呼び、また、…a–b–c–b–a…型（a–b–c…型を含む）のように表されるタイプを波紋型と呼ぶことにする（図II. 9. 1）。蛇の目型は言語変化の発生と同時にできる。したがって、方言分布の経年比較の中でも複数の事例を見いだすことができる。波紋型は蛇の目型の発展、あるいは解釈上は応用として説明されてきた。蛇の目型の変化が繰り返すことによって、波紋型ができると考えられてきたからである。

蛇の目型が波紋型に発展するには、言語変化発生地に中心性の保証されていることが前提となる。中心性があるからこそ、複数回にわたる言語変化の放射が可能になるからだ。

ところが、本書第III部4章「言語変化と中心性」で述べるように、「中心性」の存在自体が疑わしくなった。中心性が確認されないならば、一定の場所から言

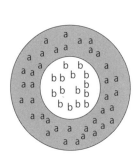
蛇の目 (a–b–a) 型

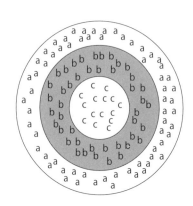
波紋 (…a–b–c–b–a…) 型

図II. 9. 1　蛇の目型と波紋型

語変化の連続的放射が生み出す波紋というイメージに疑問が生じることになる。

2.「波紋」の均等化

2.1 「蝸牛」の変化

　言うまでもなく波紋型と考えられてきたものの典型は「蝸牛（かたつむり）」の方言分布である。方言学、言語地理学では、柳田（1930）による分布のとらえ方が、教科書的事実として古典化して受け入れられてきた。『日本言語地図』（以下、LAJ、調査：1957～1965年）のデータをもとに約50年前の分布を描き直してみたのが図II.9.2である[1]。

　全国方言分布調査（以下、FPJD、調査：2010～2015年）では、2010年代の「蝸牛」の方言分布を調べた。柳田（1930）以来踏襲されてきた方言周圏論が、方言的事実として今も生きているのであれば、もっとも外側にあるとされるナメクジ系が、その内側にあるとされるツブリ系に押されて領域を狭め、同時にツブリ系は外へと分布領域を移し、同じようにカタツムリ系も、マイマイ系も波紋が動くように外側に分布が動き、中央のデデムシ系の分布がふくらむ、という分布の動きが期待される。FPJDによる現在（2010年代）の全国分布を図II.9.3に示した。

　2枚の地図（図II.9.2、II.9.3）を見比べるまでもないだろう。図II.9.3だけでも十分わかるように、現在は琉球地方を除けば、ほぼ全国、カタツムリとデンデンムシで覆いつくされている。もはや方言周圏論的事実の確認に耐えるような分布ではなくなっている。

2.2 特殊事例としての「蝸牛」の全国均等化

　デンデンムシのほうが俗っぽい語感があるものの、カタツムリとデンデンムシはいずれも標準語形である。「蝸牛」の方言分布が示す変化は、標準語化の一例である。

　ただし、一般にこのような小動物や植物など、かつて子どもたちが遊び相手にした対象の方言形とその分布が今すぐ全滅の危機にあるかというと必ずしもそうとは言えない。他の対象項目の分布を見ていると、ここまで壊滅的な状態にあるものは、今のところ見当たらない。

　この背景には、「でんでんむしむし、かたつむり……」というよく知られた歌があるのではないか。この歌は、文部省唱歌である。したがって、学校でも教え

254   9章 蛇の目と波紋

ナメクジ系
- ナメクジ
- マメクジ
- ナメクジラ
- ナメクジリ
- マメクジリ
- ナメト

ツブリ系
- ツブ
- ツブラメ
- ツグラメ・ツングラメ・ツグランメー・ズグラメ
- チンナミ・チンナン・チンニャン・チンニャ
- チンダリ

カタツムリ系
- カタツムリ
- カタツモリ
- カタツンブリ・カタツブリ
- カッタイツンムリ・カッタイツムリ
- カサツムリ
- カサツブリ
- カタカタ・カタタ・カタタン
- カサッパチ

マイマイ系
- マイマイ・メーメー
- マーメ
- マイマイコ
- マイマイズ
- メーメチョ・メメチョ・メーメンチョ・メメンジョ
- メーメンカンカ
- モイモイ
- マイマイツブリ
- マイマイツブロ・メーメーツブロ・メメブロ
- メーメツブ・メメツブ
- メーボロ
- カーサンマイ・カサンマイ・カーサンメー・カサンメー

デデムシ系
- デンデンムシ
- デンデンムシムシ
- ゼンゼンムシ
- デンデムシ・デデムシ
- デンデン
- デンデンゴ・デンデンゴーナ・デンデンゴナ
- ダイダイモシ

その他
- デーロー・デーロ
- ダイロー・ダイロ
- デーロン
- デーロデーロ
- ダイロダイロ

- ツノコダシ・ツノダシ
- ツノンデーロ・ツノンデロ
- ツネンデーロ・ツネンデロ
- ツノダイロ
- ツンケー・ツンケ
- ツンケーマゴシロ・ツンケマゴシロ

- タンマクラ・タマクラ・タンバクラ・タバクラ
- ヘビタマクリ

- イエカルイ

- その他

- 無回答

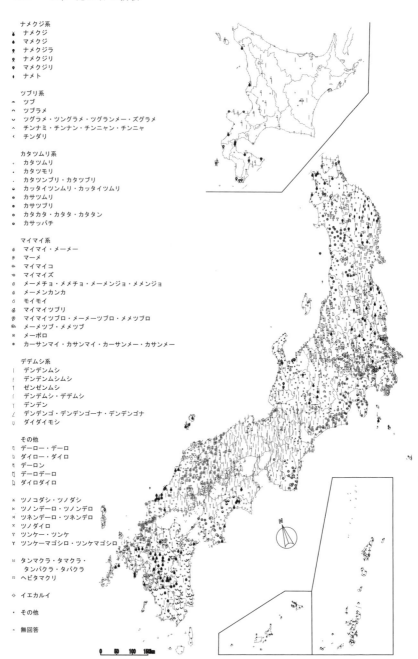

図 II. 9. 2 『日本言語地図』(LAJ) による1960年代の「蝸牛」

2.「波紋」の均等化　255

図 II.9.3　FPJD に基づく 2010 年代の「蝸牛」

られ、同時に歌われた可能性がある。類似の事例は丹羽（1983）が紀伊半島南部における「松かさ」の分布で指摘している。このように歌がことばを変化させることは決して特別なことではないと思われる。

2.3 「蝸牛」と波紋

実はFPJDを開始するにあたっては、波紋状の動きが現実のものとしてとらえられるのではないかという素朴な期待があった。ところが、方言周圏論の出発点である「蝸牛」の方言分布をもとに、経年比較を通して波紋の広がりをとらえることは、もはや望みうすであり、将来にわたってもそれが適う日はないだろう。その一方で、「蝸牛」は本当に波紋型だったのか、その検証が必要である。これについては、稿をあらためて別の機会に扱うことにする。

ただし、ここで一点記しておきたいことがある。それは、経年比較を通していくつかの項目を確認しているものの、思い描いたような方言周圏論に沿った波紋状の動きが、いっこうに見えてこないということである。むろん、これからさらに精査されることで、波状の動きが「発見」されてくる可能性は否定できないが、少なくとも現時点では方言周圏論は、われわれの当初の期待に応えていない。

3. 言語変化の反復発信の希少性

3.1 言語変化の現在

前節（2節）の「蝸牛」の例を見ていると、広い範囲が標準語で覆われてしまい、これでは通常の言語変化はなくなってしまうのではないかと心配になる。しかし、現実にはなくなっていない。自然言語である以上、理論上、言語変化はなくならないし、反対に言えば、変化をしなくなった段階で生きた言語ではなくなる。

本書第Ⅰ部1章「言語変化と方言分布」で扱った動詞否定辞過去形のンカッタ、格助詞のサならびにカラ、また桑の実のクワグミなどの事例が示すように顕著な変化が発生している。ただ、当初われわれが思い描いていたほど多くの変化が起こっていないだけである。同時にこのことは、同章で述べた静穏状態保持仮説（仮説2）に適っている。

3.2 蛇の目型 (a-b-a) 発生の必然性

蛇の目型に関して、対象空間が比較的広い例としては、本書第Ⅰ部1章で挙げた受動文の動作主を表す「犬に追いかけられた」を表すようになった青森県のサが挙げられる。a（ニが該当）が広く分布していたところにb（サが該当）が新しく現れ、分布域を持つに至った。

対象空間が狭い例としては、長野県茅野市の「ひっつきむし」の例が挙げられる[2]。図 II. 9. 4 に示した、馬瀬（1980、調査：1968〜1974年）と伊那諏訪調査（2010〜2015年、大西2016参照）の比較をもとに見てみよう。

40年前は、茅野市ではベベバサミが、西側の諏訪市ではバカが使われていた。40年の間に諏訪市で使われていたバカが茅野市内の一部でも使われるようになっている。一方、現在も茅野市内で使われているベベバサミは、服（ベベ）に付着することに由来する。ところが、この地域では女性器のこともベベと言う。そこに民間語源（民衆語源）が働き、男性器に由来するチンコロバサミが生み出さ

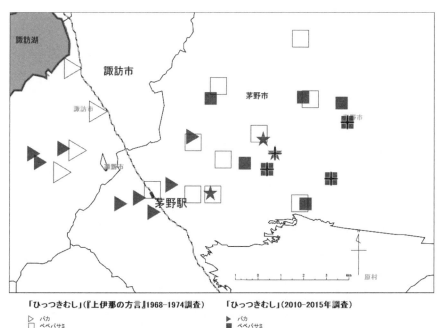

図 II. 9. 4 「ひっつきむし」の変化（長野県茅野市）

れた。また、ベベは類音牽引でババも想起させたらしく、そこからババとジジを対とする民間語源でジジバサミも発生した。ベベバサミがaであり、チンコロバサミやジジバサミがbである。aのみだった中にbが発生し、分布a-b-aが成立している[3]。

このように言語変化が起こった場合には、必然的に蛇の目型（a-b-a）が発生する。

3.3　波紋型（…a-b-c-b-a…）発生の希少性

中心性への疑問に沿う形で、経年比較の中で波紋型の発生は今のところ見いだされていない。中心性が確認されない（本書第Ⅲ部4章参照）ことからするなら、多重の同心円はめったにできないと予測される。そして、それは、標準語が普及し、方言の力が弱まった、この時代だからなくなったということではなく、そもそもめったになかったからではないか。時代をさかのぼったところで、過去においては中心性が顕著であったとする根拠は乏しいように思われる。

4. スケールと代表性

なお、蛇の目型や波紋型というのは、分布を抽象化して類型化したものであることに気をつけておきたい。同時に地図から分布を見る際にはスケールに対する注意が常に求められる。かつ、このことは、地図上の地点の代表性ともかかわる。5万分の1地形図の図郭の中に1地点しか扱われていない地図におけるその地点と、同じ図郭の中に30地点扱われている場合の1地点とは分布を扱う上での重みが違って当然である。

なお、一方でデータの根本的原理にかかわる問題として、選定された話者やその回答語形の代表性が問われることがある。これについては、実際上、解決策はない。加藤（1985）によれば、言語地理学調査における1人のデータは、多人数調査で得られるそれの約8割程度をカバーしていることが確認されている。そのくらいの確からしさの上で議論していることは常に心がけておきたい。

5. む　す　び

中心性がなければ、繰り返し言語変化を放射する場所の存在も認められないはずである。従来は、蛇の目型（a-b-a、a-b）の変化の発展が波紋型（…a-b-c-b-a…、a-b-c…）であるといったように、双方を連続的にとらえてきた。し

かしながら、経年比較データが明らかにするように、中心性は確認されず、それに見合うように波紋状の動きもとらえられていない（少なくとも筆者はまだとらえていない）。

　中心性や波紋型は、あったとしてもまれであり、一般性を持たないことは、ほぼ間違いなさそうだ。方言周圏論はそれに依拠している。そのことからすれば、方言周圏論は標準理論としての地位を持ち得ないはずである。言語地理学は、そのような方言周圏論からいち早く脱却すべきことは明らかであろう。

注

1　国立国語研究所共同研究プロジェクト「大規模方言データの多角的分析」（2010～2012年度、研究代表者：熊谷康雄）によりLAJDBとして作成された『日本言語地図』（LAJ）のデータに基づく。
2　馬瀬（1980）や伊那諏訪調査の調査票では「ぬすびとはぎ」としているが、実際には「衣類に付着する種子類」を広く表していると見られることから「ひっつきむし」として扱うことにする。
3　なお、チンコロバサミやジジバサミの発生地は、明らかな農村部であり、茅野市の中心市街地ではない。

文　献

大西拓一郎（2016）『長野県伊那諏訪地方言語地図』私家版
加藤正信（1985）「被調査者の人数・条件、質問方法による差─高知市における調査から─」国立国語研究所編『方言の諸相─『日本言語地図』検証調査報告─』三省堂
丹羽一弥（1983）「和歌山県熊野川町方言における使用語の共通語化と消失」『東海学園国語国文』24
馬瀬良雄（1980）『上伊那の方言』上伊那誌刊行会
柳田国男（1930）『蝸牛考』刀江書院

1

方言分布の実時間比較と見かけ時間比較

岸江信介

1. はじめに

　日本列島中央部での方言の変化に関し、おもに地理的分布の視点から実時間上での比較のほか、見かけ時間上の比較を行い、経年による変化について考察する。東西で対立するとされてきた、コピュラ形式（断定の助動詞）、存在を表す動詞の諸形式、否定形式（否定の助動詞）、ウ音便・促音便等の対立の状況のほか、今回の全国分布調査で目立った結果を取り上げ、方言の変化・不変化の視点から解説を加える。

　タイトルに使用した実時間比較という用語について説明しておくことにしたい。実時間比較とは、実施時期が異なる調査の結果を比較することを指すが、この時期が半世紀なら半世紀という時間差によってどのような言語変化が生じたかを突き止めることを目的とする。たとえば全国方言分布調査（以下、FPJD）が老年層を対象に 2010 年から 2015 年に実施されたのに対し、『日本言語地図』（以下、LAJ）は 1957 年から 1965 年、『方言文法全国地図』（以下、GAJ）は、1979 年から 1982 年の期間においていずれも当時、老年層であった方々を対象に行われた調査である。このように実際に実施時期に隔たりがある調査の結果を相互に比較し、言語変化を探るのである。

　一方、見かけ時間比較とは、現代なら現代という共時態においてたとえば老年層と若年層それぞれに対して行った調査結果を比較することにより、言語変化を検証することを目的としている。見かけ時間は、年齢差の異なる世代の話者グループの調査結果を相互に比較するということになるが、言語変化について考察する場合、このように世代を異にするグループ間の比較も有効であることがこれまでに確かめられている。日本の地域言語研究でもっとも進められてきた調査がグロットグラム調査であろう。

　ところで以下で取り上げる、見かけ時間比較のために実施した調査とは、筆

が全国の大学の方言研究者に協力を依頼し、大学生に対して行った調査（以下、全国大学生アンケート調査）を指す。FPJDの調査とほぼ実施時期が同じであり、FPJDが日本各地の老年層を対象とした調査であるのに対し、全国大学生アンケート調査は全国各地の若年層を対象とした調査である。大学生を対象に過去に2度実施した全国レベルでのアンケート調査[1]の結果を示し、将来の方言分布の予想も交えながらどのような変化が現在進行しているかについて触れることにしたい。

　以上、実時間・見かけ時間という二つの角度からの比較を通じて、列島における経年変化の実態に迫りたい。

2. コピュラ形式に見られる言語変化

2.1　テンス現在

　図III.1.1は、LAJ 46図「（今日はいい）天気だ」の結果である。山陰地方や熊本県など西日本の各地域にダの形式が見られることから東西対立型分布とは言

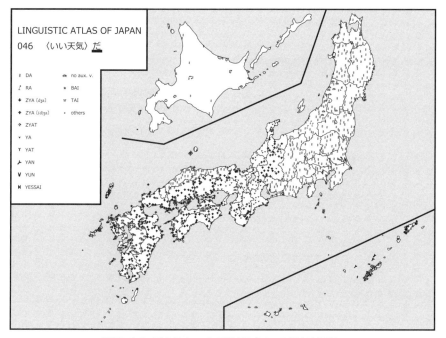

図III.1.1　「（今日はいい）天気だ」（LAJ 46図を略図化）

いがたい。ただし、一方で日本アルプスを境として、ダとジャ（ヤ）が対立することも確かであり、東西対立型分布として扱われることも少なくない。列島中央部での対立状況のほか、西日本に見られるジャ地域・ダ地域の分布状況、九州地方における終助詞バイ・タイの分布など、これらにどのような変化がうかがわれるのか比較する。

図III. 1. 2はFPJDによる「先生だ」の調査結果を地図化したものである。図III. 1. 1と図III. 1. 2を比較すると、まず列島中央部でのダ・ジャ（ヤ）双方の分布域にはほとんど差がなく、境界線にも異同はない。ただし、境界線付近、特に岐阜県などではジャの領域でのヤへの変化が著しい。近畿周辺部においてもジャからヤに代わりつつある。一方、中国地方ではジャからヤへの変化が緩やかであるが、四国地方では徳島県を除いて香川・愛媛・高知各県での変化が着実に進んでいる。九州地方では、特に豊日方言および薩隅方言など東部域ではジャ（ジャッ）がさほど変化した様子は見られない。しかし、この傾向は、各地域の高齢層に限定されているようで、全国大学生アンケート調査結果（図III. 1. 3）からも明らかになるが、特に九州地方ではジャが衰退し、ヤに移り変わりつつある。図III. 1. 1と図III. 1. 2の比較は実時間上の比較であるが、図III. 1. 3は大学生を対象に行った調査結果であり、図III. 1. 2と図III. 1. 3の比較は見かけ時間上での比較ということになる。

すでに指摘したとおり、図III. 1. 3では西日本各地でジャ→ヤが進行しつつあるが、とりわけ中国地方に比べて四国・九州地方（鹿児島県ではジャ→ダ）での変化が進んでいることがわかる。列島中央部での対立状況も図III. 1. 2と大差はなく、ダとヤの対立となっている。また、近畿地方では和歌山県や兵庫県など山間部に見られたジャは図III. 1. 3では完全に姿を消している。

九州西部に目をやると、形式として特色があるバイ・タイの回答が目立っている。そもそもこの地域で、「雨だ」の、いわゆる断定の助動詞「だ」に相当する形式の回答を求めても、使用されることがほとんどなく、終助詞バイ・タイが通常、使用される。よく観察すると、図III. 1. 2ではタイ、図III. 1. 3ではバイとそれぞれバイ・タイの回答に差が見られる[2]。

坪内（2009）が指摘しているように博多方言のバイには「知識を聞き手に教える」という特徴があるのに対し、タイは「話し手が自分の「知識」を「真実」とみなす態度」すなわち、「独り言」にも使われる形式で何かに気づくということにウエイトがおかれており、この両者の意味の差が現れたものと思われる。図

2. コピュラ形式に見られる言語変化　263

FPJD_G-021　先生だ
「あの人は[先生だ]」と言うとき，
「先生だ」のところをどのように言いますか．

- ―ダ
- ―デア
- ―ラ
- ―デ
- ―ジャ
- ―ジャッ
- ―ジャン
- ―ヤ
- ―ヤッ
- ―ヤン
- ―エン
- ―バイ
- ―タイ
- ―タ
- ―サイ・ザイ
- ―ドー
- ―ダラ
- ―デュラ
- φ
- その他
- 無回答

図 III. 1. 2　「先生だ」（FPJD G-021）

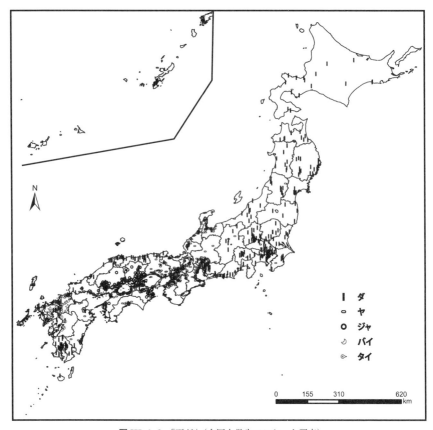

図 III. 1. 3 「雨だ」(全国大学生アンケート調査)

III. 1. 3「雨だ」の場合は「雨が突然降りだしてきた」ことを聞き手に告げようとした質問文だと認識されたのに対し、図 III. 1. 2「先生だ」は質問文が「あの人は先生だ」という内容であり、「あの人が先生である」ことに気づいたというように理解されたことによるものであろう。タイとバイが、九州地方全体でどのように使い分けるかを詳しく知るため、坪内 (2009) を参考にし、バイとタイの使い分けに関する通信調査[3]を九州本土で行った。この結果のうち、「外は雨だよ」「ああ、そうだ」の2例を Kishie ほか (2012) から引用し、図 III. 1. 4、III. 1. 5 に掲載する。

　図 III. 1. 4、III. 1. 5 によると、バイ・タイは福岡県、佐賀県、長崎県、熊本県

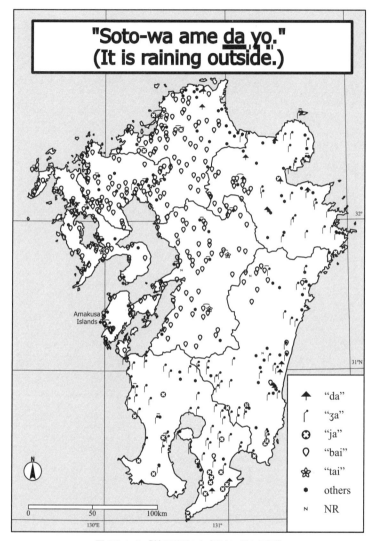

図 III. 1. 4 「外は雨だよ」（Kishie ほか 2012）

など、おもに九州の西部域でそれぞれ優勢である。図 III. 1. 5 ではこの地域でバイ・タイの併用地点も認められるが、全体として使い分けられる傾向があり、ほぼ相補い合う分布の様相を呈している。このことから坪内（2009）の記述は、九州地方西部ほぼ全域で支持されることが判明した。

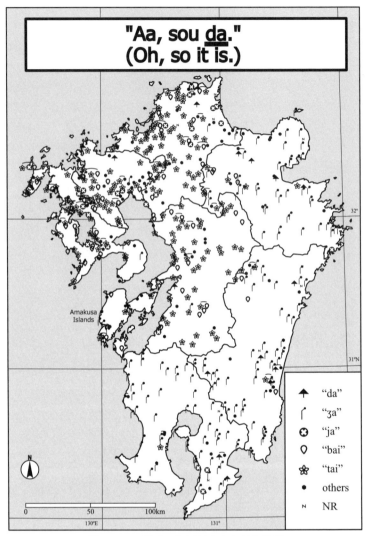

図 III. 1. 5 「ああ、そう<u>だ</u>」（Kishie ほか 2012）

2.2 テンス過去

コピュラのテンス過去の調査結果は LAJ や GAJ にはない。今回の FPJD ではじめて取り上げられた。したがって実時間上の比較はできないが、全国大学生アンケート調査の結果があるので以下でまずこれらの比較を行う。

2. コピュラ形式に見られる言語変化　267

図 III. 1. 6　「先生だった」（FPJD G-023）

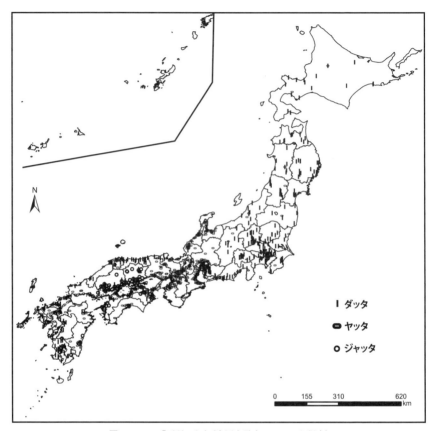

図 III. 1. 7 「雨だった」（全国大学生アンケート調査）

　図 III. 1. 6「先生だった」では富山・岐阜・三重の各県境をつなぐ線で隣接する新潟・長野・愛知の各県とでヤッタ（ジャッタ）とダッタが対立する点において図 III. 1. 2 と似た結果となっているが、テンス現在でジャ（ヤ）を使用する地域が必ずしもジャッタ（ヤッタ）を使うわけではない[4]。

　また、九州地方西部ではテンス現在のときのバイ・タイは完全に影をひそめ、ヤッタ、ジャッタ、ダッタが用いられる。

　図 III. 1. 7「雨だった」は大学生を対象としたアンケート調査だが、図 III. 1. 6 と比較すると、列島中央部での対立はダッタ対ヤッタとして続いているが、西日本各地でジャッタ→ヤッタ（ダッタ）への変化が進んでおり、特に四国・九州地方でジャッタが消滅寸前である。中国地方は広島県・岡山県および山口県（広島

県に隣接した地域）でジャッタが使用されている。山口県では九州寄りの地域でヤッタに変化している。九州地方では北九州地方など広範囲にヤッタへ変化する傾向が見られるが、熊本県や鹿児島県などはヤッタよりもむしろダッタへ移行する傾向があると見られる。

3.「いる」「おる」の対立と動向

　存在動詞「いる」「おる」について東西対立の視点からは、図 III. 1. 8、III. 1. 9 でイル・オルの境界線に基本的には変動がなさそうであるが、従来、オルの領域である愛知県でイルの回答が目立つようになってきている。また、西日本のオル地域の中で、近畿中央部のイル地域の拡大（奈良県・和歌山県への拡大）を指摘できよう。一方で、和歌山県南部のアルの分布領域はオルの進出により、縮小しつつある。

　ところで、近畿中央でイル類としたが、この地域で多用されるのはイテルである。イテルは「いている」から生じたものと考えると、「いる（存在動詞）＋ている（アスペクト形式）」ということになり、一見、不合理な感じがするが、イテルに対してイトル（これは「いておる」から生じたものか）という形式もあるので「いている」から生じたとみて間違いなさそうである。近畿中央部では、このイテルとイルでは使い分けがあると考えられ、イルはややよそよそしい（共通語的）のに対し、イテルは地元のことばという差がある。また、近畿中央部ではイテルのほか、オルを併用するところがほとんどであるが、これらは意味を分担しており、オルは卑語の「居（い）やがる」ほどではないが、マイナスの意味を有していることは確かである。一方、イテルはニュートラルでこのようなマイナス待遇的意味はない。さらにややこしいのは、京都府と大阪府の間では、明らかな地域差があり、京都府ではこの意味分担が大阪府よりも徹底していることである。奈良県はどちらかというと、京都府よりもむしろ大阪府に近い。

　なお、近畿周辺部のオル専用地域（三重県・兵庫県（神戸・姫路など））ではオルにはこのような待遇的意味はない。

　図 III. 1. 10 に示す、列島中央部での通信調査[5]（以下、2012 年方言通信調査）の結果でも、イル対オルの対立状況を追認でき、図 III. 1. 8、III. 1. 9 において見られた西日本側でのイルの使用地域（福井県から滋賀県にかけての地域）もほぼ今回一致した点は注目される。図 III. 1. 11 は、全国大学生アンケート調査（2013 年〜）の結果である。この調査結果では、イルが西日本各地で使われてい

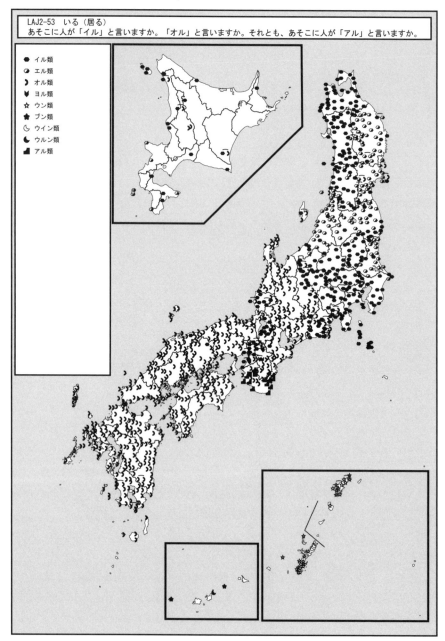

図 III. 1. 8 「(あそこに人が) いる」(LAJ 53 図をもとに作成)

3.「いる」「おる」の対立と動向　271

FPJD_G-066　〈あそこに人が〉いる
　　　　　　　（存在動詞・非過去・眼前）
遠くのほうにいる人物を指し示しながら
「ほら，あそこに人が[いる]」と言うとき，
「人がいる」のところをどのように言いますか。

- ⌒　イル類
- ⌒　エル類
- Y　オル類
- T　ヨル類
- ＊　ウン類
- ★　ブン類
- ○　ウイン類
- ♪　アル類
- ・　その他
- ⋈　無回答

図 III. 1. 9 「先生が<u>いる</u>」（FPJD G-066）

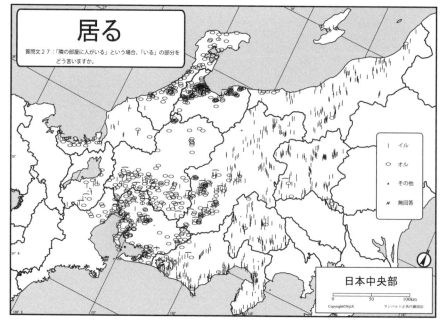

図 III. 1. 10 「（あそこに人が）いる」（2012 年方言通信調査）

る。イルとオルの東西対立が現状でも維持されていることは確かであるが、西日本でのイルの使用がさらに増え続けると、かなり先の話ではあるが、オルが衰退することで東西の対立がなくなることも予想される。

4. 否定形式に見られる言語変化の動向
―「-ナイ」と「-ン」の対立―

列島中央部で相対峙してきた「-ナイ（-ネー）」と「-ン」は、今回の FPJD ではどのような結果となったか、興味が持たれるところである。

図 III. 1. 12 は GAJ「書かない」の結果である。図 III. 1. 13 の FPJD「起きない」とは活用が当然異なるのであるが、「-ナイ（-ネー）」と「-ン」の境界線はよく一致している。また、列島中央部の状況を図 III. 1. 14「見ない」の結果で示す。図 III. 1. 14 は当該地域で各地 55 歳以上の生え抜きを対象とした、2012 年方言通信調査による結果である。これら三つの結果を比較すると、さらに詳細な対立の状況がつかめ、やはりこの境界線がいずれの調査においても一致しているこ

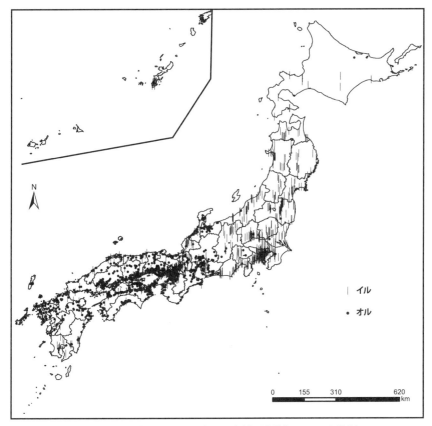

図 III. 1. 11 「(隣の部屋に人が) いる」(全国大学生アンケート調査)

とが確認できる。

　ところで、近畿中央部で発生したと見られる「-ヘン」が周辺部へと広がりを見せている。重要なのはこの拡散が近畿圏内に止まらず、東海地方や四国地方へも広がっている点である。GAJ の調査時期は 1979~1982 年であり、今回の全国の方言分布解明のための調査とは約 30 年の開きがある。GAJ の調査時段階から時を経て、-ンの領域の中の-ヘンがその領域を拡大させている状況を図 III. 1. 13 から確認することができる。四国地方および東海地方への拡大が著しいが、岡山以西には-ヘンは広がってはいない。図 III. 1. 13「起きない」(FPJD)、図 III. 1. 14「見ない」(2012 年方言通信調査) の結果を比較すると、この調査結果がほぼ完全に一致していることがわかる。さて、-ヘンの東海・中部地方への影響は、北

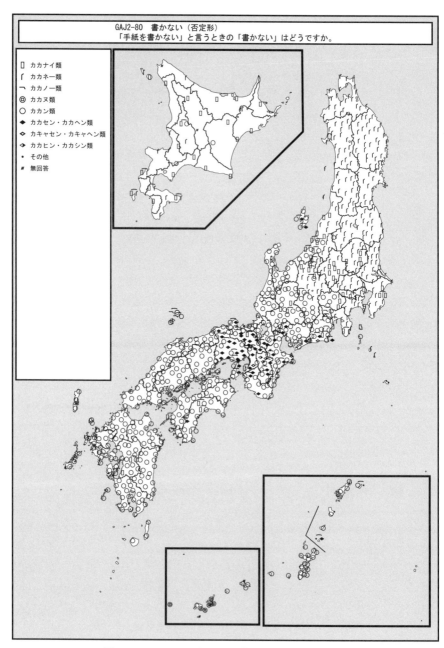

図 III. 1. 12　GAJ 80 図における「-ナイ」と「-ン」の対立

4. 否定形式に見られる言語変化の動向—「-ナイ」と「-ン」の対立—

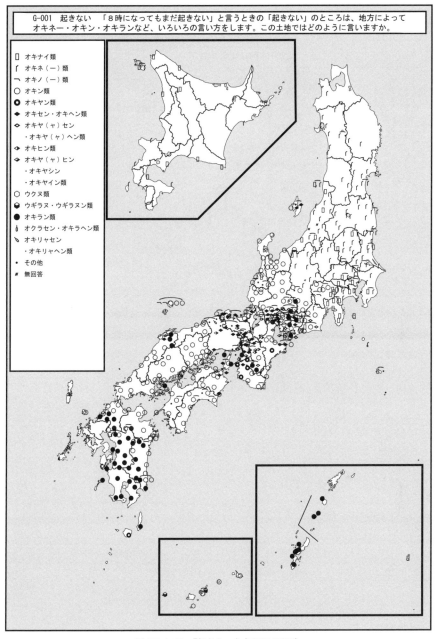

図 III. 1. 13 「起き<u>ない</u>」（FPJD G-001）

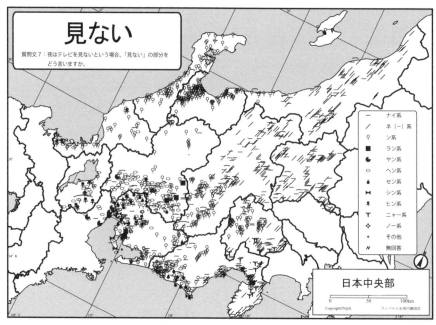

図 III. 1. 14 「(テレビを) 見ない」(2012 年方言通信調査)

陸方面へのそれと対照的である。関西圏と北陸地方との行き来よりも関西圏と中京圏との結びつきが一層大きいことも考えられるが、愛知県では-ヘンを受け入れる素地として、これまで-センが使われてきたことが大きく影響しているものと考えられる。愛知県の-ヘンは-センから変化したものと見なすこともできそうである。図 III. 1. 14 では愛知県や静岡県で-センと-ヘンを併用する地域が多く、一方で、-センの分布域に重なるように-ヘンの分布域が形成されようとしている点から西からの-ヘンの影響が-センから-ヘンへの変化を加速させたと見ることもできそうである。

図 III. 1. 15 は 2014 年実施の全国大学生アンケート調査の結果の一部である。全国的にミナイ・ミネーなど東日本の形式が西日本でも広く使用されるようになり、ここでは図は略すが、高年層で見られるような東西対立が大学生調査ではなくなる傾向にある。西日本では-ン、-ヘン、-ヒンなどの形式が根強く使用されているが、本来、-ンの領域だった地域に-ヘン、-ヒンが勢力を拡大させている様子を図 III. 1. 15 からつかむことができる。図 III. 1. 15 は-ン、-ヘン、-ヒンの

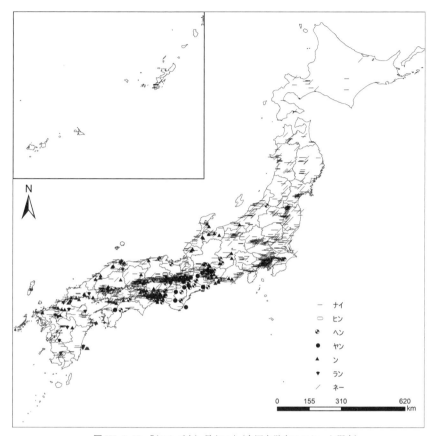

図 III. 1. 15 「(テレビを) 見ない」(全国大学生アンケート調査)

3形式に着目して地図化している。また、図III. 1. 13では岡山県・広島県などで使用が確認されなかった-ヘン、-ヒンが使用されていることが判明した。このことから、中国地方には入る余地がなかった-ヘンや-ヒンの拡大が加速していくことが予想される。

5.「買った」の方言分布が意味するもの

　東西対立の一例として、ここでは、動詞の音便形式の対立、つまり「促音便対ウ音便」の対立を取り上げる。以下では「買った」の場合について比較する。
　GAJ「買った」の結果（図III. 1. 16）と、FPJDの結果（図III. 1. 17）とでは

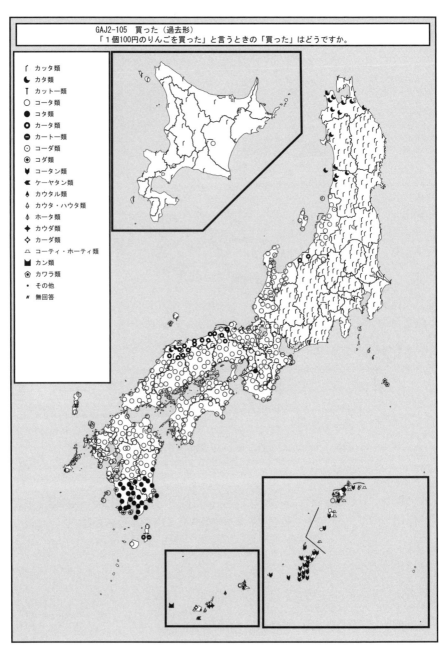

図 III. 1. 16 「買った」(GAJ 105 図)

5. 「買った」の方言分布が意味するもの　279

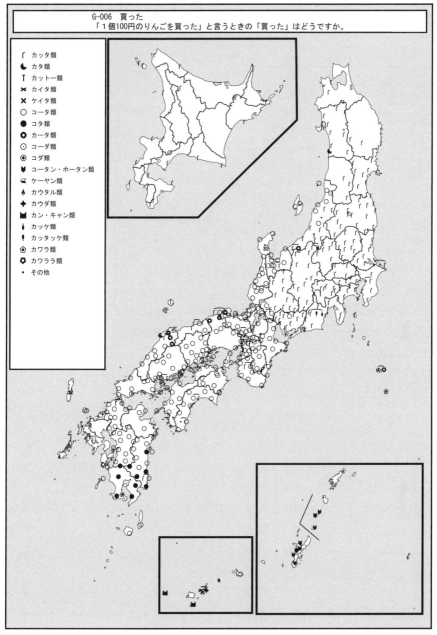

図 III. 1. 17 「買った」（FPJD G-006）

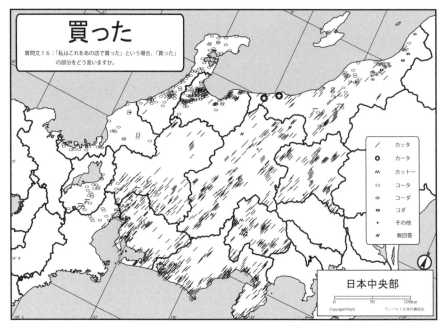

図 III. 1. 18 「(あの店で) 買った」(2012 年方言通信調査)

ほとんど差がないと言ってよい。カッタとコータが対峙する本州中央部の境界線も大きな変動は見られない。また、糸魚川付近および山陰地方の沿岸部に見られるカータなどよく一致している。同様に図 III. 1. 18 も 2012 年方言通信調査の結果ではあるが、これら両図と驚くほど一致していると言える。

ところで、この項目の分布には列島中央部での対立のほかに列島周辺部においても興味深い現象が見られる。東北地方や出雲地方ではカッタのほかにカタ、南九州地方でコータよりもむしろコタという形式が分布している。もっとも図 III. 1. 16 では東北地方のカタがほとんど見られなくなっている。このような形式の出現はシラビーム的特徴という点で共通性がある。たとえば、九州地方南部ではこの傾向が今なお顕著であると言える[6]。

かつて宮崎県での言語地理学的調査で「書いた」という項目を扱ったが、宮崎県北部に位置する豊日方言域にある延岡市から薩隅方言域の都城市までの調査で北から南に行くに従って徐々にケータ［ke:ta］からケタ［keta］に移行する様子がうかがえた。同様に「飲んだ」「飛んだ」はそれぞれヌーダ［nu:da］、ツー

ダ［tsu:da］が南下するにつれてヌダ［nuda］、ツダ［tsuda］になる（岸江・石田 2003）。南九州地方でのこのような傾向は、「買った」のコータとコタの関係と軌を一にする傾向であり、豊日方言と薩隅方言とで特殊拍に対するとらえ方が異なることによるものであるとみられる。

付言すると、シラビーム方言認定の有力な根拠の一つとして、特殊モーラはアクセント核を担えず、常に音節（シラブル）単位でしかアクセント核を担えないという特色があるが、このような地域ではさらに特殊拍が脱落する現象が共通して観察され、これもシラビーム方言認定の根拠として見落とせないものである。

6. むすび

FPJD によって 21 世紀初頭における日本語方言の全国分布の状況を明らかにできることは非常に重要な意味をもつ。特に過去の調査結果との比較を通じ、経年変化を探ることができるからである。

FPJD で集約されたデータのごく一部を地図化し、LAJ、GAJ のほか、独自に収集したデータとの比較を行った。実時間上の比較、すなわち経年による変化という観点からは、方言の東西差に異同が生じたり、東西方言の境界線が大きく動いたりといった現象は今のところ見られない。

21 世紀初頭時の老年層話者は 20 世紀後半の伝統方言をそのまま受け継いでいると考えられるが、一方で大学生調査の結果からは新たな動きが観察され、今後が注目される。

注

1　全国の大学生を対象としたアンケート調査は 2007 年から 2015 年までに 2 度実施し、それぞれ 50 項目を超えており、計 100 余項目に達している。回答者数は第 1 次調査（2007〜2009 年）で 1844 名、第 2 次調査（2013〜2015 年）は 3500 余名の規模である。いずれの調査も全国各地の日本語学研究者の協力を得ている。

2　ただし、図 III. 1. 2 ではデータがやや不足している。

3　調査期間は 2011〜2014 年である。九州地方での調査地点はすでに 600 地点を超えており、九州方言学会編（1969）の約 3 倍強となっている。

4　徳島県など平野部ではテンス現在ではジャダが、過去ではジャッタではなくダッタが用いられることが多い。

5　2012 年 4 月下旬から 2012 年 11 月中旬にかけて三重、滋賀、岐阜、福井、富山、石川、愛知、長野、山梨、静岡、新潟、群馬の 12 県を対象に方言通信調査を実施した。調査対象者は各地生え抜きの 55 歳以上の方（性別を問わない）である。各地の教育委員会、公民館な

どに送付した調査票は 2000 部で、約 1300 部を回収した。2012 年 10 月には岐阜、富山、石川、長野、山梨の各県での留置調査、面接調査も行った。
6 GAJ では青森県、山形県など、カタ（カダ）となる地点が多い。

文 献

岸江信介・石田祐子（2003）「日向・薩摩方言接触地域における方言の動向」加藤正信・松永修一編『宮崎県方言における世代差・地域差の研究』（科学研究費報告書）

九州方言学会編（1969）『九州方言の基礎的研究』風間書房

坪内佐知世（2009）「ああ、そうタイ！うん、そうバイ！！「ばい」と「たい」はどう違う？」九州方言研究会編『これが九州方言の底力！』大修館書店

KISHIE, Shinsuke, SHIMIZU, Yukichi, and BROYER, Victoria（2012）Geolinguistic Research by Questionnare in the Kyushu District, *Papers from The First International Conference on Asian Geolinguistics.*

2

グロットグラム調査データの実時間比較

半沢　康

1. 目　　的

　本研究は同一地域を対象に時を隔てて実施した2回のグロットグラム調査の実時間比較の試みである。

　グロットグラムは年齢差を手がかりに当該地域の方言の変化と伝播の様相を把握する。年齢差を活用した「見かけ時間」による分析である以上、その結果が真の言語変化をとらえたものかどうか、一定期間経過後に同一地域を対象とした再調査を行い、その結果を検証することが望ましいが、これまでグロットグラム調査の実時間追跡調査は十分には行われてこなかった。

　グロットグラムは各世代のデータを含んでいるため、高年層のみならず、さらに若い世代の方言分布の経年比較も可能となる。また同一コーホートの実時間変化の状況をとらえることもできる。グロットグラムは「世代」情報が加わる分、対象地域が線上の地点に限られてしまい、平面上の分布がとらえられないという難点はあるが、これは隣接する地域の複数のグロットグラムデータを扱うことで一定補完することができる。

　以下、上記の問題意識に基づいて実施した福島県内のグロットグラム経年追跡調査の結果について報告する。

2. デ　ー　タ

　福島県内を東北線、常磐線という2本の主要鉄道路が縦断する（図III. 2. 1）。ここではこの2本の鉄路に沿って行われたグロットグラム調査のデータを分析対象とする。まず各調査の概要を紹介する。

2.1　東北線沿線グロットグラム調査

　福島県内の東北線沿線地域を対象としたグロットグラム調査が、東京から福島

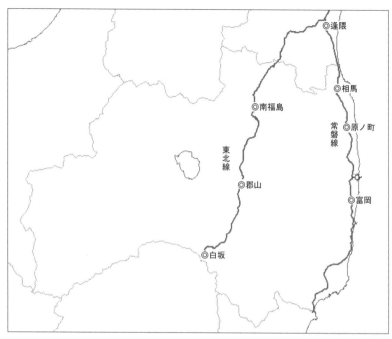

図 III. 2. 1　調査対象地域

までの鉄道駅周辺地域を対象とした広域の調査の一部として 1982 年と 1983 年に実施された（井上 1985）。東北線南福島駅（福島市）～白坂駅（白河市）間の全 19 駅中 12 駅周辺を調査地点に、各地点 10 代から 70 代まで、原則として 10 代刻みに 7 名のインフォーマントから回答を得ている。調査結果は井上（1985）のほか、井上・田原（1984）でも公開されている。

　東北線沿線地域については、この調査データが実時間比較のベースラインとなる。なお、井上・田原（1984）、井上（1985）に報告されたグロットグラムはいずれも 10 歳ごとのセルに記号が表示されているが、比較のために新たに 1 歳刻みの図に描き直した[1]。

　追跡調査（第 2 次調査）は 2003 年と 2014 年に実施した。井上（1985）の調査（第 1 次調査）からおおよそ 20～30 年後の調査ということになる。対象駅（調査地点）は 17。2003 年に実施した郡山市以北の調査（半沢・武田 2005）は必ずしも第 1 次調査の追跡を企図したものではなかったが、一部の項目が第 1 次調査と

共通する。各地点のインフォーマントは5名。2014年に実施した須賀川市以南の調査は当初から第1次調査との比較を意図しており、調査項目も多くが共通する。各地点のインフォーマントは4名。

　南部と北部で調査時期に約10年のずれがあるため北部のインフォーマントの平均年齢が南部よりも高く、グロットグラム図を作成すると記号が全体に左側（高年層側）に寄る。高年層世代で北部から南部への伝播が起きているように見えてしまう場合があり、注意を要する。

2.2　常磐線沿線グロットグラム調査

　常磐線グロットグラムの第1次調査は1995年から1998年にかけて実施した（半沢・小林ほか 1998）。逢隈駅（宮城県亘理町）〜富岡駅（富岡町）間の全19駅中17駅の周辺地域で調査を行った。インフォーマントは各地点5名。ただし福島・宮城県境付近では駅周辺以外の地点でも調査を行っており、その分各地点のインフォーマント数は他地点より少ない3名である。第1次調査はその後調査を継続し、最終的には宮城県仙台市から茨城県取手市まで広域の調査結果を報告した（加藤ほか編 2003）。ここでは上記17地点のデータのみを扱う。

　第2次調査は2010年に実施した（福島大学国語学研究室 2013）。第1次調査との経年比較を企図したものである。地点数は山下駅（宮城県山元町）〜大野駅（大熊町）間の12駅（地点）。残りの地点については2011年以降調査を継続する予定であったが、東日本大震災の発生に伴い中断している。

3.　調　査　結　果

3.1　不変化（地域差）

　東北線、常磐線沿線ともに2回の調査結果をグロットグラム化し、15〜30年間の経年比較を行った。

　2回の調査を一覧できるよう、以下のグロットグラム図はすべて、上部に第1次調査、下部に第2次調査の結果を示す。比較のために上下のグロットグラムのフォーマットを統一し、インフォーマントの生年に基づいて記号をプロットしている。第1次調査の高年層世代は第2次調査では調査が不可能となり、下図の左側（高年層側）が空白となる。代わって第1次調査時期に子供だった（あるいは生まれていなかった）世代の結果が右側に加わる。上下のグロットグラムを併せて見ることで、約90年の世代差がとらえられる。

比較の結果、多くの項目で方言形の分布域に大きな変化は見られなかった。これは高年層のみならず各コーホートにおいても同様であり、図を描くと第1次調査の結果がほぼ第2次調査データで再現される例が多い。以下に数例を示す。

図III. 2. 2は東北線沿線地域における項目「めんこ」の調査結果である。おおよそパッチ、パッタ、ペッタの3語がそれぞれ狭い範囲に錯綜して分布するが、その分布域は2回の調査間でほぼ変化がない。第1次調査では、1960年代生まれ世代（調査当時は中学生）に共通語化の兆しが見られ、第2次調査で加わった1970年以降生まれの世代にはさらに共通語形が浸透して地域差がほぼ消滅している。図III. 2. 3は常磐線グロットグラムの例である。項目「氷柱」について、第1次調査では宮城県から福島県北部の新地町（旧伊達藩領域）にタレヒ、福島県相双地方北部にシガ、南部にシガンボが分布する。この地域差は基本的に第2次調査にも引き継がれている。1950年代以降に生まれた世代で俚言形がほぼ消滅する点も2回の調査で変わらない。

大西（2014）には「言語変化は不断ではなく、静穏状態をデフォルトとして発生する」として、言語変化が起こらず、分布も変動しないのが常態であるとの仮説が示されている。今回の経年比較の結果は全体としてこの仮説に合致するものとなっている。

3.2 不変化（世代差）

図III. 2. 3でも示したように、第1次調査で確認された世代差についても地域差同様に第2次調査結果において再現される例が多い。これは、第1次調査において共通語形とは異なる新形の発生がとらえられた項目についても同様であった。

図III. 2. 4の常磐線グロットグラムの項目「やる」では、第1次調査において新形クイルが相双地方中部（原ノ町駅周辺）に広がっている様子が確認される。第2次調査でもクイルはほぼ同地域、同世代に同様の分布が見られ変化がない。宮城県側のケルとクレル（クイル）との境界もほぼ安定しており、福島県側では東北に広く見られるケルをほとんど受け入れていない。

図III. 2. 5は第1次調査でごく狭い範囲に新方言形（タダクリ・タダクレ）の発生が確認された例である。第2次調査において使用域の拡大が観察されることを期待したが、2回の調査の分布域にはほぼ変化がなかった。1970年代以降生ま

3. 調査結果　287

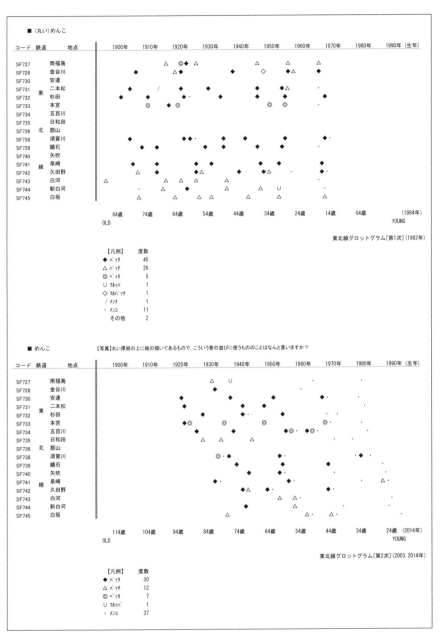

図 III.2.2　めんこ［東北線グロットグラム］

288　2章　グロットグラム調査データの実時間比較

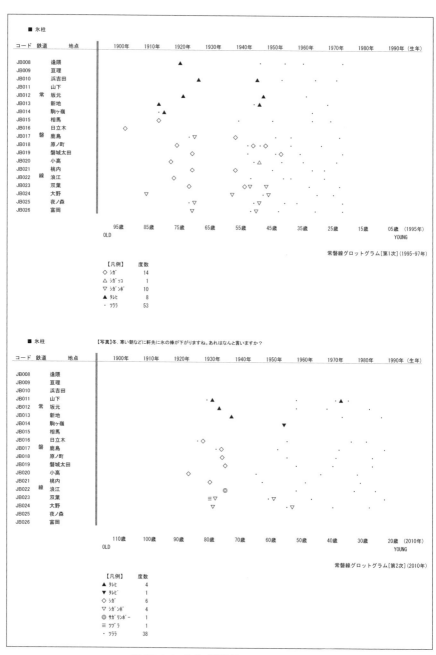

図 III. 2.3　氷柱［常磐線グロットグラム］

3. 調査結果

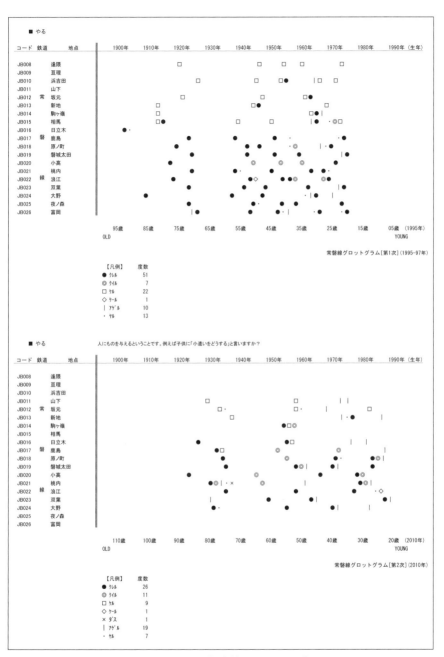

図 III. 2. 4　やる［常磐線グロットグラム］

290　2章　グロットグラム調査データの実時間比較

■ いい加減に・適当に

コード	鉄道	地点
JB008		逢隈
JB009		亘理
JB010		浜吉田
JB011		山下
JB012	常	坂元
JB013		新地
JB014		駒ヶ嶺
JB015		相馬
JB016		日立木
JB017	磐	鹿島
JB018		原ノ町
JB019		磐城太田
JB020		小高
JB021		桃内
JB022	線	浪江
JB023		双葉
JB024		大野
JB025		夜ノ森
JB026		富岡

常磐線グロットグラム［第1次］(1995-97年)

【凡例】　度数
◆ タダクレ　2
● タダクリ　1
・ イークルなど　66

■ タダクリ・タダクレ　「いい加減に・適当に」ということを「タダクリ」とか「タダクレ」と言いますか？

コード	鉄道	地点
JB008		逢隈
JB009		亘理
JB010		浜吉田
JB011		山下
JB012	常	坂元
JB013		新地
JB014		駒ヶ嶺
JB015		相馬
JB016		日立木
JB017	磐	鹿島
JB018		原ノ町
JB019		磐城太田
JB020		小高
JB021		桃内
JB022	線	浪江
JB023		双葉
JB024		大野
JB025		夜ノ森
JB026		富岡

常磐線グロットグラム［第2次］(2010年)

【凡例】　度数
● 言う　2
◎ 昔言った　1
・ 聞かない　37

図 III. 2. 5　タダクレ・タダクリ（いい加減に）［常磐線グロットグラム］

れの世代にはこの語形は引き継がれず、ごく短期間に限られた地域に広がってすぐに衰退したようである。このように、第1次調査当時の若年層に広がっていた新形のさらなる拡大がほとんど認められないのは、あるいは共通語化が急速に進行しているという東北地方南部地域の事情によるものかもしれない。関西など方言の勢力が強い地域で同様の経年調査を行えば、新形の定着・拡大の様子が実時間変化として観察される可能性はありえよう。

3.3 新方言の拡張

　ただし、東北線沿線地域のr脱落現象（井上 2000）に関する項目では、20～30年の間に方言形の分布域が拡大し、また新方言形が発生・拡張したと思しき事例が見つかっている。

　一例として「見たい」の図を挙げる（図III.2.6）。第1次調査ではほとんど回答されなかった方言形ミッチ（ミッチェ）が第2次調査では若年層に広がっている。この語形は、r脱落現象によってラ行五段動詞に発生した形式が他の動詞にまで拡張されたものである（井上 1994、半沢 1997）。1980年代以降に発生した新方言形が急速に広域に伝播したように見受けられる。

　第2次調査の際はミッチ（ミッチェ）が新方言として広がっていることが事前にわかっていたため、調査時に語形を提示し、使用の有無を確認している。誘導語形を提示するかどうかによってインフォーマントの回答が変動する場合があり（半沢 2015）、そうした調査方法が結果に影響した可能性も考慮しなければならない[2]。また第1次調査で調査対象となっていない郡山市で2005～2006年に実施した多人数調査では、調査当時60歳以上の高年層でも30％強が「使用する」と回答しており、実際には第1次調査の段階でもう少しミッチ（ミッチェ）が普及していた可能性も残る。

　東北線沿線地域のr脱落現象に関する項目については、全体に他とはやや異なる傾向を示している。これらについては他地域の調査結果も含めて別途検討を行うこととし、ここでは結果の提示のみにとどめる。

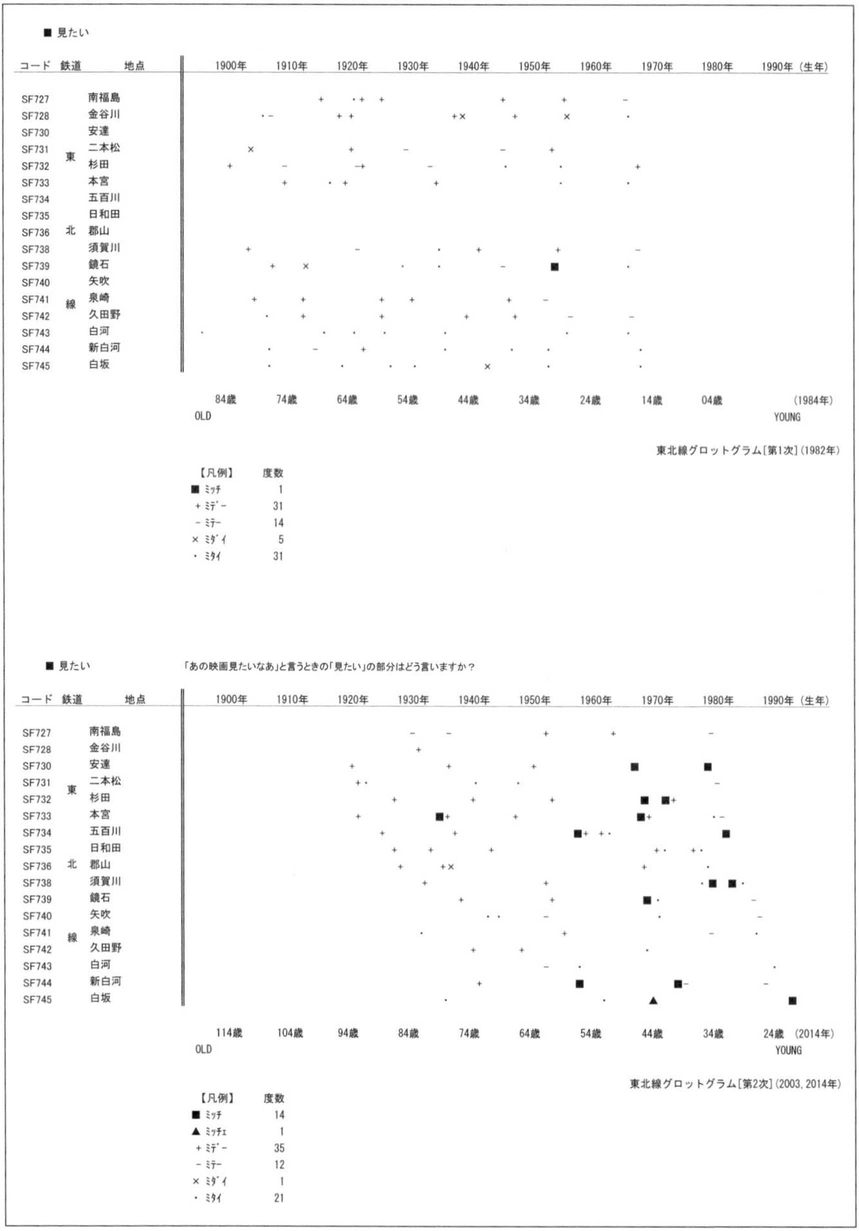
■ 見たい
コード 鉄道 地点
1900年 1910年 1920年 1930年 1940年 1950年 1960年 1970年 1980年 1990年（生年）
SF727 南福島
SF728 金谷川
SF730 安達
SF731 二本松
SF732 杉田
SF733 本宮
SF734 五百川
SF735 日和田
SF736 郡山
SF738 須賀川
SF739 鏡石
SF740 矢吹
SF741 泉崎
SF742 久田野
SF743 白河
SF744 新白河
SF745 白坂
東北線
84歳 74歳 64歳 54歳 44歳 34歳 24歳 14歳 04歳 (1984年)
OLD
YOUNG
東北線グロットグラム［第1次］(1982年)
【凡例】 度数
■ ﾐｯﾁ 1
+ ﾐﾃﾞｰ 31
− ﾐﾃｰ 14
× ﾐﾀﾞｲ 5
・ ﾐﾀｲ 31
■ 見たい
「あの映画見たいなあ」と言うときの「見たい」の部分はどう言いますか？
コード 鉄道 地点
1900年 1910年 1920年 1930年 1940年 1950年 1960年 1970年 1980年 1990年（生年）
SF727 南福島
SF728 金谷川
SF730 安達
SF731 二本松
SF732 杉田
SF733 本宮
SF734 五百川
SF735 日和田
SF736 郡山
SF738 須賀川
SF739 鏡石
SF740 矢吹
SF741 泉崎
SF742 久田野
SF743 白河
SF744 新白河
SF745 白坂
東北線
114歳 104歳 94歳 84歳 74歳 64歳 54歳 44歳 34歳 24歳 (2014年)
OLD
YOUNG
東北線グロットグラム［第2次］(2003, 2014年)
【凡例】 度数
■ ﾐｯﾁ 14
▲ ﾐｯﾁｪ 1
+ ﾐﾃﾞｰ 35
− ﾐﾃｰ 12
× ﾐﾀﾞｲ 1
・ ﾐﾀｲ 21

図 III. 2. 6　見たい［東北線グロットグラム］

4. 分　　　析

4.1　共通語化の経年比較

　こうした個々のグロットグラムの結果をいくつかの観点から総合し、当該地域の全体的な経年変化の傾向を把握する。まず共通語化の状況についてまとめる。

　東北線、常磐線グロットグラムともに、2回の調査に共通する項目（東北線6項目、常磐線14項目）の回答に基づいて共通語化の指標（共通語得点）を作成した[3]。共通語形が回答された場合に1点、方言形の場合は0点（共通語形と方言形の併用も0点）を与えて加算合計した。以上よりインフォーマントの共通語化の状況が、東北線グロットグラムの場合は6〜0点、常磐線グロットグラムの場合は14〜0点で示されることになる。

　当該スコアに基づいて作成したグロットグラム図が図 III. 2. 7、III. 2. 8 である。細部で異同はあるものの、いずれの地域でもおおよそ1960年代生まれ以降で共通語化が進行しており、その傾向は2回の調査で変わらない。

　地域差を捨象して生年別にスコアを集計、グラフ化してみると、東北線、常磐線ともに2回のグラフはほぼ一致する（図 III. 2. 9、III. 2. 10）[4]。第2次調査で新たに加わったもっとも若い世代の数値が第1次調査のグラフの延長上に位置し、2回のグラフを重ね合わせると、全体としてS字カーブ（の一部）に近い形を描くことがわかる。少なくとも今回調査項目として取り上げた語の共通語化に関しては年齢差による言語変化の推定が一定の妥当性を持つことが確認できよう[5]。

　これら共通語化の指標を目的変数とし「年齢（生年）」と「東京から調査地点までの鉄道距離」を説明変数として重回帰分析を行った結果を表 III. 2. 1 に示す。東北線グロットグラムについて2回の分析結果の標準編回帰係数を比較すると、第1次調査に比べ第2次調査における「鉄道距離」の影響が小さくなっている。第1次調査では、県北部に比べ県南部で共通語形の使用の多いことが個々のグロットグラムからも読み取れる。かつては共通語化の進度に地域差が見られ、関東に接する県南部で俚言形の衰退が早く進行していたものが、より若い世代に共通語形が広く普及して地域差が相対的に小さくなったことを反映すると解釈できる。

　一方、常磐線グロットグラムでは第1次、2次ともに「鉄道距離」の影響は大きくない。これは調査地域が福島県中北部（と宮城県）に限定されたため、地域差が顕在化しなかったものであろう[6]。

294　2章　グロットグラム調査データの実時間比較

■ 共通語化得点 (6項目)

コード	鉄道	地点	1900年	1910年	1920年	1930年	1940年	1950年	1960年	1970年	1980年	1990年 (生年)
SF727		南福島					-	-		V	V	
SF728		金谷川		・		・・		V	△	△	△	
SF730		安達										
SF731	東	二本松		-	-	-			△	V	▲	
SF732		杉田		V				△	V		V	
SF733		本宮			-	V	-	V		V	V	
SF734		五百川										
SF735		日和田										
SF736	北	郡山										
SF738		須賀川		-		V V	△	△	△	△	-	
SF739		鏡石		V	-	-	-		V	△		
SF740		矢吹										
SF741	線	泉崎							V	△		
SF742		久田野		-		-	-	-	△	△		
SF743		白河	V			△		V			■	
SF744		新白河		V				V	△	V	■	
SF745		白坂			-		△	-		V	V	

	84歳	74歳	64歳	54歳	44歳	34歳	24歳	14歳	04歳	(1984年)
	OLD									YOUNG

東北線グロットグラム [第1次] (1982年)

【凡例】　度数
- ■　5点　2
- ▲　4点　1
- △　3点　17
- V　2点　26
- -　1点　34
- ・　0点　3

■ 共通語化得点 (6項目)

コード	鉄道	地点	1900年	1910年	1920年	1930年	1940年	1950年	1960年	1970年	1980年	1990年 (生年)
SF727		南福島					-	V	△	▲	△	
SF728		金谷川					・					
SF730		安達										
SF731	東	二本松			-	-	-	V			△	
SF732		杉田				V	-	-		■	△	
SF733		本宮			V	-				▲	△	
SF734		五百川										
SF735		日和田										
SF736	北	郡山										
SF738		須賀川						△		V	■	
SF739		鏡石						-	V	V	-	
SF740		矢吹										
SF741	線	泉崎				△			▲	▲	△	
SF742		久田野						-	V	▲	▲	
SF743		白河							V	▲		▲
SF744		新白河							△	△	■	
SF745		白坂						-		△		▲

	114歳	104歳	94歳	84歳	74歳	64歳	54歳	44歳	34歳	24歳 (2014年)
	OLD									YOUNG

東北線グロットグラム [第2次] (2003, 2014年)

【凡例】　度数
- ■　5点　3
- ▲　4点　9
- △　3点　14
- V　2点　8
- -　1点　12
- ・　0点　1

図 III. 2. 7　共通語化得点 [東北線グロットグラム]

4. 分析　295

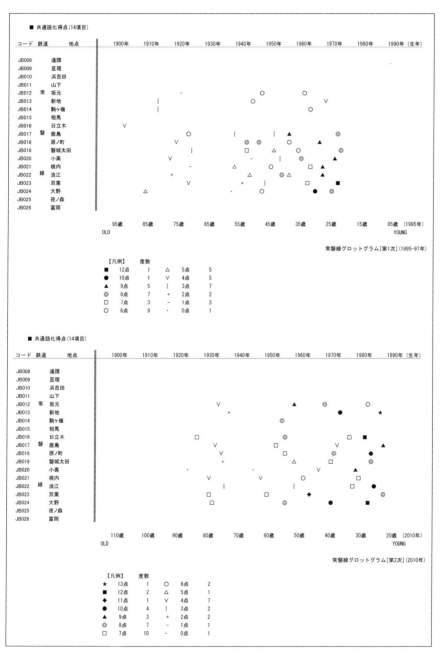

図 III. 2. 8　共通語化得点［常磐線グロットグラム］

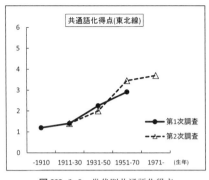

図 III. 2. 9　世代別共通語化得点
［東北線グロットグラム］

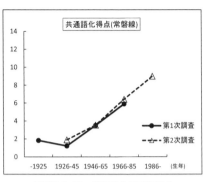

図 III. 2. 10　世代別共通語化得点
［常磐線グロットグラム］

表 III. 2. 1　共通語化得点の重回帰分析

	東北線グロットグラム		常磐線グロットグラム	
	決定係数	調整済み決定係数	決定係数	調整済み決定係数
第1次調査	0.400	0.385	0.387	0.360
		標準偏回帰係数		標準偏回帰係数
	鉄道距離	−0.157	鉄道距離	0.055
	年齢（生年）	0.617	年齢（生年）	0.627
	決定係数	調整済み決定係数	決定係数	調整済み決定係数
第2次調査	0.560	0.547	0.686	0.671
		標準偏回帰係数		標準偏回帰係数
	鉄道距離	−0.102	鉄道距離	0.005
	年齢（生年）	0.714	年齢（生年）	0.828

4.2　方言形分布の経年比較

　常磐線グロットグラム第1次調査は、宮城・福島県境を調査地域に含んでおり、両県相互の方言伝播状況を把握することを目的のひとつとしていた。たとえば宮城県と福島県ではともにr脱落現象によって受身過去形「〜れた」のレが促音化するが、後接するタが拗音となるかという点で地域差が見られる（図 III. 2. 11）。第1次調査ではこの境界はほぼ県境に一致しており、15年後の第2次調査でも変化が認められない。

　こうした常磐線沿線地域の方言差については、半沢（2001）において多変量解析を用いた分析を行っている。この地域差が2回の調査でどのように変動したか

4. 分析　297

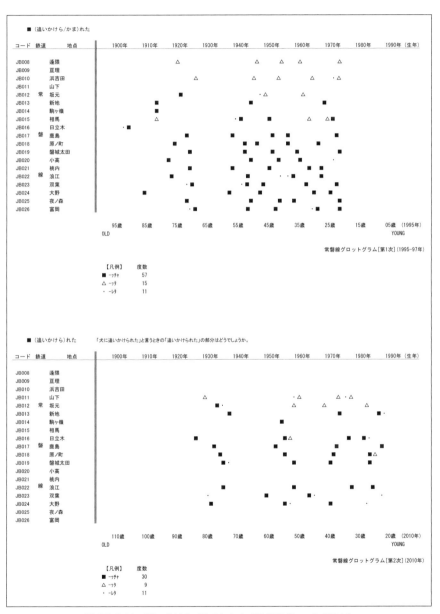

図 III. 2. 11 （追いかけら／かま）れた ［常磐線グロットグラム］

について、同様にコレスポンデンス分析を用い、多数項目の同時分析によって確認した。

4.1節の共通語化指標作成に用いた14項目に加え、r脱落現象に関する5項目、YN式調査項目（語形を示し、使用・理解の有無を尋ねる方式で調査した項目）8項目の計27項目について、回答された語形を変数として「使用（含過去使用）＝1、不使用＝0」のデータマトリクスを作成した。このデータを多重コレ

表 III. 2.2　1、2軸のカテゴリスコア［常磐線グロットグラム］

語形	1軸	2軸	度数	語形	1軸	2軸	度数	語形	1軸	2軸	度数
ジャス	−3.636	−0.616	14	ケド	−0.642	2.194	25	ノメ	0.509	−0.687	72
バカ	−3.527	−0.019	7	アゲル	−0.615	2.369	26	(言った)ベシタ	0.514	0.125	84
シタンペ	−3.453	−2.605	7	ドロハネ	−0.604	2.420	20	帰れハー	0.519	−0.061	74
帰れワ	−3.396	−1.233	11	ゲントモ	−0.594	−0.830	38	ーッチャ	0.538	−0.129	85
カナキチョ	−3.393	−1.658	15	ーレタ	−0.578	1.064	21	カナチョロ	0.584	0.349	82
クロチ	−3.334	−0.952	16	ソーダ	−0.569	0.420	26	犬サ	0.605	0.121	46
(言った)デショー	−3.226	2.011	3	タノンデタ	−0.492	0.221	48	クレル	0.605	0.046	66
(言った)サ	−3.192	0.884	2	モノモライ	−0.381	1.621	40	ーニェ	0.617	−0.336	58
タレヒ	−3.133	−2.338	10	(言った)ベー	−0.343	−0.469	46	ケール	0.663	0.546	2
ダ	−3.000	1.802	2	スッパネ	−0.330	−1.143	18	ーニ	0.682	−0.236	24
チョンテヌグイ	−2.998	−4.094	4	犬ニ	−0.282	−0.030	62	アザ	0.761	0.019	28
ーッタ	−2.907	0.364	14	アオタン	−0.270	1.628	32	ミッチェ	0.844	0.735	27
(言った)ベッチャ	−2.806	0.158	6	トカゲ	−0.258	2.240	14	カンカチ	0.861	−0.411	61
トッテー	−2.628	−2.798	12	ーラレナイ	−0.208	3.558	2	タダクレ	0.899	1.450	6
犬カラ	−2.399	−0.482	2	カタグルマ	−0.202	0.907	62	トッチェ	0.910	−0.086	62
タンペ	−2.363	−1.207	6	ツバ	−0.183	0.741	74	クイル	0.919	0.225	18
ケル	−2.288	−1.660	21	オタマジャクシ	−0.105	0.521	82	クロナジ	0.934	−0.329	44
ツッパネ	−1.922	−1.280	16	ツララ	−0.097	0.714	75	ゲンチョモ	1.013	−0.210	58
ケレドモ	−1.899	4.540	3	ミテー	−0.016	−0.589	72	ブンズイロ	1.018	1.160	2
トリテー	−1.887	−0.051	14	タノンタ	0.029	−0.783	32	トッチ	1.024	−0.273	15
イズイ	−1.853	−1.140	28	タノンデオイタ	0.036	1.510	31	クビッコ	1.027	−1.302	3
ゲールコ	−1.594	−3.164	7	タオル	0.153	0.813	19	シッパネ	1.156	−0.522	45
ジャナイ	−1.542	5.077	5	ヤル	0.159	0.185	16	シタキ	1.156	−1.145	39
ーレナイ	−1.434	3.039	12	ガナ	0.164	−1.004	52	オタマコ	1.159	−1.028	28
ツッパリ	−1.393	−1.899	2	クビコンマ	0.251	−0.678	65	シガ	1.196	−1.342	21
ーランネ	−1.232	−0.076	24	イタマシ	0.278	−0.487	76	ユモミ	1.201	−0.975	35
モダラ	−1.197	−3.970	2	ンダ	0.282	−0.065	73	トリッチェ	1.255	0.054	4
トリタイ	−0.862	2.181	24	ブチ	0.329	−0.909	17	シガンボ	1.489	−0.754	10
テヌグイ	−0.855	0.853	46	(言った)ッペ	0.340	1.203	8	ミッチ	1.583	−0.294	8
ミタイ	−0.812	2.583	17	チャッパ	0.376	−1.076	23				
ホダ	−0.667	−1.986	10	カナヘビ	0.424	−0.437	18	相関係数	.553	.486	

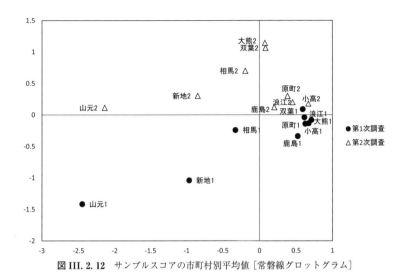

図 III. 2. 12　サンプルスコアの市町村別平均値［常磐線グロットグラム］

スポンデンス分析によって分析し、析出された1、2軸のカテゴリスコアを表 III. 2. 2に示す。表は1軸のカテゴリスコアを降順でソートしてある。1軸のマイナス領域に宮城方言形が、プラス側に福島方言形がそれぞれ分離されており、地域差を反映した軸と見なせる。2軸は年齢差を反映している。

二つの軸のサンプルスコアの平均値を（平成大合併以前の旧）市町村ごとに求め、2次元の座標上に示したのが図 III. 2. 12である。

地域差を反映した1軸について見ると、宮城県の山元町が福島県内各地と大きく分離され、（旧伊達藩領であった）福島県最北部の新地町が両者の中間に位置する。この構造は2回の調査で変化しておらず、各地の方言形の分布状況が基本的に保持されていることを示唆する。ただし、第2次調査では第1次調査に比して各市町村間の距離が縮小している。これは4.1節でも示したとおり、共通語化による俚言形の衰退に伴い、地域差が朧化しつつあることが反映されたためと考えられる。

4.3　新語普及の経年比較

東北線沿線地域における第1次調査では、1980年代当時首都圏で用いられていた新方言や関東地方の方言形の使用状況についても調査が行われ、こうした語形が新語として東北へ伝播する状況がとらえられている。これらの語形に関しても

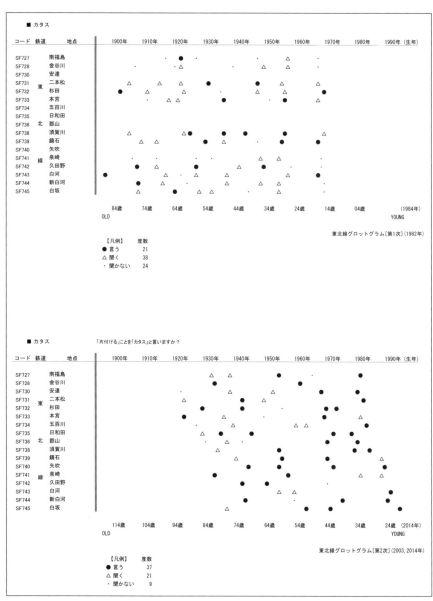

図 III. 2. 13　カタス（片付ける）［東北線グロットグラム］

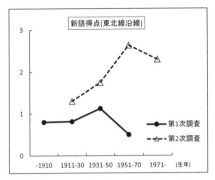

図 III. 2. 14 世代別新語得点［東北線グロットグラム］

追跡調査を行った。これまでに示した俚言形の変化とはやや異なる傾向を示す。

図 III. 2. 13 は関東方言形カタス（片付ける）の調査結果である。第1次調査では、全体の3分の1に満たなかった「言う」との回答が、第2次調査では倍増し「聞いたことがない」という回答が大幅に減少している。20～30年の間に、この語が福島県内の東北線沿線地域へ広がり、使用されるようになっていることがわかる。特に1960年代生まれ（第1次調査時の中学生）の世代では、20～30年間でカタスの使用が大幅に増加している。

2回の調査で全地点のデータがそろっている3語（カタス、カッタルイ（だるい・気がのらない）、アオタン（内出血によるあざ））について、「使用する」という回答に1点を与え、4.1節の「共通語得点」と同様の要領で指標を作成した。2回の調査結果を比較したものが図 III. 2. 14 である。図 III. 2. 9、III. 2. 10 とは異なり、各コーホートの数値が一致せずグラフが重ならない。国立国語研究所による鶴岡調査データの経年比較では、1925～1935年生まれのコーホート（1950年代に行われた第1回調査の最若年層）の共通語化（音声得点）が、1970年代の第2回調査で上昇したこと（「跳ね上がり現象」）が知られている。新語については20～30年の間に同様の「成人後習得」が起きたことがわかる。各コーホートの数値上昇は、第1次調査の若い世代ほど際立っている[7]。

5. むすび

以上、グロットグラム調査データの経年比較の結果についていくつかの特徴的な事例を紹介した。時期を隔て、異なるインフォーマント（しかも各地点・世代1名）を対象に調査を行ったにもかかわらず、多くの項目で2回の調査結果がお

おむね一致したことは、グロットグラム調査が当該地域の方言分布、変化の状況を適切に把握していることの証左とも言え、年齢差を手がかりに言語変化・伝播を把握するというグロットグラムの方法が一定の有効性を持つことを確認できたものと考える。一方、同一コーホートの新語使用が20～30年後に増加した事例も認められ、こうした現象をとらえるために実時間に即した繰り返し調査が不可欠であることは言うまでもない。

今後は今回取り上げなかった項目も含め、それぞれの地域の方言変容について総合的な分析を進めていく予定である。

注

1 作業に際し、井上史雄先生より調査票のフェイスシートをお借りし、各インフォーマントの生年データを入力して作図を行った。個々の項目のデータ処理については、鑓水兼貴氏が開発したプログラム SAMP（鑓水 2011）を使用した。いずれもご高配にあらためて深く感謝申し上げる次第である。
2 図III.2.6では条件をできるだけ統一するために、第2次調査のグロットグラムには誘導語形を提示する前の第1回答のみを示してある。誘導語形を示して得られた回答を含めると、ミッチ（ミッチェ）はより広い世代、地域に認められる。
3 具体的な項目は次のとおり。
　　東北線グロットグラム：「ひきがえる」「めんこ」「お手玉」「氷柱」「明々後日」「見よう」
　　常磐線グロットグラム：「おたまじゃくし」「かなへび」「（内出血による）あざ」「唾」「麦粒腫」「泥はね」「てぬぐい」「氷柱」「肩車」「やる」「（言った）だろう」「そうだ（ろう）」「（犬）に（追いかけられた）」「頼んでおいた」
　　東北線グロットグラムは、既述のとおり郡山市以北の調査が第1次調査の経年比較を企図したものではなかったため、全域でデータのそろう項目が少ない。またこのほかr脱落現象に関する項目を、東北線で9項目、常磐線で5項目調査しているが、3.3節に示すように他とやや傾向が異なるため指標作成項目には含めない。
4 常磐線グロットグラム第2次調査では、1925年以前生まれのインフォーマントは1名のみのため、当該インフォーマントのデータは省いてある。
5 個別のグロットグラムでは2回の結果に齟齬が認められるものもあるが、共通語化全体の傾向としてはよく一致する。
6 第1次調査データのみを用い、県南部（双葉郡南部、いわき市）のデータを含めた分析結果は以下のとおり。東北線グロットグラムの場合と同様「鉄道距離」の影響が一定確認される。

	常磐線グロットグラム	
	決定係数	調整済み決定係数
第1次調査	0.446	0.435
		標準偏回帰係数
	鉄道距離	−0.308
	年齢（生年）	0.551

7 2014 年に実施した南部の地域に限り、対象項目を 8 項目に増やして同様の分析を行ってもほぼ同様の結果が得られる。

文献

井上史雄（1985）『関東・東北方言の地理的・年齢的分布（SF グロットグラム）』東京外国語大学語学研究所

井上史雄（1994）『方言学の新地平』明治書院

井上史雄（2000）『東北方言の変遷―庄内方言の歴史言語学的貢献―』秋山書店

井上史雄・田原広史（1984）「関東における子供の遊び言葉の地域差・年齢差」『人口急増地帯としての埼玉県における言語接触とその問題点に関する総合的研究』（科学研究費報告書）

大西拓一郎（2014）「時間と空間の中でのことばの動き」（「方言の形成過程解明のための全国方言調査」公開研究発表会発表資料）

加藤正信・大橋純一・武田　拓・半沢　康編（2003）『東北・関東境界域言語地図｜常磐線・磐越東線グロットグラム』（科学研究費報告書）

半沢　康（1997）「福島県内の新方言「ッチ」についての考察―分布および話者の属性・心理との関わり―」『日本語の歴史地理構造』明治書院

半沢　康（2001）「宮城・福島太平洋沿岸地域の方言動態―常磐線沿線グロットグラム調査の結果から―」『言文』48

半沢　康（2015）「言語地理学調査データの信頼性」『言文』62

半沢　康・小林初夫・武田　拓（1998）『宮城・福島沿岸地域におけるグロットグラム調査報告』私家版

半沢　康・武田　拓（2005）「阿武隈急行グロットグラム調査報告（1）」『福島大学研究年報』1

福島大学国語学研究室（2013）『東日本大震災において危機的状況が危惧される方言の実態に関する調査研究事業（福島県）』（文化庁委託事業報告書）

鑓水兼貴（2011）『方言地図統合システム SAMP』（科学研究費報告書）

3 現代日本語の共通語化過程
――『日本言語地図』「全国中学校言語使用調査」との比較――

鑓水兼貴

1. はじめに

　現代日本語の共通語化は、各地域での世代差調査や経年調査によって明らかにされてきた。しかし全国規模の共通語化については、部分的な調査結果から類推するしかなかった。

　「方言の形成過程解明のための全国方言調査」は、『日本言語地図』や『方言文法全国地図』といった、過去の全国調査との比較を目的としており、全国規模での言語の実時間変化が観察可能となる。

　共通語形使用については、河西（1981）による『日本言語地図』の都道府県別共通語形使用率の研究がある。「方言の形成過程解明のための全国方言調査」は、回答者の生年で『日本言語地図』から41年が経過した調査である。河西が集計した共通語形について両調査での使用率を比較することにより、全国規模の共通語化が分析できる。

　さらに本研究では、井上（1997）による「全国中学校言語使用調査」との比較も行う。上記2調査が老年層への面接調査であるのに対して、中学生への質問紙調査であるため、比較には注意が必要だが、「方言の形成過程解明のための全国方言調査」から回答者の生年で45年が経過した全国調査であり、分析する意義はあると思われる。

　分析手法としては、各共通語形の都道府県別使用率を集計するほか、地理的分布を数量的に分析する方法として、井上（2004）によって提唱された「鉄道距離」による表示法を用いて京都からの距離と共通語形使用率の関係の変化について論じる。

　以上、3種類の全国調査の結果から、86年間の日本語の共通語化の過程について分析を行う。

2. 使用データ

2.1 『日本言語地図』

『日本言語地図』(国立国語研究所編 1966-1974、以下、LAJ) は、国立国語研究所が 1957 年から 1964 年にかけて全国 2400 地点で実施した、語彙を中心とする言語地理学的調査である。電子データ化作業が進んでいるが、LAJ のデータは膨大であり、2016 年時点では作業途中にある (熊谷 2007・2013)。将来的には電子データによる研究が可能になると思われるが、本研究では先行研究での集計結果を利用する。

河西 (1981) は、LAJ 300 図から分布の偏りの少ない 82 図を選び、都道府県 (東京都は島嶼部と分けて集計) ごとに共通語形[1]の使用地点数を集計した。共通語形は LAJ の見出し語としているため、文章語的側面があると思われる。

河西が作成した 48 地域×82 語のデータは、井上史雄によって「河西データ」と命名され、井上の計量的研究に多く利用されてきた。井上・河西 (1982) ではクラスター分析による共通語形使用の地域分類がなされ、井上 (1990) では文献初出年と共通語形の地理的分布範囲の関係が分析されている。

2.2 「方言の形成過程解明のための全国方言調査」

本研究で利用される、「方言の形成過程解明のための全国方言調査」(以下、FPJD[2]) のデータベースは、国立国語研究所の同名のプロジェクト (研究代表者：大西拓一郎) において 2010 年から 2015 年にかけて全国 554 地点で実施された言語地理学的調査である。過去の調査との比較を目的としており、国立国語研究所の全国調査である LAJ や、『方言文法全国地図』(国立国語研究所編 1989-2006、以下、GAJ) における項目が多く採用されている。

FPJD における LAJ との対応項目[3]は 37 項目あり、そのうち「河西データ」の項目は 23 項目である。本研究ではこの 23 項目について比較を行う。

2.3 「全国中学校言語使用調査」

「全国中学校言語使用調査」(以下、LSJH[4]) は、井上 (1997) によって 1993 年から 1996 年にかけて、全国の中学校 102 校の生徒とその保護者に対して実施された質問紙調査である。中学校は原則として各都道府県の都市部と農村部から選んでおり、都市規模による偏りを排除するよう設計されている。LAJ、GAJ

との比較を念頭においており、LAJ については「河西データ」82 項目すべて、GAJ は 39 項目について調査を実施している。

回答は選択肢式で、各項目における代表的方言形が選択肢として列挙されている（選択肢にない場合は自由記述）。前出の LAJ と FPJD は面接調査であり、事前に語形例を示さない「なぞなぞ式」によって調査しているため、LSJH とは調査方法が大きく異なる。

最大の違いは、LSJH の回答者が中学生であることである。中学生は言語形成期の途中にあり、社会に出てからの言語使用経験がない。成人後の言語変化がわからないため、若年層調査と老年層調査を比較することになる。比較時はこの点を考慮し、慎重に分析をする必要があるだろう。

2.4　調査の比較

以上、LAJ、FPJD、LSJH の調査概要について、表 III.3.1 にまとめる[5]。

各調査の回答者の生年でみると、LAJ から FPJD が 40.8 年、FPJD から LSJH が 45.0 年となる。表からも調査時年齢の問題が予想できるが、それでも約 40 年間隔の三つの調査で約 86 年間の実時間変化を観察することができる利点は大きいであろう。

共通する 23 項目を表 III.3.2 に示す。「いる」「やる」は FPJD では文法項目の中で扱われ、質問文も異なるが、本研究では比較対象とする。

表 III.3.1　LAJ・FPJD・LSJH の比較

調査名	調査期間	平均年齢	平均生年	LAJ 生年差	調査方法	回答方法
LAJ	1957〜1965	66.1	1894.6	—	面接	なぞなぞ式
FPJD	2010〜2015	77.2	1935.4	40.8	面接	なぞなぞ式
LSJH	1993〜1996	13.3	1980.6	86.0	質問紙	選択肢式

3.　集　　　計

3.1　共通語形の処理

(1)「河西データ」における共通語形

本研究における 3 調査の比較は、「河西データ」の共通語形を用いる。河西 (1981) は、LAJ からの 82 語の選定時に分析対象外とした条件について、「標準語形が全国的にくまなく散在していて、ほとんど地域差のないもの」「標準語形

3. 集　　　計　　307

表 III.3.2　LAJ・FPJD・LSJH 共通 23 項目（FPJD の調査番号順，LSJH は「河西データ」の番号で表示）

FPJD	LSJH	LAJ	項目名	FPJD	LSJH	LAJ	項目名
L-01	46	237	かたつむり	L-56	68	39	しおからい
L-02	42	224	とかげ	L-57	67	38	うすい
L-03	44	229	かまきり	L-58	66	37	あまい
L-04	45	231	とんぼ	L-59	71	291	おいしい
L-11	25	180	かぼちゃ	L-62	59	269	におい
L-12	23	174	じゃがいも	L-65	72	42	おそろしい
L-13	24	176	さつまいも	L-70	60	276	おととい
L-17	20	168	うるち	L-72	61	285	しあさって
L-20	40	217	うろこ	L-73	62	286	やのあさって
L-26-a	5	112	ものもらい	G-066	76	53	いる
L-31	82	97	こおる	G-097	80	73	やる
L-33	56	262	つらら				

が一定の勢力をもたないもの。即ちどの都道府県においても（中略）10％に満たないもの」を挙げている。地理的分布が明確な共通語形を重視していることがわかる。

　共通語形には LAJ の見出し語形を採用している。集計するためには基準となる語形が必要だが、見出し語形が妥当であるかは、分析結果などを通じて議論が必要である。

(2) 語形の統合

　LAJ の「河西データ」は、共通語形についてはある程度の音声変異形の統合を行っている。比較するためには、同一基準で語形統合を行う必要があるが、調査方法の違いにより統一は難しい。

　FPJD のデータベースはカタカナ表記を採用し、共通語の音韻体系を基本としている[6]。語頭のジ・ズの破擦音・摩擦音（[dz]/[z]）は区別していない。母音の広狭や中舌母音について、補助記号による特殊表記を採用しているが、この差異について本研究では共通語形に統合した。

　LSJH は質問紙の制約で選択肢数が限られるため、音声的な変異はほとんど示されず、回答時から大きく語形統合がなされている。音声聞き取りの面接調査に

比べて共通語形の回答が増加する可能性がある。一方で、選択肢式は回答時に代表的方言形を示しているため、「なぞなぞ式」の調査に比べて、方言形への誘導が強くなる可能性もある。ただし代表的方言形でない場合は回答されにくくなる。調査方法と回答語形の関係は検証が必要であろう。

3.2 「方言回答優先」と「共通語回答優先」

回答が複数あるとき、共通語形と方言形の両方が回答される場合がある。方言調査のほとんどは日常の私的場面での言語使用を想定しており、その中で回答された共通語形は、方言体系と共通体系を使い分けた結果ではなく、私的場面の体系内で共通語形が使用されたと解釈される。公的場面を想定した調査の場合は、さらに共通語形の回答が増加することが考えられる。

しかし共通語化が進むと、使い分けという観点はあいまいとなり、方言体系内での方言形と共通語形の併用が増えることで、単なる共通語形使用率からは方言使用能力がとらえにくくなる。このため併用回答中の共通語形の有無を集計にも反映させる必要がある。

LAJ は方言形を強調した地図であるため、共通語形と併用されていても、共通語形の使用が示されていないことがある。また、LSJH のような共通語化が著しく進展した世代の場合、共通語形の回答有無による集計では、全国的に方言差が消滅したかのように見えてしまう（井上 2007）。FPJD は方言と共通語の使い分けが進んだ世代の調査であるため、共通語化の過程において、方言形と共通語形の併用は重要な情報である。

以上から、本研究では共通語形使用率を集計する際に、

「方言回答優先」　　共通語形のみが回答されたか
「共通語回答優先」　共通語形を回答したか

という、二つの基準による集計を行った。方言形との併用がない「方言回答優先」による共通語形使用率は、方言使用能力と関係する。

FPJD、LSJH では、この二つの共通語形使用率を集計したが、LAJ の「河西データ」は「方言回答優先」と見なして利用する。将来的には LAJ の電子データから再集計する必要があるだろう。

3.3 平均使用率について

本研究で示す平均使用率は、回答の総和を回答者数で割ったものではなく、都

道府県別平均値もしくは語形別平均値をさらに平均した「平均の平均」で示している。

　言語地図を考える上で、データの地域代表性は重要である。社会調査においては、地域の状況を知る上で、サンプリング調査が実施されることが多いが、地理的分布が重視される言語地理学においては、人口より面積、すなわち地点の等間隔配分のほうが重視されやすい。しかし調査地点の密度の違いは地域内の回答者数の違いとなる。地図上での語形の出現確率にも影響して、解釈の誤解が生じやすくなる。

　国立国語研究所編（1966、『日本言語地図』1の付録『日本言語地図解説―方法―』）では、LAJの調査地点について人口地点密度と面積地点密度が計算されており、人口と面積の両方が考慮されている。しかし都道府県別の値を見る限り、面積地点密度のほうが均等になっている。これは地図の解釈上において、個々の記号（回答語形）の閲覧性を保ちつつ、全体の分布の解釈をしやすくするためだと思われる。

　このことは都道府県別、語形別の平均使用率の計算とも関係する。調査結果はその地点の状況を反映しているという前提があるため、人口地点密度、面積地点密度にばらつきがある状態で、平均値をどう計算するかが問題となる。「河西データ」は都道府県別使用率であり、LSJHは各県2～3校ずつからなるデータで、都道府県単位での均質性を意識していることになる。この場合、人口や面積による重みを考慮するかどうかは難しい問題である。

　以上から、本研究での平均値は、各都道府県別の平均値もしくは各語形別平均値をさらに平均することにした。素データからの平均値とは異なる値となるが、全体的には差はわずかであると考えられる。

4. 結　果

4.1　全体結果

　図III.3.1は、各調査における共通語形の平均使用率のグラフである。各調査の回答者の平均生年の位置に、共通語形使用率を表示している。FPJDとLSJHについては、「共通語回答優先」「方言回答優先」に分けて集計したため、両方を示している。

　FPJDの回答者は、LAJの回答者より約40年若いことになるが、共通語形使用率では、LAJ（△）が36.1％、FPJDの「方言回答優先」（○）が38.2％と、

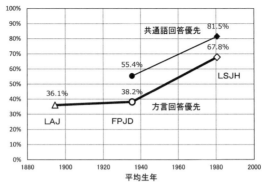

図 III. 3. 1 各調査の共通語形使用率

ほとんど増加していない。FPJD の世代では依然として方言使用が保たれていることがうかがえる。これに対して、LSJH（◇）では 67.8％ と共通語化が進んでおり、方言使用能力が低下していることがわかる。

一方、「共通語回答優先」での共通語形使用率の上昇は FPJD で +17.0％、LSJH で +13.7％ と、どちらも十数％になる。このことから共通語使用能力はさらに高いことが予想される。使用率は、FPJD（●）では 55.4％ にとどまっているが、LSJH（◆）では 81.5％ とかなり高い。私的場面でも共通語形使用の多い LSJH の世代では、共通語化はほぼ完了したと考えることができるだろう。

4.2 語形別共通語化

(1) 全体の結果

図 III. 3. 2 のグラフは、各調査の語形別共通語形使用率の一覧である。各語形の前の①〜④は、(2) で示すグループ番号である。語形の配列は、FPJD の「方言回答優先」（○）における使用率の順である。

グラフでは、各調査・集計方法ごとに線で結んでいるため、各語形の使用率の変化は、縦の記号の位置から読み取ることができる。

線の上下は見られるものの、全体として見ると、図 III. 3. 1 での傾向と同様に、LAJ（△）と FPJD「方言回答優先」（○）は近接し、FPJD「共通語回答優先」（●）、LSJH「方言回答優先」（◇）、LSJH「共通語回答優先」（◆）の順に割合が高くなっている。

FPJD「方言回答優先」（○）で使用率の高い語（図 III. 3. 2 の右側）について

4. 結　果　311

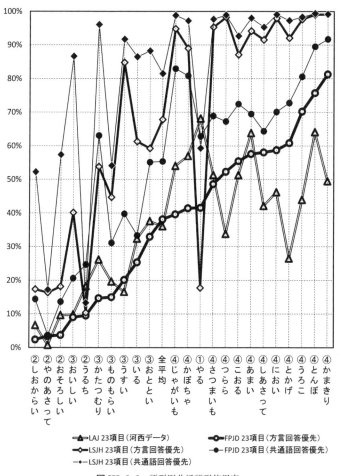

図 III. 3. 2　語形別共通語形使用率

は、LAJ（△）より上側に位置し、共通語化が進んでいる語形と考えられる。

(2) 項目別結果

　個別の語形を見ると、全体の傾向とは大きく異なる語形が見られるため、4グループに分けて傾向を見る。LAJ、FPJD「方言回答優先」、LSJH「方言回答優先」の三つの使用率を中心に分類する。

①共通語形が衰退した項目

　ほとんどの語形で共通語形の使用率が増加する中、唯一減少が目立つのが「や

る」(G-097。FPJD の調査番号、以下同様) である。
　FPJD では文法項目の調査となるため、LAJ、LSJH と質問文が異なることによる影響も考えられる。しかしそれ以上に、「あげる」の回答の増加が大きく関係している。動植物や目下の人であっても「やる」を使用しなくなってきており、共通語内部での変化が進んでいると思われる。LSJH の「共通語回答優先」ではある程度使用が見られるため「やる」も許容されているが、劣勢になってきていると思われる。

②共通語形が普及しない項目

　3調査ともに使用率の低いまま推移した4語形である。大きく2種類に分類される。
　「うるち」(L-17) と「やのあさって」(L-73) は、現在ではあまり使用されない語形である。「うるち」は、「こめ」が通常食べる米しか意味しなくなったために、あまり使用されなくなったと思われる。「やのあさって」は4日後の表現自体が不要となったことが原因と思われるが、そもそも共通語形として扱われているかも問題であろう。
　「しおからい」(L-56) や「おそろしい」(L-65) は、LSJH の「共通語回答優先」では高いため、どちらも文章語的な使用がされているものと予想される。口語的に普及していると思われる「しょっぱい」「こわい」と文体的使い分けがなされていると考えられ、このような場合、分析時の共通語形の定義も問題になると思われる。

③共通語形の普及が遅い項目

　LAJ から FPJD の間は低いまま増加せず、LSJH「方言優先回答」の段階でも40〜60％にとどまっている6語形である。原因はさまざまだが、どれも普及しにくい要因を持っていると思われる。
　「ものもらい」(L-26-a) は衛生環境の改善により麦粒腫になる人が減少したことや、子どもがなりやすいため、俗語的に方言名称が残りやすいことが考えられる。「おいしい」(L-59) は「うまい」との文体的な併用がなされていると思われる。「かたつむり」(L-01) も関西方言形「でんでんむし」が俗語的名称として全国的に普及し、併用状態にあると思われる。
　唯一、「いる」(G-66) は、西日本方言形「おる」との東西対立の残存で、方言使用が影響しているものと思われる。
　「うすい」(L-57) は、LSJH「方言優先回答」で一気に80％以上の使用率とな

っている。理由は不明だが、「あまい」「みずくさい」など方言形の使用が続き、共通語化が遅れたのだと思われる。

④共通語化が完了した項目

LSJH「方言優先回答」で80％以上に普及した語形である。③に分類した「うすい」も含めると13語となり、全体の半数を占める。図III. 3. 1のような共通語化のパターンに近い項目である。

LAJとFPJDの間にはあまり増加しない項目が多いが、「とかげ」（L-02）や「かまきり」（L-03）、「うろこ」（L-20）、「つらら」（L-33）など、LAJからFPJDにかけての増加が目立つ語形もある。誤差の影響も考えられるが、こうした変化は、普及における変化曲線として知られる「S字カーブ」の「slow-quick-quick-slow」の過程の中の段階の違いと考えることができるだろう。

以上、語形別の結果を見てきたが、普及の進んでいない共通語形は、概念自体の衰退や、文体差による併用など、共通語形の認定にかかわるものが多く、関西方言形の普及といった現象は一部にとどまった。全体としては多くの共通語形で同じような普及過程をたどっていると考えられる。

ただし、本研究で扱った共通語形は23語のみである。また、LAJの項目は日本語の基礎語彙にあたる語が多く、「伝統的方言形」だけを見れば、共通語化は著しく進展したと言える。しかし現代において地域差が見られる「新方言」のような項目を選んで調査をすれば、上記の結果とは異なる共通語化の状況を観察することができるだろう。

4.3 地域別結果

(1) 鉄道距離による表示法

柳田國男の提唱した方言周圏論は、中心地である京都で使用された語形が周辺地域へ伝播する、というモデルである。

徳川（1972）は、『日本言語地図』に出現する語形の分布領域と中央（京都）での文献初出年代によって、京都からの語形の伝播速度を計算した。井上（2003）は、言語地図以外にもグロットグラムの資料などを用いて徳川の論考を一般化し、地域によって伝播速度に差はあるものの、全体として年速1kmという結論を得ている。

このことは、平面的な分布の広がりとして語られる方言周圏論が、「中央から距離」という線状の指標によって説明できることを示唆している。井上（2004）

は、方言の地伝いの伝播が主要街道に沿うことから、街道を現代の鉄道に代替して、「鉄道距離」（東京駅・京都駅から各県庁所在地の駅までの鉄道の営業距離）による表示法を提案した[7]。

鉄道距離による表示法は、鉄道路線に沿って都道府県を結ぶため、地理的連続性が追いやすいという特徴がある。同じ距離でも地域によって普及に差が生じる場合、伝播経路の影響を確かめることができる。井上（2004）では、LAJの「河西データ」（共通語82語の都道府県別使用率）を「鉄道距離」によって表示することで、LAJの世代の共通語化の状況が、古い京都からの伝播と新しい東京からの伝播の複合で説明できることを明らかにした。

図III.3.3は、井上（2004）で示された、京都からの鉄道距離で表示した都道府県別共通語形使用率のグラフをあらためて作成したものある。北海道と沖縄県は省略している。太線は主要幹線（東北新幹線、東海道・山陽新幹線、九州新幹線の通る都道府県を結んでいる）で、本州では太平洋側の都道府県が並ぶ。

鉄道経路で結ぶことにより、東日本における日本海側と太平洋側の使用率の違いが明確になり、太平洋側の線でみると東京を中心とした山が、日本海側の線で見ると京都を中心とした山がそれぞれ浮かび上がる。現代の共通語の基盤は東京

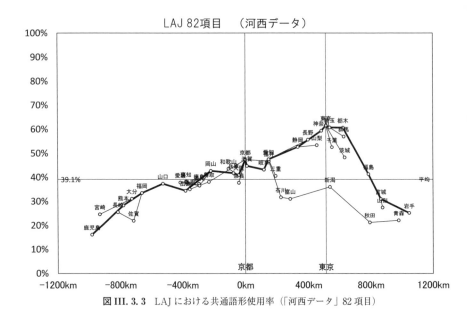

図III.3.3　LAJにおける共通語形使用率（「河西データ」82項目）

のことばとされるが、その東京のことばもかつての京都のことばを基盤としているという二重構造が、この二つの山に表れていると考えられる。

(2) LAJ の結果

続いて本研究での分析対象である共通語 23 語について鉄道距離で表示する。図 III. 3. 4 は、LAJ における 23 語のグラフである。「河西データ」82 語による図 III. 3. 3 の縮小版といえるが、全体的なグラフの形状は変わらず、東京と京都を中心とする二つの山があることがわかる。東京の山は低くなっているが、これは FPJD の調査設計段階で、方言形が多く残存すると予想した項目を中心に選定したため、共通語形使用率の高い関東地方の優位性が低減したものと予想される。

図 III. 3. 3 と同様に、図 III. 3. 4 でも東日本の日本海側の共通語形使用率が太平洋側に比べて著しく低い。LAJ の時点では、東日本の日本海側は、近畿地方の言語的影響下にあることを示している。

東京方言の影響力は東日本の太平洋側限定であり、他の地域では近畿方言に含まれる共通語形の影響を受けたと考えることができる。

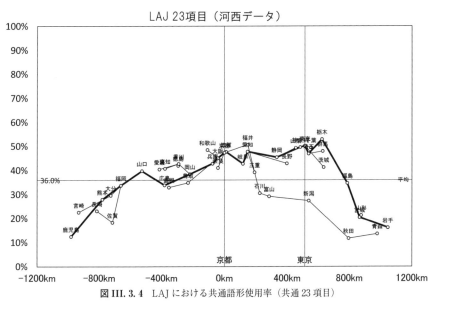

図 III. 3. 4　LAJ における共通語形使用率（共通 23 項目）

(3) FPJD の結果

続いて FPJD の結果を見る。FPJD では「方言回答優先」と「共通語回答優先」の 2 種類の集計をしている。図 III. 3. 5 は「方言回答優先」のグラフである。全国平均使用率は 38.0% と LAJ から変化が少ないが、LAJ のグラフ（図 III. 3. 4）と比較すると地域差の縮小が見られる。西日本において共通語形使用率がやや上昇し、関東地方と同程度になっている。また、東日本の日本海側の使用率も上昇し、LAJ で見られた落ち込みがなくなっている。

このため図 III. 3. 3、III. 3. 4 で見られた東京と京都という二つの山は、東京と京都を含む広範囲の「中央部」と、東北地方・九州地方という「周辺部」からなる、大きな一つの山に変化したと見ることができる。

共通語の基盤である関東地方はもっと高い使用率になってもよいと思われるが、(2) でも述べたように、方言形の残存が期待される項目が多いために関東地方の使用率の上昇が抑えられている可能性がある。

図 III. 3. 6 は「共通語回答優先」のグラフである。全国平均は 55.0% に上昇し、LAJ のデータがないため比較はできないものの、共通語形使用能力は上昇したと推測される。グラフは図 III. 3. 5 での傾向がより明確になっている。特に、関東地方から福岡県までの「中央部」と、九州（福岡を除く）・東北地方の「周辺部」との差は開いている。「中央部」では共通語化が先行しており、方言形と共通語形の併用回答が多くなったと解釈できる。

さらに太線で示された主要幹線を見ると、太平洋側の県が日本海側の県よりも使用率が高い傾向がある[8]。本州の太平洋側は大都市が集中する地域でもある。LAJ の調査時期（1957〜1964 年）は高度経済成長期の初期にあたり、関東から北部九州にかけての地域は、日本の産業における「太平洋ベルト地帯」に相当する。日本における共通語化がこうした地域に牽引されて進んでいったと予想することができる。

(4) LSJH の結果

LSJH の結果を図 III. 3. 7、III. 3. 8 に示すが、どちらも共通語化が進んでいることがわかる。特に「共通語回答優先」の図 III. 3. 8 では全国平均が 81.5% と非常に高く、もはや地域差はほとんど存在しない。井上（2007）でも図 III. 3. 8 と同様の図が、若年層における共通語化の進展を表す事例として示されている。

しかし「方言回答優先」の図 III. 3. 7 には若干の地域差が認められる。そのため縦軸を拡大したグラフを図 III. 3. 9 に示す。すると、京都中心ではないもの

4. 結　　果　　317

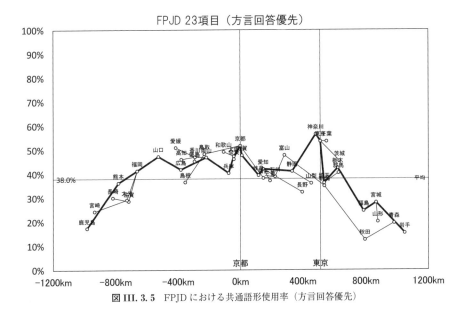

図 III. 3. 5　FPJD における共通語形使用率（方言回答優先）

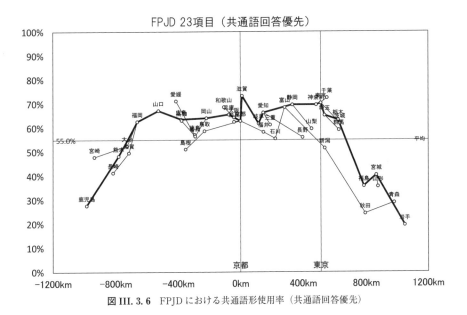

図 III. 3. 6　FPJD における共通語形使用率（共通語回答優先）

318 3章 現代日本語の共通語化過程

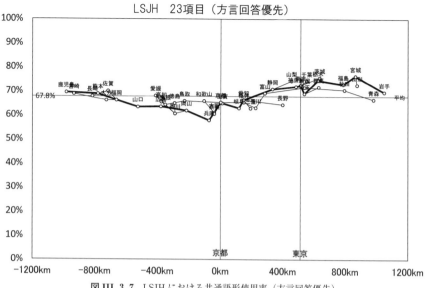

図 III. 3. 7 LSJH における共通語形使用率（方言回答優先）

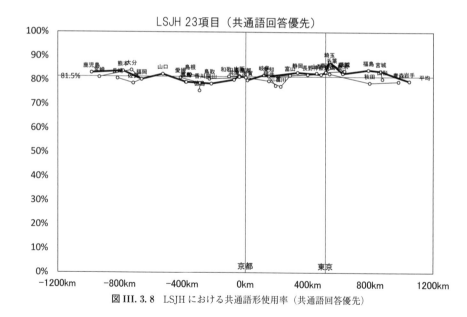

図 III. 3. 8 LSJH における共通語形使用率（共通語回答優先）

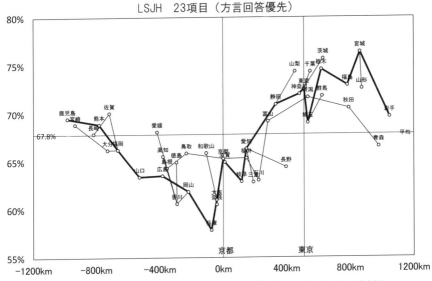

図 III. 3. 9　LSJH における共通語形使用率（方言回答優先）―図 III. 3. 7 の拡大図―

の、近畿・中国地方を中心とした V 字形を描いていることがわかる。東日本と九州地方が 70％台で近畿・中国地方が 60％台という、10％程度の差でしかない点は注意しなければならないが、共通語の基盤の一つであり LAJ、FPJD の時代には共通語化に影響力を持っていた近畿地方が、共通語化の進展した LSJH の時代になって、共通語化に抵抗する地域へと変わった点は興味深い。

　LSJH は中学生の調査であり、まだ社会に出ていない人々の結果である。言語形成期以降に地域社会で生活することで方言使用が増加する可能性は十分にある。前述のように LAJ の項目が共通語化しやすいという側面もあり、この結果から LSJH の世代が方言使用能力を失ったと結論づけることはできないと思われる。

5. まとめ

　本研究では、LAJ、FPJD、LSJH という 3 種類の全国調査における共通語形使用率の結果を比較して、日本語の共通語化の過程について分析を行った。
　個別の共通語形の普及過程について 4 パターンに分類し、全体としては共通語化が進んでいるが、共通語形の定義の問題や、文体的使い分け、共通語自体の変

表 III.3.3 鉄道距離による分析のまとめ

データ	集計方法	共通語形使用	言語使用
LAJ	(方言回答優先)	東京と京都の二つの中心	方言主流
FPJD	方言回答優先	関東から九州北部までが中心部	使い分け
	共通語回答優先	中心部と周辺部の差が大きい	
LSJH	方言回答優先	全国的に高いが近畿でやや低い	共通語主流
	共通語回答優先	全国的に高い	

化があるために、固定した語形によって共通語化が進むわけではないことを示した。

続いて、共通語形使用率を計算する際に、方言形との併用の有無によって「方言回答優先」と「共通語回答優先」の2種類の集計を行い、都道府県別使用率を鉄道距離によって表示した。分析結果をまとめたものが表 III.3.3 である。

共通語形使用率において、LAJ の世代にあった東京と京都の二つの中心は、FPJD の世代には広範囲の中央部を形成するようになり、LSJH の世代で全国一様に高くなった。その過程において、FPJD の世代には、関東から九州北部の太平洋側の大都市によって共通語化が主導されたと考えられる。また、共通語化がほぼ完了した LSJH の世代においては、近畿地方を中心に方言使用の残存の傾向が見られた。

FPJD の世代は、方言主流であった LAJ の世代や、共通語主流となった LSJH の世代の中間で、方言と共通語を使い分けが明確な世代といえる。そのため FPJD のデータは、戦後の方言衰退や共通語化の過程の解明に大きく貢献するものと思われる。

6. 今後の課題

本研究では、LAJ のデータは、「河西データ」を利用した。そのため、FPJD との比較項目も 23 項目に限られた。LAJ における「共通語回答優先」のデータも得られないため、初期の共通語化状況については不明な点が多い。今後、LAJ の電子データを利用することで詳細な分析をしていきたい。また、FPJD の地点数は少ない県で 5 地点しかなく、都道府県単位での分析は誤差が大きい。都道府県よりも広域な単位での分析も検討する必要があるだろう。

「鉄道距離」による表示法は、共通語化過程の視覚化に効果があったが、統計

的側面からの検討が不足している。今後項目を追加して分析を行う際には、統計的分析を併せて行う予定である。

　数量的モデルによる分析も重要である。LAJ と LSJH の 2 世代比較では井上 (2002) による「直線モデル」があるが、FPJD のデータを加えて 3 世代にすることで、井上ほか (2009) のような「S 字カーブ」のモデルからの分析が考えられる。この際、実時間データに対して使用率と生年だけの分析では不十分といえる。LAJ と FPJD が老年層の調査であるのに対して、LSJH は言語形成期にある中学生の調査であり、年齢の要素が考慮されていない。また、交通手段や通信技術の発達といった時代の要素も入っていない。こうした問題を解決する手段として、横山・真田 (2010) は生涯習得を考慮したロジスティック回帰モデルを提示している。より汎用的なモデル構築を目指す必要があるだろう。

　本研究では語彙項目のみを扱ったが、文法項目についても GAJ の項目による比較が可能である。語彙の共通語化は著しい反面、文法事象はある程度方言的特徴を残しやすいと予想される。GAJ は電子データが公開されており分析しやすい。文法項目も併せた総合的分析を行い、現代日本語の共通語化過程の全体像を明らかにしていきたい。

注

1　河西 (1981) では「標準語形」としている。標準語と共通語（全国共通語）は定義上の違いはあるが、方言研究を含め、厳密に区別されずに用いられる。そのため本研究では「共通語」に統一する。
2　プロジェクトの英語名 "Field Research Project to Analyze the Formation Process of Japanese Dialects" の略称。データ名ではないが暫定的に使用されている。
3　質問文を変更した項目、GAJ で対応関係がある項目など、LAJ での調査内容と一致しない項目も含む。
4　井上 (1997) の英語題目 "Linguistic Survey of Japanese Junior High Schools (1993–1996)" から作成した本研究のみの略称。
5　生年は年単位しかわからないため、生年に 0.5 を加えた値とした。年齢は LAJ と FPJD は調査年から生年を引いた値としたが、LSJH では調査年が不明であるため、学年（1〜3 となる）に 11.5 を加えた値とした。
6　琉球方言のみ音声記号表記を採用している。
7　地理情報システム (GIS) を用いることで「街道距離」を算出することも、比較的容易に可能である。
8　あくまで視覚的にではあるが、主要幹線沿いでない県のほとんどが主要幹線の太線の下側に位置している。統計的検定が今後の課題として残る。

文献

井上史雄 (1990)「標準語形の計量的性格と地理的分布パターン」『言語研究』97
井上史雄 (1997)『社会方言学資料図集―全国中学校言語使用調査 (1993-1996)―』東京外国語大学
井上史雄 (2002)「標準語化の直線モデル」『東京外国語大学論集』64
井上史雄 (2003)『日本語は年速一キロで動く』講談社
井上史雄 (2004)「標準語使用率と鉄道距離にみるコミュニケーションの地理的要因」『社会言語科学』7-1
井上史雄 (2007)『変わる方言　動く標準語』筑摩書房
井上史雄・江川　清・佐藤亮一・米田正人 (2009)「音韻共通語化Ｓ字カーブ―鶴岡・山添6回の調査から―」『計量国語学』26-8
井上史雄・河西秀早子 (1982)「標準語形による方言区画」『計量国語学』13-6
河西秀早子 (1981)「標準語形の全国分布」『言語生活』354
熊谷康雄 (2007)「『日本言語地図』のデータベース化」『日本方言研究会第85回研究発表会発表原稿集』
熊谷康雄 (2013)「『日本言語地図』の地点間方言類似度の視覚化―『日本言語地図』データベースの構築と計量的分析―」『日本方言研究会第97回研究発表会発表原稿集』
国立国語研究所編 (1966-1974)『日本言語地図1-6』大蔵省印刷局
国立国語研究所編 (1966)『日本言語地図解説―方法―』(『日本言語地図1』付録) 大蔵省印刷局
国立国語研究所編 (1989-2006)『方言文法全国地図1-6』大蔵省印刷局、財務省印刷局、国立印刷局
徳川宗賢 (1972)「ことばの地理的伝播速度など」服部四郎先生定年退官記念論文集編集委員会編『現代言語学』三省堂
横山詔一・真田治子 (2010)「言語の生涯習得モデルによる共通語化予測」『日本語の研究』6-2

4
言語変化と中心性
―経年比較に基づく中心性の検証―

大西拓一郎

1. は じ め に

　方言の分布形成に関する従来の考え方が最大の拠り所にしてきたのは、中心性である。日本全国を対象にする際には、歴史的中央としての畿内を中心に定め、そこでの言語変化が全国に伝播・波及すると考える。これが方言周圏論の根幹であることは疑いの余地がない。特定の地域を対象にする場合には、その地域の中央にあたるところを中心として、そこで起こった言語変化が地域の周辺に向かって伝播すると考える。いわばミニ周圏論である。広狭を問わず、言語変化は中心地が先行すると想定するわけである。

　しかし、本当に中心地で言語変化が先行するのか、言語変化は中心地で起こりやすいのかということは実証されていない。本章では、全国を対象に実施した方言分布調査のデータを過去の方言分布調査データと経年比較することで各地の言語変化を定量化し、それを人口データと照合するとともに、地理的分布としても確認することを通して、中心性を検証する。また、あわせて標準語化についても扱う。その結果を端的に述べるなら、中心性は客観的には確認されないという結論に至ったということになる。

2. 方言形成の理論と中心性

　周知のとおり、方言形成に関する従来の標準的理論は方言周圏論である。方言周圏論を提唱し、それが方言学の中心課題であることを主張した柳田国男は方言形成の過程を次のように説明する（柳田 1943：改訂版の序 pp. 1-2）。

　　国語の改良は古今ともに、先ず文化の中心に於て起るのが普通である。故にそこでは既に変化し、又は次に生れて居る単語なり物の言ひ方なりが、遠い村里にはまだ波及せず、久しく元のまゝで居る場合は幾らでも有り得る。その同じ過程が何回と無く繰返されて行くうちには、自然に其周辺には距離に

応じて、段々の輪のやうなものが出来るだらうといふことは、至つて尋常の推理であり、又眼の前の現実にも合して居て、発見などいふ程の物々しい法則でも何んでも無い。私は単に方言という顕著なる文化現象が、大体に是で説明し得られるといふことを、注意して見たに過ぎぬのである。この国語変化の傾向は、我邦に於ては最も単純で、之を攪き乱すやうな力は昔から少なかつたやうに思ふ。

方言分布は、「文化の中心」で発生した言語変化をいわば供給源として、それが周辺部に向かって波状に広がることで形成されると考えるわけである。「文化の中心」に言語変化が発生しやすいという明確な言はないものの、そこで率先して言語変化が起こることを想定していることは冒頭の一文から明らかである。

東條操は、方言区画論を方言学の目標に掲げることで、方言周圏論を主張する柳田と対立した（大西 2014）。しかしながら、方言周圏論の考え方自体を否定したわけではない。むしろ提唱者の柳田以上に的確にわかりやすく説明している（東條 1957：p. 18）。

> 文化の中心地にはよく語の改新が起こる。いま、ある事物を表わす名称に新語が発生したとすると、やがて、それまでに使われていた旧名称は中心地から駆逐され、その外側地帯に押し出される場合が少なくない。かような改新が中央で数回行われると、池に小石を投げた時に起こる波紋のように、中心地の新語を囲んで、いくつかの同心円的な前代語の層ができる。この場合、より古い発生のものが、中心地よりより遠い距離に広がるわけである。

東條によるこの説明に対する異論は知らない。したがって、このような考え方が広く受け入れられてきたものと思われる。注目したいのは、この引用文冒頭の「文化の中心地にはよく語の改変が起こる」である。「文化の中心地」では言語変化の頻度が高いことを強く意識していると思われる。

柴田武による『言語地理学の方法』（柴田 1969）は、世界的に見ても希有な展開を示した日本の言語地理学を力強く牽引した名著である。日本の言語地理学にとってバイブルとしての役割を果たしたと言っても過言ではない。言語地理学の目的が言語史解明にあることを宣言し、そのためにもっとも重視すべき手がかりを地理的分布に求めた。その際の手続きとして提示した「隣接分布の原則」と「周辺分布の原則」は、基本的に方言周圏論を基調とするものであり、明言はされないが、中心地では言語変化発生が先行することを当然とする。そう考えなければ、二つの原則は成立しない。

いずれの立場にあっても前提となっているのは、方言分布には中心地があり、その中心地では言語変化が率先して多く発生するということである。本章では、これを「中心性」と呼ぶ。問題はそのような中心性が常識になり、その存在が客観的に証明されていないことにある。

3. 中心性の検証

3.1 中心性に関する理論的予測

全国方言分布調査（FPJD）は経年比較を強く意図して計画・設計していることから、『日本言語地図』（LAJ）ならびに『方言文法全国地図』（GAJ）と共通の項目を多く設定し、調査地点もそれらと共通する地点を多く選定している。これにより、地点どうしの言語変化の異なりを比べることができる。中心性が認められるのであれば、より中心的な場所ほど言語変化が多いと予測される。

それでは、場所の持つ「文化の中心地」としての中心的性格をどのように測ればよいだろうか。ここでは、それぞれの場所の人口密度をあてることにする。人口密度が高いほど、より都会的・都市的性質を有し、これを「文化の中心地」らしさと見なせるだろうことは十分に考えられるからである。なお、データに関しては3.4節で述べる。

言語変化の多寡は、対象項目全体の中で言語変化が発生した項目の割合を求めることで比較することができる。具体的には3.3節で述べるが、そこで表示する50項目を対象項目とする。その中で変化した項目数を対象項目数で割ることで、それぞれの地点がどの程度変化したかが求められ、言語変化の進行が数値化

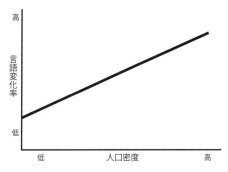

図 III. 4. 1　方言周圏論に基づく言語変化率と人口密度の予想1

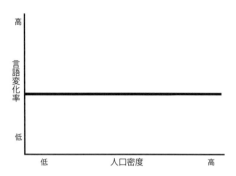

図 III.4.2　方言周圏論に基づく言語変化率と人口密度の予想 2

できる。これを言語変化率とする。

　人口密度と言語変化率をもとにグラフ化することで中心性が検証できると考えられる。場所の都市性、すなわち中心的性格が高いほど言語変化が進むのであれば、人口密度と言語変化率は図 III.4.1 のような正の相関を示すと予想される。

　ただし、もう少し慎重な考え方も必要だろう。方言周圏論は、中心地（中央）の言語変化が順次に周辺部へと伝わることを想定している。そうすると中心地で過去に a→b→c→d という変化があり、現在は d であったとすると、隣接する周辺地は a→b→c という変化を被っていることになる。さらにもう一つ先の周辺地は a→b である。このように順次に言語変化が起きているなら、それぞれの場所の中心的性格を問わず、言語変化率には差がないことになる。そうすると、人口密度と言語変化率は図 III.4.2 のような水平のラインを描くことになる。

3.2　方　　法

　比較と検証にあたっては、過去のものとして『日本言語地図』（以下、LAJ、調査：1957～1965 年）ならびに『方言文法全国地図』（以下、GAJ、調査：1979～1982 年）、現在のものとして全国方言分布調査（以下、FPJD、調査：2010～2015 年）のデータを用いる[1]。経年比較の間隔としては、実時間で 30～50 年になる。対象とする項目は 3.3 節で、また、対象とする地点は 3.4 節で示す。

　それぞれの地点の項目ごとに LAJ と FPJD、また、GAJ と FPJD のデータを比較する。比較をもとに 3.5 節で示す基準に従って、言語変化についての判断

を行う。ただし、この判断をコンピュータで機械的に一括処理させることはできない。以下にその理由を記す。

　第1点として、データの様式に関して、LAJとGAJは音声記号に準拠した独自のアルファベット表記を採用しているのに対し、FPJDは基本的にカタカナ表記である。

　【例】　LAJ：IRU／FPJD：イル

　第2点として、データの対象範囲（単位）に異なりがあり、LAJとGAJのデータは基本的に地図化した見出しに対応するが、FPJDのデータは報告されたままの生のデータである。

　【例】　GAJ：ikazatta／FPJD：イカザッタキー

　第3点として、LAJ、GAJ、FPJDいずれにおいても併用回答があり、組み合わせの対応を判断する必要がある。

　【例】　LAJ：NANKIN, BOOHURA／FPJD：カボチャ, ナンキン, ボーフラ

　第4点として、通常の言語変化と標準語化を区分して扱う必要があるが、一致・不一致を機械的に判定したのでは、それらの区別ができない。特にこのようなケースでは、方言学的な知識が要求されることが理解されるであろう。

　【例】　LAJ：BOBURA／FPJD：カボチャ→不一致：標準語化
　　　　　LAJ：TIMO／FPJD：カライモ→不一致：言語変化

　結局のところ、各地点の各項目それぞれに対し、ひとつひとつ判断していくことが必要である。対象データ件数は5300件（対象項目50×対象地点106）である。なお、項目ごとに扱うので、1件の中には、併用回答も含まれている[2]。

3.3　対象項目

　当然のことながら、対象項目がLAJ・GAJとFPJDで共通していることが必要である。

　LAJとGAJには1項目が複数の地図で扱われているものがある。そのような場合は、FPJDとのデータの照合が複雑になるので、今回の作業では対象外とした。その上で表III.4.1に挙げた50項目を対象とした。分野に基づく内訳は、音韻1項目、語彙18項目、文法31項目である。

表 III.4.1 対象項目

分野	FPJD 質問番号	項目名	LAJ 地図番号	GAJ 地図番号
音韻	P-1	鏡（かがみ）：ガ行鼻濁音	1	
語彙	L-02	とかげ	224	
	L-04	とんぼ（蜻蛉）	231	
	L-11	かぼちゃ（南瓜）	180	
	L-13	さつまいも（甘藷）	176	
	L-17	うるち（粳米）	168	
	L-20	うろこ（鱗）	217	
	L-25	あざ（痣）：内出血	80	
	L-26-a	ものもらい：名称	112	
	L-31	〈水が〉こおる（凍る）	96	
	L-33	つらら（氷柱）	262	
	L-48	〈材木を〉かつぐ（担ぐ）	66	
	L-49	〈天秤棒を〉かつぐ（担ぐ）	67	
	L-50	〈二人で〉かつぐ（担ぐ）	68	
	L-56	しおからい（塩辛い）	39	
	L-57	〈塩味が〉うすい	38	
	L-65	おそろしい（恐ろしい）	42	
	L-72	しあさって（3日後）	285	
	L-73	やのあさって（4日後）	286	
文法	G-001	起きない		72
	G-002	来ない		83
	G-004	行かなかった		151
	G-005	出した		92
	G-006	買った		105
	G-007	貸した		98
	G-009	起きる		61
	G-010	任せる		65
	G-013	起きろ		85
	G-016	起きよう		106
	G-017	高くない		137
	G-018	高くなる		139
	G-020	高かった		141
	G-027	いるのは		16
	G-030	へ：東の方へ〈行け〉		19
	G-031	に：見に〈行った〉		21
	G-032	に：東京に〈着いた〉		20
	G-033	に：ここに〈有る〉		24
	G-034	に：犬に〈追いかけられた〉		27
	G-039	ばかり：雨ばかり〈降っている〉（限定）		49
	G-041	ごと：皮ごと〈食べた〉（対象の包括化）		53
	G-043	降っているから		33
	G-045	降れば〈出ないだろう〉		167
	G-046	起きれば〈良かった〉		126
	G-047	書けば〈間に合った〉		128
	G-058	散っている（継続相）		198
	G-059	散っている（結果相）		199
	G-061	読んでしまった（完了）		205
	G-066	〈あそこに人が〉いる（存在動詞・非過去・眼前）	53	
	G-082	先生だろう		240
	G-096	行ってもらいたい		231

3.4 対象地点

　LAJ、GAJ、FPJD の 3 種の調査で重複している地点を同一地点と見なし、経年比較の対象とした。重複して同一と見なす基準は、1995（平成 7）年の行政区画（市区町村）名に従った[3]。LAJ・GAJ・FPJD の間は 50 年以上にわたることがあるが、その期間、市区町村名が変わっていないところに絞った。この段階で 285 の市区町村が挙がった。

　ただし、中には LAJ、GAJ、FPJD のいずれかを問わず、同一市区町村内に複数の調査地点が含まれていることがある。複数の地点がある場合には、照合にあたり、きわめて繁雑な基準を設ける必要がある。そこで、同一市区町村内に複数の調査地点が存在しているところは外した。すなわち、LAJ、GAJ、FPJD のいずれにおいても市区町村内の調査地点が 1 地点のみのところを選定した。その結果、対象地点は表 III.4.2 に挙げた 106 地点となった。

　本章では対象とする各市区町村の人口密度を 1985 年（LAJ、GAJ、FPJD の中間的な時期で GAJ の調査期に近い）の国勢調査のデータに基づいて扱う。当然、人口密度の数値は経年的に変動するが、その数値に基づく各地点間の相対的位置関係は大きくは変わらないと見られる。

表 III.4.2　対象地点

都道府県	市区町村コード	市区町村	LAJ 地点番号	GAJ 地点番号	FPJD 地点番号	都道府県	市区町村コード	市区町村	LAJ 地点番号	GAJ 地点番号	FPJD 地点番号
北海道	01211	網走市	089791	180712	144290-43896	秋田県	05423	角館町	376242	376242	140570-39583
	01214	稚内市	071646	071750	141681-45400	山形県	06367	戸沢村	471055	471055	140142-38738
	01408	余市町	174370	174381	140774-43203		06402	白鷹町	474093	474093	140117-38184
	01484	羽幌町	077688	077688	141699-44363	福島県	07205	白河市	571029	571029	140208-37127
	01514	枝幸町	084033	084033	142580-44937		07210	二本松市	478148	478147	140468-37587
	01517	礼文町	072412	072421	141023-45305		07361	田島町	560981	561848	139659-37189
	01609	えりも町	281296	282249	143242-41936		07364	檜枝岐村	561785	561785	139386-37022
青森県	02203	八戸市	370691	370681	141468-40584		07446	昭和村	560816	469894	139603-37338
	02302	蟹田町	277274	277275	140641-41043	栃木県	09406	黒羽町	572098	572084	140142-36918
	02362	大鰐町	370281	370283	140576-40519		09410	塩原町	562923	562911	139787-36981
	02427	脇野沢村	277313	277312	140824-41146		10207	館林市	566851	566851	139518-36239
岩手県	03365	沢内村	377312	377312	140774-39460	群馬県	10383	南牧村	567406	567406	138642-36178
宮城県	04501	涌谷町	472475	472456	141132-38538		10447	新治村	563565	563565	138894-36704
秋田県	05202	能代市	372071	372070	140039-40196	東京都	13209	町田市	660768	660736	139436-35601

表 III. 4. 2 (続き)

都道府県	市区町村コード	市区町村	LAJ地点番号	GAJ地点番号	FPJD地点番号	都道府県	市区町村コード	市区町村	LAJ地点番号	GAJ地点番号	FPJD地点番号
東京都	13307	檜原村	569654	569662	139151-35715	大阪府	27367	阪南市	657089	657099	135243-34362
神奈川県	14206	小田原市	662646	662637	139187-35298	和歌山県	30205	御坊市	750066	750046	135158-33881
新潟県	15218	五泉市	467667	467657	139205-37749		30207	新宮市	751369	751369	135998-33725
	15442	堀之内町	560557	560557	138915-37238		30365	清水町	659157	659147	135430-34083
	15447	入広瀬村	469682	469695	139065-37354	島根県	32363	木次町	642126	642157	132901-35305
	15482	津南町	562405	561496	138629-37005		32446	石見町	634967	634968	132361-34885
	15581	関川村	465842	465842	139550-38135		32523	五箇村	546229	546229	133254-36293
	15586	粟島浦村	463720	463720	139252-38464	岡山県	33207	井原市	646338	646430	133453-34569
富山県	16343	朝日町	562032	562022	137567-36958		33209	高梁市	645424	645424	133616-34792
石川県	17349	白峰村	556695	556695	136625-36175		33342	日生町	645751	645760	134255-34731
福井県	18203	武生市	558457	558479	136096-35858	広島県	34202	呉市	648041	648023	132573-34247
	18364	丸岡町	557500	557511	136263-36161		34205	尾道市	647258	647237	133190-34452
	18462	名田庄村	651267	651266	135657-35406		34206	因島市	648226	648227	133187-34322
山梨県	19202	富士吉田市	661502	661512	138801-35494		34209	三次市	645114	645136	132826-34813
	19206	大月市	660537	660536	138905-35610		34312	倉橋町	649030	649031	132474-34090
長野県	20423	南木曽町	660053	660034	137623-35563		34365	大朝町	635938	635938	132425-34732
	20427	開田村	568034	568023	137587-35960		34381	吉田町	646008	645098	132629-34680
岐阜県	21203	高山市	557910	557912	137257-36147		34541	油木町	645331	645331	133280-34779
	21581	萩原町	558878	558878	137200-35915	山口県	35361	鹿野町	638762	638762	131851-34251
静岡県	22211	磐田市	665164	665193	137874-34763	徳島県	36367	木頭村	741634	741634	134196-33774
	22305	松崎町	665551	665544	138859-34756	愛媛県	38205	新居浜市	740321	740340	133259-33924
	22328	天城湯ヶ島町	664537	664547	138947-34885		38383	美川村	742138	742138	132934-33609
	22383	由比町	663432	663432	138560-35110	高知県	39206	須崎市	743352	743361	133253-33368
愛知県	23541	足助町	653912	653922	137353-35172		39424	大月町	747029	746098	132731-32780
	23562	東栄町	663058	663078	137663-35112	熊本県	43201	熊本市	737227	737331	130714-32757
	23623	渥美町	656813	656816	137094-34626		43203	人吉市	830370	830370	130762-32200
三重県	24206	上野市	655445	655476	136129-34765		43511	五木村	739362	739363	130824-32401
	24404	白山町	656522	656514	136363-34659	大分県	44208	竹田市	736525	736525	131397-32959
	24464	南勢町	658627	657685	136710-34364		44325	安岐町	733628	733638	131713-33305
滋賀県	25367	信楽町	654472	654472	136054-34877		44422	三重町	736614	736613	131560-32991
京都府	26201	福知山市	652003	651074	135127-35291		44462	玖珠町	734445	734426	131174-33299
	26343	井手町	655322	655322	135812-34798	宮崎県	45403	西米良村	830466	830466	131152-32251
大阪府	27219	和泉市	657168	657148	135467-34394		45428	北浦町	737772	737763	131820-32709
	27322	能勢町	654127	654109	135478-34989	鹿児島県	46323	頴娃町	836128	836231	130461-31300

表 III. 4. 2　（続き）

都道府県	市区町村コード	市区町村	LAJ地点番号	GAJ地点番号	FPJD地点番号	都道府県	市区町村コード	市区町村	LAJ地点番号	GAJ地点番号	FPJD地点番号
鹿児島県	46388	里村	822996	822996	129923-31837	沖縄県	47210	糸満市	127026	127026	127680-26141
	46468	大崎町	834297	835430	130946-31498		47306	今帰仁村	123188	123199	127965-26685
	46502	南種子町	931355	931346	130901-30411		47324	読谷村	125059	125059	127738-26421
	46504	屋久町	932252	931167	130505-30235		47351	仲里村	116701	115792	126810-26351
	46533	和泊町	029466	029466	128690-27429		47382	与那国町	207220	207220	123003-24471

3.5　判定基準

　各地点の各項目に対して、「変化」「不変化」「標準語化」「判定不可」の判断を与えた。具体的な判定基準は表 III. 4. 3 に記した。

　表中で※1を付したのは、過去（LAJ、GAJ）のデータにおいて併用で現れていたうちのいくつかが現在（FPJD）のデータでは現れないようなケースである。むろんそれが失われてしまったという言語変化があったことは十分にあり得ることである。しかし一方で現在（FPJD）における調査漏れや多少の表現差の

表 III. 4. 3　言語変化等の判定基準

過去のデータ		現在のデータ	判定	例
A	→	A	不変化	「居る」ORU→オル：岡山県
A, B	→	A	不変化※1	「米」SYAKU, SYAKUNOKOME→シャク：熊本県
A	→	A, B	変化	「起きない」okiN→オキン, オキラン：広島県
A	→	B	変化	「起きない」okiN→オキヤン：和歌山県
standard	→	A, standard	変化	「ここにある」ni→ココサ, ココニ：福島県
standard	→	A	変化	「犬に追いかけられた」ni→イヌサ：青森県
NR	→	A	判定不可＝無効	「行かなかった」無回答→イカヘンダ：三重県
A	→	NR	判定不可＝無効	「とかげ」KARAHEBI→NR：秋田県
A	→	standard	標準語化	「出した」daata→ダシタ：山口県
A, standard	→	standard	標準語化	「出した」daata, dasita→ダシタ：広島県
A	→	A, standard	不変化※2	「居る」ORU→オル, イル：愛知県
A, standard	→	A	不変化	「来ない」konai, konee→コネー：東京都

A・Bは回答語形、standardは回答が標準語形であること、コンマは併用を表す。※1と※2は本文参照。

とらえ方におさまるようなケース（表Ⅲ.4.3の例を参照）もある。ここでは言語変化と判断するにはやや躊躇するケースも少なからずあったため、このタイプは不変化とすることにした。

※2を付したのは、過去（LAJ）には標準語がなかったのに、現在（FPJD）は標準語がデータに現れているケースである。LAJ では「併用処理」と呼ばれる手続きで併用回答の標準語形がデータから排除されている可能性がある。ただし、これは元資料のカードにさかのぼらないと確認できない。それを実施するのはあまりに手間がかかりすぎる。そこで、このようなケースについては「併用処理」がなされた可能性を重視して、不変化とした[4]。

データが NR（無回答）の場合は、いずれの調査データであっても「判定不可」とするが、ここには未調査の場合も含めている。特に LAJ の調査においては、複数の調査票を用いており、項目ごとに調査地点数が異なっている。そのために未調査となるケースがある。未調査と無回答は性質が異なり、回答がなされなかったことにも意味がある（高橋 1985）のは確かであるが、ここでは作業の都合上、一括して扱わざるを得なかった。

判定不可としたデータ数を各地点の項目数（50）から引いた数を各地点の有効項目数として扱う。4節で扱う「言語変化率」は、各地点における有効項目数の中で占める「変化」と判定した項目の割合である。同様に「標準語化率」は、各地点における有効項目数の中で占める「標準語化」と判定した項目の割合である。

4. 結　　　果

4.1　都市性と言語変化率

人口密度により想定される都市性（中心的性格）と言語変化率の関係について、データを段階的に絞りながら見ていく。なお、以下で人口密度を「〜人」と記載する場合は、「〜人/km^2」を意味する。

(1) 全データ（最大人口密度 4500人/km^2）

まず、全データを散布図に表示したのが、図Ⅲ.4.3である。人口密度の最大値は 4489.6 人の東京都町田市、2番目は 3236.2 人の熊本市である。

予想（図Ⅲ.4.1、Ⅲ.4.2）とかけ離れたグラフになっている。人口密度の3番目以下にデータが集中していて、わかりづらいので、次に 2000 人以下に絞って見ることにする。

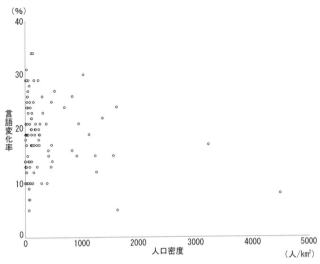

図 III. 4. 3　言語変化率と人口密度（全データ）

(2) 中規模以下の自治体（人口密度 2000 人/km² 以下）

人口密度を 2000 人以下に絞ったのが図 III. 4. 4 である。このグラフの人口密度最大値は 1627.6 人の神奈川県小田原市、次が 1611 人の大阪府和泉市、次いで

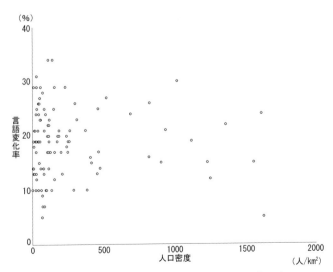

図 III. 4. 4　言語変化率と人口密度（2000 人/km² 以下）

広島県呉市の 1557.2 人である。

このグラフも予想（図 III. 4.1、III. 4.2）には適合しているとは言いがたい。

(3) 小規模自治体（人口密度 500 人/km² 以下）

人口密度を 500 人以下に絞り込んでみたのが図 III. 4.5 である。このグラフの人口密度上位 3 地点は、和歌山県新宮市（477.8 人）、静岡県由比町（465.2 人）、岐阜県高山市（463 人）である。

やはり、右肩上がり（図 III. 4.1）でもなければ、水平（図 III. 4.2）でもないことが明確であり、予想には合わない。

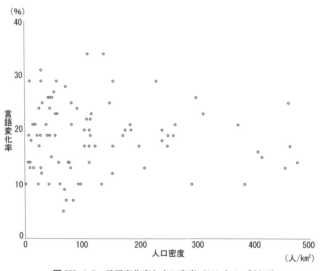

図 III. 4.5　言語変化率と人口密度（500 人/km² 以下）

(4) まとめ

以上のように、人口密度による都市性（中心的性格）と言語変化率の間に関係を見いだすことはできなかった。実はこのほかに、産業別就業人口率（第一次、第二次、第三次産業別の就業人口率）、生産年齢人口比（15〜64 歳の人口比率）との関係も見てみたのであるが、いずれにおいても明確な関係は見いだせなかった。

結局のところ、人口データと言語変化率の照合を通して見る限り、中心性は見いだせないというのが結論である。

4.2 言語変化率の地理的分布

それでは言語変化率の地理的分布はどうであろうか。特定の地方の言語変化率が高いといったことはないだろうか。方言周圏論の立場からすれば、近畿地方中央部や首都圏などに言語変化率の高いところが集まっていることが期待される。

言語変化率の地理的分布を図III.4.6に示した。図には人口密度も合わせて表示している。この図から理解されるように、言語変化率の地理的に有意と考えられそうな偏りは見られない。

地理的分布においても中心性を見いだすことは困難である。

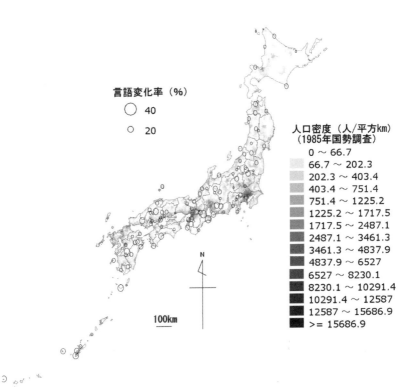

図III.4.6 言語変化率の地理的分布

4.3 標準語化

標準語化についてもあわせて見ておくことにする。方言周圏論が想定する中心からの連続的拡散の対極にあるものの、やはり都市性の高いところ、すなわち方言周圏論が想定する中心的性格を持ったところで標準語化は進みやすいというイメージがあるからである[5]。

(1) 都市性との相関

4.1節と同様に人口密度との関係を3段階に分けて、図III.4.7にはすべてのデータ、図III.4.8には人口密度2000人以下、図III.4.9には人口密度500人以下について、標準語化率と人口密度の関係を示した。

これらのグラフが示すように、人口密度が反映していると考えられる都市性と標準語化との間に関係を見いだすことができない。言語変化と同様な結果が得られたことになる。

(2) 地理的分布

一方で、標準語化率は興味深い地理的分布を見せる。図III.4.10に標準語化率の分布を人口密度と合わせて示した。注目したいのは、標準語化率の低いところである。近畿地方の中央部や琉球地方の標準語化率が明らかに低い。このよう

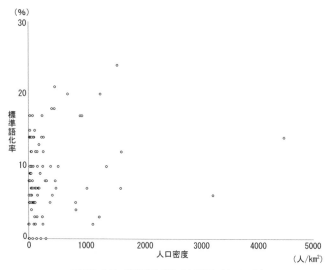

図III.4.7　標準語化率と人口密度（全データ）

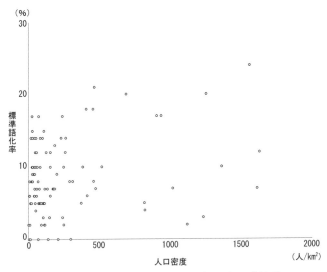

図 III. 4. 8 標準語化率と人口密度（2000 人/km² 以下）

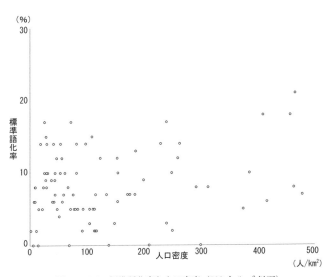

図 III. 4. 9 標準語化率と人口密度（500 人/km² 以下）

に標準語化率には地理的分布に偏りが見られる。標準語化は都市性よりも地域性に左右されることを示している。

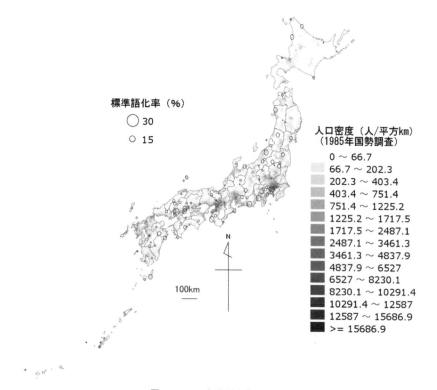

図 III. 4. 10　標準語化率の地理的分布

4. 4　語彙と文法

　4.1 節で扱った言語変化率は、語彙や文法といった分野を問うていない。語彙が言語外的要因による変化を受けやすいのに対し、文法は言語内的要因による変化を被ることが多いことから、方言周圏論は言語分野の中でも語彙により適合するという批判的とらえ方が古くからある（楳垣 1953）。そこで人口密度 2000 人以下について、語彙（図 III. 4. 11）と文法（図 III. 4. 12）のそれぞれについての言語変化率と人口密度の関係を示した。両図とも一定の傾向を示すことはなく、結論としては、方言周圏論に対する批判的予測に対応するような言語分野による差異は見いだせない。

4. 結　　　果　　339

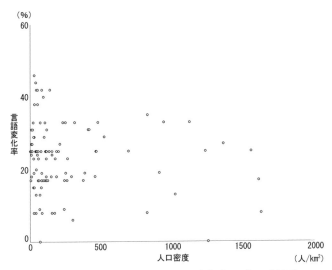

図 III. 4. 11　語彙の言語変化率と人口密度（2000 人/km² 以下）

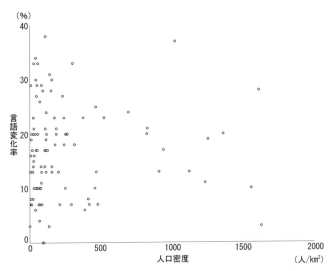

図 III. 4. 12　文法の言語変化率と人口密度（2000 人/km² 以下）

5. むすび

　方言周圏論が基盤として前提にするところの中心性の検証をねらいとして、LAJ、GAJ と FPJD のデータを経年比較することにより言語変化をとらえ、それを定量化した上で、人口データとの照合を行った。その結果は、人口データを段階的に絞ってみても（図 III. 4. 3〜III. 4. 5）、言語データを分野に区分してみても（図 III. 4. 11、III. 4. 12）方言周圏論の想定に適合した結果は得られず、地理的な偏りも確認できない（図 III. 4. 6）ことがわかった。

　一方、標準語化については、都市性とのかかわりは示さない（図 III. 4. 7〜III. 4. 9）ものの、標準語化率が低いところに地域的な偏りがあること（図 III. 4. 10）がわかった。

　以上により、方言周圏論の依拠する「中心性」は客観的には確認できず、方言分布の形成を考える上での標準的基準として「中心性」をそれにあてることはできないと判断される。

　ただし、このことは人口密度等の地域が有する地理的属性が、方言形成を考える上で無効であることを意味するわけではない。むしろ、個別のケースではそれらが有効なケースがある（大西 2008）。個々の属性が有効であるのはどのような場合なのか、またなぜなのか、このことの解明が言語地理学には求められる。方言分布は、中心性のみですべてが読み解けるような性質のものではないのである。

注

1　LAJ に関しては、国立国語研究所共同研究プロジェクト「大規模方言データの多角的分析」（2010〜2012 年度、研究代表者：熊谷康雄）により LAJDB として作成されたデータに基づく。
2　単用であっても、併用であっても項目を基準に 1 件として扱う。
3　1995（平成 7）年としたのは、いわゆる平成の大合併の直前にあたることによる。
4　つまり、過去のデータは実は A, standard であったと考えるわけである。
5　柴田（1969：p. 28）には「もう一つは、語自身が飛火のように広がる場合である。多くは、大きな中心地から小さな中心地へ、途中の集落を飛び越えて広がる。現代の全国標準語の普及がそのいい例である。」と記される。

文献

楳垣　実（1953）「方言孤立変遷論をめぐって」『言語生活』24

大西拓一郎（2008）「方言文法と分布」『方言文法』8-1
大西拓一郎（2014）「言語地理学と方言周圏論、方言区画論」小林　隆編『柳田方言学の現代的意義―あいさつ表現と方言形成論―』ひつじ書房
柴田　武（1969）『言語地理学の方法』筑摩書房
高橋顕志（1985）「廃物廃語と無回答（NR）」『国語学』143
東條　操（1957）『方言学の話』明治書院
柳田国男（1943）『改訂版 蝸牛考』創元社

索　引

欧　文

FPJD →方言の形成過程解明のための全国方言調査

GAJ →『方言文法全国地図』

LAJ →『日本言語地図』
LSJH →全国中学校言語使用調査

/r/ の脱落現象　173, 291

S字カーブ　293, 313

あ　行

相補い合う分布　265
阿賀北地域　232
安芸島嶼部　174
アクツ　219
アクト　219
朝日村（新潟県）　233
安倍川　176, 211
アンバランスな周圏分布　39

井川　176, 186, 211
移行型　153
意志形　165, 169
意志表現　109
出雲地方　169
一段動詞の五段動詞化　162
いびき　184
意味の拡張　154
イモ　199, 203
入り渡り鼻音　233
　ガ行──　232
　小──　233
イル　269

ウ音便　277
打ち消し　181

越後方言　232

大井川　176, 205
大井川 1974-83　212
大井川 1977-83　212
大井川・安倍川 1974-83　212
オノマトペ　45
　──による単語家族の形成　63
　──への志向性　48
オノマトペ化　64
オル　269
音響分析　236
音節（シラブル）単位　281

か　行

外的条件可能　130
外的変化　3
かかと（踵）　199, 219
ガ行入り渡り鼻音　232
格差社会　86
格助詞　71
　カラ　8
　サ　7, 257
確認要求表現　124, 125
河西データ　305
加治川村（新潟県）　233
片足跳び　186
肩車　195
かたつむり（蝸牛）　253
画期　85
仮定形　163, 174
金蛇　195
〜ガナル　141
可能助動詞形　30

可能全般を表す形式　154
可能動詞　151
可能動詞形　30
可能の意味区分の連続性　157
可能の意味の下位構造　130
可能の意味の3区分　128
可能の条件スケール　130
可能表現　30, 128
　　——における意味体系変化　158
　　九州地方の——　128
　　東北地方の——　151
かまきり　187
上伊那地方　14
カラ　8
感情・感覚表現への志向性　41
感動詞　42

擬似的文法表現　44
基礎語彙　313
帰着点　7
畿内　323
客観状況可能　130
ギャップ　236
九州地方の可能表現　128
『九州方言の基礎的研究』　128
『九州方言の表現論的研究』　129
共通語化（標準語化）　36, 184, 253, 286, 293, 304, 323, 336
共通語形使用率　308
共通の言語文化圏　28, 37
共同体　2, 14
強文化圏　159
〜キル　141
近畿型条件表現体系　25
近畿中央部方言　22

クソヘビ　213
グロットグラム　260, 283
グローバル化　86
クワグミ　14
桑の実　14

敬語運用法　85

敬語形式　85, 88
形式の交替　113
形式の棲み分け　157
経年調査　205
経年比較　141, 233, 323
経年変化　136, 260
ゲジ　223
ゲジゲジ　223
言語外要因　103
言語境界線　181
言語形成期　306
言語地理学　324
言語的動機づけ　21
言語の発想法　40
言語変化　1, 86, 252, 260, 323
　　言語外的変化　3
　　言語内的変化　3
言語変化率　326, 332
ゲンジキ　223

『口語法調査報告書』　169
『口語法分布図』　16
高等教育の拡大　86
高度経済成長期　85, 316
こおろぎ　187, 195
ごきぶり（御器被り）　199, 223
国勢調査　329
〜コトガデキル　141
小林好日　36
コピュラ形式　261
コーホート　283
「これからの敬語」（建議）　103
混交形　155
混交体系　31

さ　行

サ　7, 257
最終回発音　240
サ行五段化　172
さつまいも　199
薩摩方言　280
使役形　169

ジジバサミ　258
静岡県　110
静岡大学方言研究会　176, 205
持続時間　236
実時間比較　260, 283
実時間変化　306
柴田武　324
社会構造の変化　85
社会的動機づけ　21
じゃがいも　199
蛇の目型　252, 257
シャル・サッシャル　98
重回帰分析　293
終助詞　262
周波数　236
周辺部　22, 316
周辺分布の原則　4, 324
集落　2
主観状況可能　130
主情性の強い表現　129
受信者側の抵抗　39
受動態の動作主　7, 257
首都圏型可能表現体系　31
首都圏方言　22
準体助詞　71
　　——の機能語形成の用法　75
　　——の代名詞的用法　72
小入り渡り鼻音　233
状況可能　30, 129
　　客観状況可能　130
　　主観状況可能　130
条件表現　22
少子高齢化　86
初回発音　240
シラビーム的特徴　280
シラビーム方言　281
シラブル（音節）単位　281
新語　299
人口移動　86
人口密度　325, 332
心情可能　130
心情・性格　130
親族内上位　93

新方言　286, 291, 313
推量表現　106
杉菜　186
スペクトルピーク　236
ズラ　17, 199
ス・ラス　93
スルニイイ形　31

静穏状態保持仮説　16, 256
成人後習得　301
接触による体系変化　151
接触による方言変容　21
接続の単純化　110, 112, 115, 117, 125
『瀬戸内海言語図巻』　174
狭母音音節　243
ゼロ形式　88, 93, 100
全国大学生アンケート調査　261
全国中学校言語使用調査　305
全国標準語　340
全国方言分布調査→方言の形成過程解明のための全国方言調査
全国方言分布データ　48
千頭　205, 218, 219, 228

促音便　277
存在動詞　269
存在場所　7

　　　　　　　た　行

体感に基づく現象的理解　59
待遇表現　86
太平洋沿岸　88
太平洋ベルト地帯　316
多元的発生　6, 19
多重コレスポンデンス分析　298
多変量解析　296
ダラ　17, 199, 203
タル　98
単一形式化　154
断定の助動詞　262

地域構造　88

索引　*345*

地域社会の特性　39, 85
知識レベル　242
地方独自の論理　39
地方の主体性　39
中央語の再生　39
中央部　22, 316
中国地方　162
中心性　252, 323, 332
蝶　186
直音化　174
地理的特徴　159
チンコロバサミ　257

通信調査　264, 269, 272, 280

テ　89, 100
テクレル　89, 93, 100
データの地域代表性　309
鉄道距離　314
テヤ　89, 100
テンス過去　266
テンス現在　261
伝播速度　313

同音衝突の回避　173
東京語化　184
東西対立型分布　260
動詞の音便形式　277
動詞否定辞過去形　5
東條操　324
東北地方の可能表現　151
東北方言　8
とうもろこし（玉蜀黍）　199, 222
都会的・都市的性質　325
トーキビ　222
特殊拍　281
特殊モーラ　281
どくだみ　186
鳥取県西部　174
都道府県　7
とりたて否定形　163, 169, 174

な行

ナイ　181, 203, 272
内的条件可能　130
内的変化　3
中河内川　212
長野県伊那諏訪地方方言分布調査　5
ナサル　89, 93, 100
ナル　100
南奥方言　232
ナンダ　5

新潟県北部　232
新潟方言　81
二重可能形　130
『日本言語地図』　253, 260, 305, 325

ネットワーク　19

ノー　181
能力可能　30, 129, 130

は行

バイ・タイ　262
バカ　257
挟間町（大分県）　155
発音習慣　241
波紋型　252, 258
ハル・ヤハル　89, 98, 100
汎用化　113, 118, 125

ひきがえる　186, 194, 199
鼻濁音　233
否定疑問形式　120, 125
否定形　165, 169
否定形式　272
非波状形成仮説　5, 14
標準語化（共通語化）　36, 184, 253, 286, 293, 304, 323, 336
標準語化率　332
広母音音節　243

福島県　283

文化の中心　324, 325
文体的使い分け　312
分布形成　323
分布変化　1

平準化　163, 169, 174
併用処理　332
ベベ　257
ベベバサミ　257

母音広狭　242
方言間の優劣　29
方言区画論　324
方言形成論　39
方言周圏論　1, 4, 17, 21, 39, 253, 313, 323
方言使用能力　310, 319
方言接触地域　35
方言の形成過程解明のための全国方言調査　5, 22, 41, 71, 86, 106, 131, 163, 253, 260, 305, 325
方言の東西差　281
方言分布　1, 252, 260
方言分布形成　21
　——のモデル　3
　——の理論　1
『方言文法全国地図』　5, 22, 71, 86, 106, 131, 163, 260, 305, 325
方向　7
豊日方言　280
北奥方言　232

ま　行

まむし（蝮）　186, 213
マムシ　213

ミエル　91, 93
見かけ時間比較　260, 283
未然形＋レル　151
見出し語形　307
ミニ周圏論　323
みみず（蚯蚓）　202, 213
民主化　86

無敬語　103

名詞述語推量辞　17
命令形　165, 169
メメズ　213
メメンズ　214

モロコシ　222
文部省唱歌　253

や　行

柳田国男　323
ヤル　98

有敬語　103
誘導語形　291
〜ユル　141

ヨー〜　151
寄せては返す「波」の伝播　38
ヨル　98

ら　行

ラ行五段化　118, 162, 165

隣接分布の原則　4, 324

ル・ラル　98

歴史的中央　323
列島中央部　272, 280
列島周辺部　280
レル・ラレル　89, 93, 100, 103
連体助詞　71

わ　行

薬科川　211

ン　181, 272
ンカッタ　5

編者略歴

大西拓一郎(おおにしたくいちろう)
1963年　大阪府に生まれる
　　　　東北大学大学院文学研究科修了
現　在　国立国語研究所・教授

空間と時間の中の方言
―ことばの変化は方言地図にどう現れるか―　　定価はカバーに表示

2017年5月15日　初版第1刷

編者	大　西　拓　一　郎
発行者	朝　倉　誠　造
発行所	株式会社　朝倉書店

東京都新宿区新小川町 6-29
郵便番号　162-8707
電　話　03(3260)0141
ＦＡＸ　03(3260)0180
http://www.asakura.co.jp

〈検印省略〉

© 2017〈無断複写・転載を禁ず〉　　シナノ印刷・渡辺製本

ISBN 978-4-254-51052-2　C 3081　　Printed in Japan

JCOPY　〈(社)出版者著作権管理機構 委託出版物〉

本書の無断複写は著作権法上での例外を除き禁じられています．複写される場合は，そのつど事前に，(社)出版者著作権管理機構（電話 03-3513-6969，FAX 03-3513-6979，e-mail: info@jcopy.or.jp）の許諾を得てください．

国立国語研 大西拓一郎編
新 日 本 言 語 地 図
―分布図で見渡す方言の世界―
51051-5 C3081　　　　　B5判 320頁 本体6000円

どんなことばで表現するのか，どんなものを表現することばか，様々な事象について日本地図上にまとめた150図を収録した言語地図・方言地図集。〔本書は「全国方言分布調査」（国立国語研究所，2010-15）に基づいています。〕

前筑波大 北原保雄監修　前広大 江端義夫編
朝倉日本語講座10
方　　　　言
51520-6 C3381　　　　　A5判 280頁 本体4200円

方言の全体像を解明し研究成果を論述。〔内容〕方言の実態と原理／方言の音韻／方言のアクセント／方言の文法／方言の語彙と比喩／方言の表現，会話／全国方言の分布／東西方言の接点／琉球方言／方言の習得と共通語の獲得／方言の歴史／他

奈良大 真田信治編著
日本語ライブラリー
方　言　学
51524-4 C3381　　　　　A5判 228頁 本体3500円

方言の基礎的知識を概説し，各地の方言を全般的にカバーしつつ，特に若者の方言運用についても詳述した。〔内容〕概論／各地方言の実態／（北海道・東北，関東，中部，関西，中国・四国，九州，沖縄）／社会と方言／方言研究の方法

前鳥取大 森下喜一・岩手大 大野眞男著
シリーズ〈日本語探究法〉9
方　言　探　究　法
51509-1 C3381　　　　　A5判 144頁 本体2800円

〔内容〕方言はどのようにとらえられてきたか／標準語はどのように誕生したか／「のり」の方言にはどんなものがあるのか／方言もアイウエオの5母音か／「橋」「箸」「端」のアクセントの区別は／「京へ筑紫に坂東さ」とは何のことか／他

立教大 沖森卓也編著　東洋大 木村 一・日大 鈴木功眞・大妻女大 吉田光浩著
日本語ライブラリー
語　と　語　彙
51528-2 C3381　　　　　A5判 192頁 本体2700円

日本語の語（ことば）を学問的に探究するための入門テキスト。〔内容〕語の構造と分類／さまざまな語彙（使用語彙・語彙調査・数詞・身体語彙ほか）／ことばの歴史（語源・造語・語種ほか）／ことばと社会（方言・集団語・敬語ほか）

立教大 沖森卓也・東洋大 木村 一編著
日本語ライブラリー
日　本　語　の　音
51615-9 C3381　　　　　A5判 148頁 本体2600円

音声・音韻を概説。日本語の音構造上の傾向や特色を知ることで，語彙・語史まで幅広く学べるテキスト。〔内容〕言語と音／音声／音節とモーラ／アクセント／イントネーションとプロミネンス／音韻史／方言／語形と音変化／語形変化

計量国語学会監修
データで学ぶ日本語学入門
51050-8 C3081　　　　　A5判 168頁 本体2600円

初学者のための「計る」日本語学入門。いまや現象を数量的に考えるのはあたりまえ。日本語も，まずは，数えてみよう。日本語学と統計，両方の初心者に，ことばをデータに置き換えるのは決して難しくないことを解説する。

梅花女子大 米川明彦著
俗　語　入　門
―俗語はおもしろい！―
51053-9 C3081　　　　　A5判 192頁 本体2500円

改まった場では使ってはいけない，軽く，粗く，汚く，ときに品がなく，それでいてリズミカルで流行もする話しことば，「俗語」。いつ，どこで，だれが何のために生み出すのか，各ジャンルの楽しい俗語とともにわかりやすく解説する。

計量国語学会編
計　量　国　語　学　事　典
51035-5 C3581　　　　　A5判 448頁 本体12000円

計量国語学とは，統計学的な方法を用いて，言語や言語行動の量的側面を研究する学問分野で，近年のパソコンの急激な普及により広範囲な標本調査，大量のデータの解析が可能となり，日本語の文法，語彙，方言，文章，文体など全分野の分析・研究に重要な役割を果たすようになってきている。本書は，これまでの研究成果と今後の展望を解説した集大成を企図したもので，本邦初の事典である。日本語学・言語学を学ぶ人々，その他幅広く日本語に関心を持つ人々のための必読書

上記価格（税別）は2017年4月現在